신학박사 논문시리즈 ㊳

누가와 로마 제국

전병희 지음

기독교문서선교회

기독교문서선교회(Christian Literature Center: 약칭 CLC)는 1941년 영국 콜체스터에서 켄 아담스에 의해 시작되었으며 국제 본부는 미국 필라델피아에 있습니다.

국제 CLC는 59개 나라에서 180개의 본부를 두고, 약 650여 명의 선교사들이 이동도서차량 40대를 이용하여 문서 보급에 힘쓰고 있으며 이메일 주문을 통해 130여 국으로 책을 공급하고 있습니다.

한국 CLC는 청교도적 복음주의 신학과 신앙서적을 출판하는 문서선교기관으로서, 한 영혼이라도 구원되길 소망하면서 주님이 오시는 그날까지 최선을 다할 것입니다.

Luke and the Roman Empire

Written by
Jeon, Byeng-Hee

Korean Edition
Copyright © 2017 by Christian Literature Center
Seoul, Korea

추천사 1

안승철 박사
대전 중앙감리교회 담임목사, 전 기독교대한감리회 남부연회 감독

전병희 박사는 그의 저서 『누가와 로마 제국』에서, 2000년 전에 일어났던 '종교의 정치화'와 '정치의 종교화'의 충돌을 사도행전에서 읽을 수 있다고 판단한다.

'종교의 정치화'는 초기 기독교 신앙공동체들이 로마 정치 당국을 향해 가졌던 태도, 즉 로마 제국과의 불필요한 오해와 갈등을 피함으로, 초기 기독교 예수운동의 선교적 확장을 이루려는 태도를 의미한다. 로마 제국의 모든 영토는 곧바로 신앙공동체의 선교지가 된다. 선교자들의 발 끝이 닿는 곳마다 로마 제국은 현존하는 최고의 권력으로 서 있다. 이런 종교의 정치화에 있어 사도행전은 다른 성경의 책들보다 적극적이다. 누가가 다른 신약성경의 저자들이 언급하지 않았던 '성전의 군관들,' '지방총독,' '각하' 등 로마 제국과 이에 부역하는 권세들과 권력들을 상세히 언급하고 있다.

이런 측면에서 사도행전의 저자 누가가 전도자들이 그들의 선교지에서 맞닥뜨릴 권력들에 대해 지속적으로 관심을 가지고 있음이 분명하

고, 그 권세들과 권력들에게 복음을 변증하길 원함은 명백하다.

이 같은 '종교의 정치화'와 달리, '정치의 종교화'는 로마 제국의 통치 이데올로기와 로마 제국을 뒷받침했던 후원자 체계(patron-client system)에서 확연하게 드러난다. 로마 제국은 로마 황제 숭배를 제국민의 신성한 의무로 강요하였고, 황제를 '신들의 아버지,' '하나님,' '구원자'로까지 호칭하였다. 뿐만 아니라 로마 황제의 모든 업적과 행위들을 '복음'(유앙겔리온, εὐαγγέλιον)으로 선전하였다. 로마 황제들은 보이는 영역인 '정치적 통치자'를 넘어, 보이지 않는 영역인 '영적인 통치자'가 되려는 야망을 포기하지 않았다.

주후 1세기 말 누가복음과 사도행전의 독자들은, 즉 황제 숭배가 극심하게 일어났던 그 시대의 사람들은, 가말리엘이 경고한 "하나님-대적자들"(데오마코이, θεομάχοι)을 듣는 순간, 로마 황제를 연상할 것이다. 그들을 통치하던 로마 황제는 신인(神人, 데이오스-안드로포스, θεῖος ἄνθρωπος), 즉 '신성이 현현(顯現)된 인간'이라는 공식 칭호를 가지고 있었고, 그들이 사용하던 화폐에는 '도미티안 가이사 하나님의 아들' 혹은 '도미티안 가이사 신들의 아버지'라는 문구가 전면에 기록되어 있었다. 로마 황제는 그야말로 제국을 이끄는 신적 존재로, 그리고 모든 신민들에게 은혜를 베푸는 제1의 후원자로 추앙되었다.

그런 역사적 정황 가운데, 예수를 주로 고백하고 예수만이 하나님이라고 선포하는 복음전도자들의 모든 행위는 '종교적 행위'가 아닌 '정치적 반역 행위'가 된다. 신앙의 고백은 곧바로 정치적 행위가 된다. 이것이 바로 전병희 박사가 이 책에서 주장하고 있는 '종교의 정치화'와 '정치의 종교화'의 충돌이다.

특별히 사도행전이 기록될 당대의 황제로 추정되는 도미티안은 그 이전의 로마 황제들보다 더 폭압적으로 황제 숭배를 강요했다. 로마 제국이 고위층들에게 부여했던 최고의 형벌은 기록말살형인데, 네로와 도미티안이 이 형벌을 받았음은 그들의 광기와 폭정 때문이었다.

사도행전이 기록된 시대는, 기독교 박해가 가장 심했던 시대 중 하나였다. 그 정치적 종교적 상황 가운데, 기독교 복음은 담대하게 전파되어진다. 바로 성령의 권능 때문이다.

이 책은 많은 학자들이 간과했던 사도행전의 성령의 핵심적인 역할을 분명히 잡아낸다. 성령의 권능으로, 성령의 강권하심과 이끄심으로, 사도행전의 전도자들은 끊임없이 복음의 여정을 걸어간다. 성령은 사도행전에 등장하는 인물들, 최고의 인물로 인격체로 모든 선교를 이끌어 가시고, 지시하신다. 이 시대 교회들의 비극은, 교회 안에서 삶을 새롭게 하는 성령의 핵심적인 역할을 간과함에 있을 것이다.

사실 주후 1세기 말은 가장 복음이 전해지기 어려운 상황이었다. 로마의 황제 숭배라는 정치적 상황이 있었고, 당시 대다수 사람들이 가지고 있었던 다신론적 세계관이라는 종교문화적 상황도 있었다. 그러나 복음은 놀랍게 확장되었고, 충격적으로 선포되었다. 바로 성령의 권능 때문이다. 지금 한국 교회는 심각한 위기에 직면해 있다. 그러나 이 위기는 기회가 될 수 있다. 성령충만했던 사도행전적 교회를 꿈꾸며, 이 책의 일독을 권한다.

2017년 9월 25일

추천사 2

이희학 박사
목원대학교 신학대학장, 한국구약학회 회장

　이 책은 사회학적 비평의 전망 아래에서 가말리엘 연설을 통해서, 주후 1세기 말 누가복음과 사도행전에 영향을 받고, 영향을 미친 누가공동체의 족적을 추적한다. 또한 이 책은 가말리엘 묘사에 함축되어져 있는, 누가공동체와 당시 거시 사회를 이루고 있던 로마 제국, 그리고 당대 누가공동체 삶의 자리에 있었던 바리새적 유대교의 삼각관계를 심층적으로 분석한다.

　이 책에 따르면, 가말리엘은 사도행전에 등장하는 인물 가운데 독특한 존재이다. 누가가 묘사하는 가말리엘은 부정적인 상과 긍정적인 상 모두를 가지고 있는 양면적 존재이다. 가말리엘은 바리새인이면서 동시에 산헤드린 공의회 의원이다. 누가-행전에서 바리새인은 예수를 대적하는 자들이고, 산헤드린은 예수 처형의 주체이다. 그럼에도 가말리엘의 연설로 사도들이 방면되고, 안전이 확보되고, 복음이 전파된다. 가말리엘의 연설의 어조상, 가말리엘은 예수운동이 무너지지 않을 것이라는 암시를 지속한다.

　이 책은 누가교회와 로마 제국, 그리고 바리새적 유대교의 역동적인 관계와 갈등을 누가가 그의 가말리엘 묘사를 통해 담아냈다고 전제한다. 또한 가말리엘의 양면성이 바리새적 유대교와 로마 제국을 향한 이중호교론 내지 이중견제론으로 확장된다고 논의를 진전시킨다.

이 책은 사도행전에 등장하는 두 명의 가말리엘이 서로 다른 존재라고 간주한다. 즉 사도행전 5장 33-39절에 등장하는 산헤드린의 가말리엘과 사도행전 22장 3절에서 바울이 자신의 스승으로 언급하는 가말리엘이 서로 다르다고 주장한다. 산헤드린의 가말리엘은 온건한 성향의 힐렐 학파 계보에 속한 가말리엘이라면, 바울의 스승 가말리엘은 율법에 대한 열심이 투철하였던 샴마이 학파 계보에 속한 가말리엘로 파악하는 주장과 근거 제시는 흥미롭다.

사도행전이 성령을 하나의 인격적 존재로 묘사하고 있다고 파악하고, 성령을 모든 선교의 활동을 지시하는 사도행전에 등장하는 최고적 캐릭터로 상정하는 이 책의 관점은 수용할 만하다. 이 책은 역사적 배경과 성경 본문의 의미를 연결시키는 작업을 통해, 성경을 얼마나 역동적으로 읽을 수 있는지 그 성경주석의 지평을 잘 보여주고 있다.

21세기 교회는 새로운 상황과 도전에 직면해 있다. 그러나 지금으로부터 2000년 전에도 역시 교회는 새로운 상황과 도전 앞에 놓여 있었다. 누가가 견제와 호교론을 치열하게 펼치며 복음의 확장을 시도하였다면, 21세기 한국의 교회들도 무언가 새로운 방향으로의 움직임과 탐색을 포기하지 말아야 한다. 교회가 어떻게 책임적 존재로의 부르심에 응답할 수 있는지, 그 길을 우리는 누가-행전에서 찾을 수 있을 것이다. 이런 측면에서 이 책의 일독을 권한다.

2017년 9월 25일

저자 서문

전병희 박사
대전 참사랑감리교회 담임목사

"도전하는 자유"

　신학을 공부한지도 벌써 20년의 세월이 흘렀다. 그 학문의 순례를 따라, 언제나 하나님의 말씀의 전통을 지키고자 몸부림쳤고, 성령님의 인도 아래 성경을 해석하길 갈망했다. 언제나 내 삶의 자리는 사역의 자리였다. 사역의 자리는 언제나 날카롭고, 위태롭고, 흔들린다. 칼 바르트가 발견한 것처럼, 하나님의 말씀인 계시는 언제나 인간의 모든 것을 심판한다. 인간의 제도, 인간의 사상, 인간의 프로그램, 인간의 문화... 인간의 모든 것은 '시간과 영원의 질적 차이'로 말미암아, 하나님의 자기 계시 앞에 심판당한다. 그래서 나에게는 은혜가 절실하다. 나의 사역의 자리는 가장 절박하게 은혜를 사모하는 자리이다. 그 사역의 자리 위에서 나의 모든 학문은 진행되었다.

　이 책은 그 20년의 사역과 학문을 담은 책이다. 이 책은 나에게 '믿음으로 도전하는 자유' 그 자체이다. 그러므로 이 책은 나에게 '열린 가능성'으로 다가온다.

누가에게 로마 제국은 열린 가능성으로 남겨져 있는 선교지였다. 앞으로의 선교의 장(場)이 될 로마 제국, 그리고 세상의 모든 곳에 닿을 수 있는 열린 땅끝 제국의 수도 로마는 누가에게 긍정적으로 인식된다. 반면 로마 제국은 누가교회공동체의 예수운동을 일순간에 무너뜨릴 수 있는 실존하는 최고 권력이다. 이것은 로마 제국에 대한 누가의 부정적 인식이다. 따라서 누가교회공동체는 선교라는 본령을 위해 로마 제국의 양가성에 적절히 대처해야 한다. 다시 말해 누가교회공동체는 선교라는 과업을 위해 로마 제국의 긍정적 가능성을 극대화해야 하고, 로마 제국의 부정적 가능성을 최소화해야 한다.

이런 측면에서, 누가의 독자들에게 로마 제국은 '열린 가능성'으로 남겨져 있다. 로마 제국이 누가교회공동체의 선교에 긍정적으로 기여한다면, 로마 제국은 누가의 독자들에게 인정되고 수용될 것이다. 반대로 로마 제국이 누가교회공동체의 선교의 장애물이 된다면, 로마 제국은 누가의 독자들에게 견제될 것이고 거절될 것이다. 그 결론은 누가교회공동체에게 달려 있는 것이 아니라 로마 제국에게 달려 있다. 따라서 사도행전은 열린 미래를 바라보며 열린 결론으로 끝난다고 진술해도 지나침이 없을 것이다. 이 또한 누가의 개방성과 보편성으로 바라볼 수 있을 것이다.

끝으로 감사의 인사를 전하고 싶다. 연세 동산에서 사제의 연으로 부족한 제자를 이끌어 주신 유상현 교수님, 그 학문적 엄격함과 끝없는 학문적 열정에 절로 고개를 숙이지 않을 수 없다.

또한 언제나 목회자와 학자의 사표로 살아계신 하나님에 대한 불같은 확신을 주시는 안승철 감독님, 결혼식 주례부터 지금까지 기도해 주신 박영태 목원대학교 이사장님, 늘 따스한 격려로 부족한 사람을 이끌어 주셨던 임동원 학장님, 다시금 새롭게 학문의 시작을 열 수 있게 도움을 주신 이희학 한국구약학회 회장님, 또 구약의 깊은 세계를 보여주신 왕대일 교수님과 신약의 새로운 방법론적 고찰을 가능케 해주신 김덕기 교수님께 감사의 마음을 드린다.

그리고 감신 동기로서 그 치열했던 젊음을 함께 견디며, 끝내 목회의 길을 함께 달려 가고 있는 나의 친구들, 고인준 목사님, 장성진 목사님, 윤신명 목사님, 정신원 목사님, 임현묵 목사님, 고동진 목사님, 이요섭 목사님, 박성준 목사님, 양현식 목사님, 한승우 목사님, 이은복 목사님, 김성래 목사님에게 감사를 전한다.

참사랑감리교회 신앙의 친구인 김영식 권사님, 류진형 목사님, 민상기 집사님에게 감사를 전한다. 또한 멀리 미국에 있지만, 늘 든든한 형님으로 품어주셨던 정진오 박사님에게도 감사의 마음을 전한다.

이름을 빠뜨리는 우를 범할까 호명은 삼가지만, 사랑의 빚진 자 되게 한 참사랑감리교회 모든 장로님들(오성진, 이기택, 김주섭, 김기선, 서승연, 오경무, 김호, 정성진, 김미나, 황규성)과 모든 성도님들, 얼마나 제가 그분들을 사랑하는지! 그분들의 헌신과 섬김을 꿈엔들 잊을 수 있을까! 또한 함께 사역하고 있는 박채린 전도사님과 김성호 전도사님에게도 감사의 마음을 전한다. 그리고 대전대덕지방 모든 교역자님들에게도 이 감사의 마음을 전한다.

그 무엇보다 언제나 진실한 목회자로, 한 치의 흔들림 없이, 하나님에 대한 엄청난 확신으로 나에게 도전을 주시는 존경하는 아버지 전계남 목사님과 친히 낳으신 어린 아들임에도 늘 하나님의 종이라고 이름도 함부로 부르지 않으시며 눈물로 기도하신 나의 어머니 김순분 사모님 그리고 그 어린 시절을 따스하고 아름답고 동화처럼 기억되게 해주신 나의 할머니 (故) 조임순 권사님에게 감사를 전한다. 큰누님 전주희 전도사님과 가즈야, 작은 누님 전은희 전도사님과 정대의 전도사님, 그리고 나의 사랑스런 조카 예림이에게 감사의 마음을 전한다.

특별히 영원한 나의 연인이고, 평생 함께할 나의 친구이고, 사역의 치열한 현장을 함께 감당하는 동역자인 김현미 사모, 그리고 아빠를 세상에서 가장 멋진 남자라고 주저함 없이 칭하는 나의 보물, 예슬이와 예인이에게 감사의 마음을 전한다.

삶의 한 국면을 마무리 지으면서, 다시금 십자가 앞에 무릎을 꿇는다.

주를 위해 생각해야 했으되, 생각하지 않은 모든 것과
주를 위해 말해야 했으되, 말하지 않은 모든 것과
주를 위해 행해야 했으되, 행하지 않은 모든 것을 지금 회개하오니
내 주여 다만 당신의 충복한 종이 되게 하소서

2017년 9월 20일
대전 참사랑감리교회 서재에서

약어표

ABD	Anchor Bible Dictionary
AJT	Asia Journal of Theology
AmJT	The American Journal of Theology
ARJ	The Annual of Rabbinic Judaism
ATR	Anglican Theological Review
Bib	Biblica
BBR	Bulletin for Biblical Research
BR	Biblical Research
BS	Bibliotheca Sacra
BT	Baptistic Theologies
CBQ	Catholic Biblical Quarterly
CHJ	The Cambridge History of Judaism
CTR	Criswell Theological Review
EDNT	Exegetical Dictionary of the New Testament
ExAud	EX AUDITU
ExpoN	John Gill's An Exposition of the New Testament(1746-1748)
ExpT	Expository Times
HR	History of Religion
HTR	Harvard Theological Review
HTS	HTS Theologies Studies / Theological Studies
Int	Interpretation
JBL	Journal of Biblical Literature
JETS	Journal of Evangelical Theological Society
JES	Journal of Ecumenical Studies
JSJ	Journal for the Study of Judaism
JSNT	Journal for the Study of the New Testament
JTS	The Journal of Theological Studies
KJCS	Korean Journal of Christian Studies
PRS	Perspectives in Religious Studies

PT	*Political Theology*
RE	*Review and Expositor*
RQ	*Restoration Quarterly*
RRJ	*Review of Rabbinic Judaism*
Neot	*Neotestamenica*
NovT	*Novum Testamentum*
NTS	*New Testament Studies*
OCD	*Oxford Classical Dictionary*
TynB	*Tyndale Bulletin*
ThR	*Theologische Rundschau*
TDNT	*Theological Dictionary of the New Testament*
TZ	*Theologische Zeitschrift*
ZNW	*Zeitxhrift für die neutectamentliche Wissenschaft*
Aug. *Conf.*	Augustine, *Confessions*
Bede *Acts.*	Bede, *Commentary on the Acts of the Apostles*
Chrys. *Hom. Acts.*	John Chrysostom, *Homilies on the Acts*
Clem. Alex. *Reco.*	Clement of Alexandria, *The Recognitions of Clement*
Dio Cass.	Dio Cassius, *Roman History*
Eurip. *Bacch.*	Euripides, *Bacchanals*
Euseb. *H.E.*	Eusebius, *Historia Ecclesiastica*
Origen *Cels.*	Origen, *Contra Celsus*
Orosius *Hist.*	Paulus Orosius, *Historiarae adversus paganos*
Jos. *Ant.*	Josephus, *The Antiquities of the Jews*
Jos. *War.*	Josephus, *The Wars of the Jews*
Jos. *Life.*	Josephus, *The Life*
LXX	Septuagint
m.	Mishnah
MT	Masoretic text (of the Old Testament)
Philo *Deus.*	Philo of Alexandria, *De Gigantibus Quod Deus sit Immutabilis*
Suet. *Claud.*	Suetonius, *Claudius*

※ 각 고전의 출처는 참고문헌에 언급

C·O·N·T·N·E·T·S

추천사 1 _ 안승철 박사(대전 중앙감리교회 담임목사) _ 5
추천사 2 _ 이희학 박사(목원대학교 신학대학장) _ 8
저자 서문 _ 10
약어표 _ 14

제 1 장
서론 _ 18
1. 초기 기독교, 바리새적 유대교, 로마 제국의 삼각관계 _ 19
2. 성서해석 방법과 누가교회공동체 _ 28
3. 가말리엘 연구 동향 _ 42

제 2 장
누가교회공동체의 상황: 바리새적 유대교와 로마 제국의 관계 _ 69
1. 적대적 유대인들의 박해와 로마 권력의 반응 _ 72
2. 바리새적 유대교와 로마 제국의 상대적 우호관계 _ 100

제 3 장
역사적 가말리엘과 누가의 가말리엘 _ 110
1. 역사적 가말리엘의 역할과 영향력 _ 123
2. 누가의 가말리엘 묘사 _ 134
3. 가말리엘의 양면성과 그 의미 _ 146

제 4 장
바리새적 유대교와 누가의 가말리엘 _156
   1. 바리새적 유대교의 정통성과 누가의 견제론 _166
   2. 바리새적 유대교의 반발과 누가의 호교론 _178
   3. 누가교회공동체의 정체성 규정: 증인들과 하나님 순종자들 _194

제 5 장
로마 제국과 누가의 가말리엘 _207
   1. 부정적 로마 제국 이해와 누가의 견제론 _215
   2. 긍정적 로마 제국 이해와 누가의 호교론 _226
   3. 로마 제국에 대한 누가교회공동체의 대응 _243

제 6 장
결론: 선교를 위한 이중견제론과 이중호교론 _252

참고문헌 _259

제1장

서론

1. 초기 기독교, 바리새적 유대교, 로마 제국의 삼각관계

사도행전 5장 17-42절은 사도들과 예루살렘 산헤드린과의 2차 충돌[1]을 그리고 있다. 이 2차 충돌에서 바리새인 율법교사 가말리엘이 등장한다. 가말리엘은 사도행전 연구에 있어 그다지 주목을 받지 못한 인물이다. 학자들의 끊임없는 연구와 관심의 대상이었던 선교사 바울이나, 사도 베드로와 야고보, 혹은 최초의 그리스도인 순교자 스데반에 비교해볼 때, 가말리엘에 대한 연구는 미미한 것이 현실이다.

그러나 과연 가말리엘이 바울이나 베드로 혹은 스데반이나 누가-행전에 등장하는 여타 다른 인물들에 비해 주목할 가치가 떨어지는 인물인가?

---

[1] 본 연구가 다룰 가말리엘 연설 단락(행 5:33-39)은 예루살렘에서의 선교(행 1:6-8:3) 단락에 속해 있다. 예루살렘에서의 선교 단락(행 1:6-8:3)을 "성령강림의 결과"와 "예루살렘 산헤드린과의 충돌"을 중심으로 다시 세분해 보면 대체로 다음과 같은 내용 구조로 이루어졌다.

- 예수의 승천과 성령의 기다림(행 1:6-14)
- 사도 맛디아 선출(행 1:15-26)
- 성령강림과 성령강림의 결과(행 2:1-3:26)
- 예루살렘 산헤드린과의 1차 충돌: 사도들(행 4:1-31)
- 성령강림의 결과(행 4:32-5:16)
- 예루살렘 산헤드린과의 2차 충돌: 사도들(행 5:17-42)
- 일곱 지도자의 선출(행 6:1-7)
- 예루살렘 산헤드린과의 3차 충돌: 스데반(행 6:8-8:3)

이 같은 구분을 통해 예루살렘에서의 선교는 성령강림 이후의 사건 전개임을 알 수 있다. 여기서 성령강림에 대한 두 가지 반응이 드러난다. 바로 사도들의 반응과 사도들의 활동에 대한 예루살렘 산헤드린의 역반응이다. 사도들은 성령강림 이후, 표적과 기사를 행하며 복음을 전파한 반면, 예루살렘 산헤드린은 이 같은 성령강림의 결과를 부인하고, 사도들의 선포를 억제하는 기구로 등장한다.

본 연구는 대다수의 학자들이 보지 못한 가말리엘의 중요성을 추론(推論)할 것이다. 다시 말해 이 책은 역사적 가말리엘의 특성을 밝히고, 사도행전에서 누가가 묘사하고 있는 가말리엘의 특징들을 본문을 통해 해석하여, 저자가 의도하는 바를 검토할 것이다.

지금까지의 가말리엘 연구를 살펴보면, 가말리엘을 긍정 일변도로 해석하는 것이 주된 주석의 흐름이었다.[2] 가말리엘을 긍정적 인물로 파악한 학자들에게 있어, 가말리엘은 단순한 '기독교 스파이' 혹은 '기독교의 우호적 인물' 혹은 '위대한 선교사 바울을 가르친 스승'일 뿐이다.[3] 물론 가말리엘 연구사에 있어, 긍정 일변도의 해석에 제동을 걸며 가말리엘의 부정적 측면을 제시하는 학자들도 있었다.[4] 하지만 그들은 "왜 누가가

---

[2] 다음을 참고하라. Origen *Cels*. I. 57; Clem. Alex. *Reco*. I. 65-71. 가말리엘은 기독교인이거나 최소 기독교도가 되려는 사람이라고 길(J. Gill)은 주장한다. J. Gill, *ExpoN*. Acts 5. 34-39; R. C. H. Lenski, *Interpretation of the Acts of the Apostles* (Minneapolis: Augsburg Fortress, 1944), 234-235; T. P. Ferris, *Interpreter's Bible Commentary: Acts* (Nashville: Abingdon Press, 1954), 86; E. Haenchen, *The Acts of the Apostles: A Commentary*, tans. B. Noble & G. Shinn (Oxford: Basil Blackwell, 1982[*Die Apostelgeschichte*, Göttingen: Vandenhoeck & Ruprecht, 1977]), 252; B. Witherington Ⅲ, *The Acts of the Apostles* (Michigan: Cambridge, 1998), 233; R. C. Tannehill, *The Narrative Unity of Luke-Acts: A Literary Interpretation* (Minneapolis; Minnesota: Augsburg Fortress, 1990), 66-67; Craig. S. Keener, *Acts: An Exegetical Commentary: 3:1-14:28*, vol. II (Grand Rapid, Michigan: Baker Academic, 2014), 1022.

[3] *Ibid*.

[4] 다음을 참고하라. John Calvin, "Commentary on Acts Vol. I.," *Christian Classics Ethereal Library*, (1999), http://www.ccel.org/ccel/calvin/calcom36.html (7 Nov. 2015), 129-131, 특히 124. A. Kuyper, *Revisie der revisie-legende* (Amsterdam: J. H. Kruyt, 1879), 19-20; A. Marclaren, *Expositions of Holy Scripture: The Acts of the Apostles* (London: Hodder & Stoughton, 1907), 199-204; G. C. Berkouwer, *The Providence of God* (Grand Rapids: Eerdmans, 1952), 172-174. 카이퍼(A. Kuyper)와 버르카워(G. C. Berkouwer)는 조직신학의 주요한 주제 "하나님의 주권과 섭리와 정의"라는 시각에서 가말리엘 연설을 탐구한다. 이들은 가말리엘과 그의 연설을 가감 없이 비판한다. 존슨은 이들과는 전혀 다른 근거로 가말리엘의 부정적 측면을 고찰한다. L. T. Johnson, *The Acts of the Apostles*

그 장면에서 가말리엘을 부각시키는가?"에 대해서는 침묵했다. 또한 "왜 하필 누가는 가말리엘을 동원하여 자신의 견해를 진술하는가?"라는 질문에 대한 심도 깊은 대답을 제시하지 못했다. 본 연구는 이러한 질문들의 답을 탐색(探索)할 것이다.

아울러 본 연구는 많은 학자들이 당연시 여기는, 사도행전 5장 33절의 가말리엘과 사도행전 22장 3절의 가말리엘의 동일시에 의문을 제기하며 그 실상을 가능한 추적할 것이다.

즉 "과연 사도행전 5장에 등장하는 산헤드린의 가말리엘이 바울의 스승일까?"

"힐렐 학파의 계보를 잇는 것으로 표현되는 사도행전 5장 33-39절의 가말리엘이, 사도행전 22장 3절에 반영되고 있는 율법의 엄한 훈련을 받고 하나님에 대한 열심(젤롯테스[ζηλωτὴς])이 가득했던 사울의 스승 가말리엘일 수 있을까?"

이러한 질문들에 답할 것이다.

누가가 가말리엘 대신 산헤드린[5]의 의장직을 전통적으로 맡았던 대제사장(가야바)을 내세우는 것이 당연했지만, 모든 독자들의 예상을 깨고, 누가는 의외의 인물인 가말리엘을 등장시킨다. 이는 산헤드린에서 예수

(Collegeville, MN.: The Liturgical Press, 1992), 103. 이와 관련해서는 〈제1장 3. 가말리엘 연구 동향〉을 참고하라.

5 여기 등장하는 산헤드린은 지방에 있었던 산헤드린이 아니라, 예루살렘에 있었던 산헤드린이다. 예루살렘 산헤드린은 유대의 종교와 민사를 총괄하는 범민족이고 사법적인 의회 기구였다. 그 구성은 회장을 포함하여 일흔 일곱 명의 산헤드린 원으로 구성되었다. 당시 산헤드린은 사법, 종교, 입법의 세 가지 권력을 행사하였으며, 문화적인 일들을 포함하여 나라의 모든 일을 관장하는 원로원의 역할을 하였다. 다음을 참고하라. 유상현, 『바울의 마지막 여행』, 47-48.

를 심문할 때 '대제사장과 서기관들'이 주도적 역할을 하는 장면(눅 22:66-71)과 바울을 심문할 때 '대제사장 아나니아'가 산헤드린의 재판과 회의를 이끄는 기록(행 23:1-5)과 날카롭게 대조된다. 누가-행전에서 묘사하고 있는 예수와 바울의 산헤드린 재판의 주도권은 대제사장에게 있다.

그러나 사도행전 5장 33-39절에서 사도행전 저자는 가말리엘을 등장시킴과 동시에 산헤드린 의장인 현직 대제사장 가야바에 대하여 철저하게 침묵으로 일관한다.

"사도행전 저자가 침묵으로 주장하는 바가 무엇인가?"

이는 고려할 가치가 있는 질문이다. 물론 사도행전의 저자는 '대제사장'과 '그와 함께 한 사람들'이 산헤드린 공회를 모으고(행 5:21), 사도들을 기소했음(행 5:27-28)을 밝히지만, 대제사장 가야바는 가말리엘 등장 이후 산헤드린 회의 진행 과정과 사도들에 대한 판결 단락(행 5:33-40)에서 전혀 존재감이 부각되지 않는다.

이런 점에서 가말리엘은 최소한 대제사장 가야바와 동일한 권위와 영향으로 지니고 있는 존재로, 누가가 극적으로 등장시키는 인물임이 분명하다. 사도행전의 다른 산헤드린 회의에서는 잘 드러나지 않는 인물 가말리엘이 사도행전 5장 27-42절에서는 재판에 견인역을 하며 그 모임의 대표적 위상을 지닌 인물로 부각된다. 대제사장이 의장으로 이끌어야 하는 산헤드린이 가말리엘이라는 인물에 의해 이끌려지듯이 묘사하는 누가의 보도에는 분명한 의도가 담겨져 있다.

누가의 의도와 관련하여, 키이(H. C. Kee)는 누가가 가말리엘 연설(행 5:33-39)을 통해 유대인과 기독교인들이 상호이해될 수 있는 공통의 영역이 있음을 강조한다고 제시한다.⁶ 그러나 키이는 유대인과 기독교인들이 상호이해될 수 있는 공통분모가 무엇인지에 대해서 구체적으로 밝히지 않는다. 키이의 주장은, 가말리엘 연설 단락을 통해 누가가 유대교와 초기 기독교 공동체와의 잠정적 평화지점을 만들려는 의도를 가지고 있다는 것인데, 본문에 역력히 드러나는 대립적 분위기(행 5:40-42)가 그의 논지를 약화시킨다. 산헤드린이 사도들에게 예수를 그리스도로 선포하는 것과 전도하는 것을 금하는 명령을 내리지만, 사도들은 멈추지 않는다. 다시 말해 이 단락을 지배하는 것은 공존의 분위기가 아니라 상호 충돌의 분위기이다.

다아(John. A. Darr)에 따르면, 누가가 그리는 가말리엘은 '초기 기독교와 형성된 유대교 사이에 존재한 희미하지만 전략적 경계'를 나타낸다.⁷ 가말리엘을 초기 기독교와 형성된 유대교 사이에 있을 경계선상에 있는 인물로 보는 다아의 견해는, 가말리엘을 단순히 긍정적으로 보는 전통적 인식을 뛰어넘는다. 그러나 다아는 초기의 기독교와 형성된 유대교에 시선을 고정한 나머지 A.D. 1세기 당대의 정치, 경제, 종교, 문화의 큰 틀을 이루었던 로마 제국을 보지 못한다. 이와 관련하여 사도행전을 연구함에 있어 유대교, 기독교, 로마 제국 3자를 고려해야 한다는 에르하르트(Anold Ehrhardt)의 통찰은 유용한 안목을 제공한다.

---

6 H. C. Kee, *Christian Origins in Sociological Perspective: Methods and Resources* (Philadelphia: Westminster, 1980), 148-149.

7 John. A. Darr, "Irenic or Ironic? Another Look at Gamaliel before the Sanhedrin(Acts 5:33-42)," in *Literary studies in Luke-Acts* ed. by R. P. Thompson & T. E. Phillips (Macon: Mercer University Press, 1998), 121.

> 만일 그 시대의 정치적 상황을 바라보지 않고는, 사도행전은 적절하게 이해될 수 없다. 사도행전 연구에서 '종교의 정치화'가 전반적으로 조망되면서, '정치의 종교화'가 충분히 고려된 적이 많지 않다.[8]

여기서 '종교의 정치화'는 바리새적 유대교와 초기 기독교 교회들이 로마 정치 당국을 향한 태도, 즉 갈등을 피하고 공존[9]하려는 태도를 가리킨다면, '정치의 종교화'는 로마 제국의 통치이데올로기인 로마 황제 숭배로 수렴(收斂)될 수 있을 것이다. 가말리엘의 연설에는 로마 제국이 은연중 전제되어 있다. 왜냐하면 드다와 갈릴리 유다를 처형한 주체가 로마 제국이기 때문이다. 이 같은 견지에서, 사도행전의 가말리엘 연설에는 초기의 기독교[10]와 바리새파가 이끄는 유대교, 그리고 엄존하는 로마 제국의 삼각관계가 표현되어 있다. 따라서 이 책은 누가 저자가 그의 교회공동체 밖에 위치한 바리새적 유대교와 로마 제국과의 관계 설정을 가말리엘 연설 속, 그의 보도 속에 담았다고 상정한다.

역사적 정확성에 어긋나지 않으려는 흔적[11]이 곳곳에서 발견되는 누

---

8 Arnold Ehrhardt, "Judaism, Christianity, and the Empire," in *The Acts of the Apostle* (Manchester: Manchester University Press, 1969), 75.
9 누가교회공동체에게 '공존'은 단순한 '현상유지'를 의미하지 않는다. 더 적극적으로 정치 당국의 불필요한 오해와 갈등을 피함으로, 초기 기독교 예수운동의 선교적 확장을 이루려는 태도를 의미한다.
10 이 책에서는 다양한 초기 기독교 교회들 가운데 특별히 누가교회공동체로 한정한다.
11 막센에 따르면, 누가는 그의 전임자들(마가를 포함한 자료제공자들)보다 더 잘 쓰기 원했고, 그가 더 잘 쓸 수 있는 기준은 자신의 기록의 역사적 확실성을 확보하는 것이었다. 더 나아가 막센은 누가를 단순한 기록자가 아닌, 자신이 추구하는 목표를 이루기 위한 관점을 가지는 독창적인 편집자로 파악한다. W. Marxsen, *Introduction to The New Testament*, trans. G. Buswell (Philadelphia: Fortress Press, 1968[*Einleitung in das Neue Testament*, Gütersloh: Gütersher Verlagshaus Gerd Mohn, 1964]), 156. 막센과 같은 선상

가—행전은 그 자체가 역사적 정황에 뿌리 내리고 있는 특성을 지닌다. 이런 관점에서 누가—행전을 '정황 문서'라고 표현할 수 있을 것이다. 누가는 누가교회공동체를 박해하는 바리새적 유대교와 로마 제국을 피하지 않는다. 오히려 그들에게 적극적으로 향한다. 이것이 바로 누가가 기독교 운동의 지상정착과 선교라는 과업을 수행하기 위해 선택한 '이중호교론'과 '이중견제론'이다.

이중호교론과 이중견제론을 위해 누가가 제시하는 인물인 가말리엘은 긍정과 부정 두 얼굴을 지닌 양면적(兩面的) 존재이다. 또한 가말리엘은 바리새적 유대교 종교 당국을 대표하는 듯 하면서도, 동시에 누가교회공동체를 대변하는 듯 하는 두 가지 특성을 동시에 보여주는 중의적(重義的) 존재이다. 더 나아가 가말리엘은 그의 연설에서 친로마적 발언과 반

에서 콘첼만도 독창적인 편집자 누가를 인정하며, 누가복음을 역사성에 중점을 둔 편집 비평으로 해석하였다. 다음을 참고하라. H. Conzelmann, *Die Mitte der Zeit* (Tübingen: J. C. M. Mohr Paul Siececk, 1954), 1–11; H. Conzelmann, *The Theology of St Luke* (London: Faber & Faber, 1961); *An Outline of the Theology of the New Testament*, trans. J. Bowden (London: SCM Press, 1969[*Grundriss der Theologie des Neuen Testaments*. Munich: Christian Kaiser Verlag, 1968]), 97–99. 스캇은 스데반의 연설에 나오는 이스라엘의 역사를 누가가 역사적이기보다는 신학적으로 배열했다고 지적한다. J. Julius Scott, "Stephen's Speech: A Possible Model for Luke's Historical Method?," *JETS* 17/2 (1974): 91–97, 인용은 97. 그러나 스데반의 연설에 나오는 이스라엘 역사가 역사적 시간순으로 배열되어 진술되고 있다는 것은 상식적으로 받아들일 수 있는 표면적 사실이다. 아브라함—이삭—야곱—요셉—출애굽—여호수아—다윗—솔로몬 족장들의 순서대로 스데반의 연설은 진행된다. 역사적이라기보다 신학적으로 배열되었다는 스캇의 주장이 인정되려면, 이런 역사적 순서의 어긋남이 있어야 하고, 신학적 주제들이 부각되어야 한다. 그램즈(Rollin G. Grams)는 누가가 구속사적 관점으로 구약성경을 해석하고 주석한다고 강조한다. 누가는 실제 역사 가운데 구속의 역사가 이루어지고 있음을 전제로 구약성경을 해석한다. 그래서 누가에게는 역사적 현실의 자리가 중요하다. 다음을 참고하라. Rollin G. Grams, "Gods Mercy from Generation to Generation: Luke's use of Psalms 105–108 in his Infancy Narrative Songs to Provide a Salvation Historical Understanding for his two-volume History," *BT* 1/2 (2009): 93–108, 인용은 108.

로마적 발언을 동시에 개진하는 이중적(二重的) 존재이다.

그렇다면 누가가 가말리엘을 중의적 의미가 가능한 인물로 등장시키는 이유는 무엇인가?

라이온스(W. J. Lyons)는 가말리엘을 불확실한 아이러니를 가진 존재로 판단하는데,[12] 이것을 가말리엘의 아이러니라고만 단정 지을 수 있겠는가?

이 책은 기존의 학자들의 주목하지 않았던 이 같은 질문에 답할 것이다.

가말리엘 연설은 누가-행전에서의 첫 번째 비그리스도인의 연설이라는 점에서 독특성을 지닌다. 신약성경의 어떤 저자도 가말리엘을 언급하지 않는다. 오직 누가만이 비그리스도인 가말리엘[13]을 동원하여 누가교회공동체의 호교론과 견제론을 전개시킨다. 이것은 누가가 누가교회공동체의 주요한 과업인 선교를 위한 호교론과 견제론을 동시에 펼치는 인물로 가말리엘을 전면에 내세웠음을 의미한다. 누가의 호교론과 견제론에는 신앙의 영역으로 정치의 영역(로마 제국)을 초월하고, 인습의 영역(바리새적 유대교)을 극복하고자 하는 누가의 중심이 담겨져 있다.

정리하자면, 이 책의 첫 번째 연구 목적은 학자들에 의해 소홀히 취급받았던, 혹은 아이러니로 치부되었던 "가말리엘의 독특성"을 끄집어내고 추적하는 것이다. 따라서 이 책은 사도행전 5장 33-39절에 펼쳐진 가말리엘 연설 단락에 집중하여, 사도행전 기록에서 찾을 수 있는 가말

12　W. J. Lyons, "The Words of Gamaliel(Acts 5:38-39) and the Irony of Indeterminacy," *JSNT* 68 (1997): 23-49.

13　행 5:34과 행 22:3에 가말리엘이 등장한다. 본 연구는 행 5:34의 산헤드린의 가말리엘과 행 22:3의 사도 바울의 스승 가말리엘을 다른 인물로 판단한다. 이에 대해서는 〈제3장 역사적 가말리엘과 누가의 가말리엘〉을 참고하라.

리엘 연설의 의미와 그 행간의 함축을 추적할 것이다.

이 책의 두 번째 연구 목적은 누가가 보도하고 있는 가말리엘 연설의 기저(基底)에 흐르는 "누가교회공동체의 정황"을 재구성하는 것이다. 특별히 본 연구는 '관계적 정황'에 방점을 두고 연구를 진행할 것이다. 이를 위해 이 책은 바리새적 유대교와 로마 제국과의 관계, 바리새적 유대교와 누가교회공동체와의 관계, 로마 제국과 누가교회공동체와의 관계를 순차적으로 살필 것이다. 즉, 이 책은 가말리엘 연설의 배후를 이루는 바리새적 유대교와 로마 제국을 검토할 것이고, 바리새적 유대교와 로마 제국이 각각 혹은 동시에 누가교회공동체에게 어떻게 영향을 미치는가를 다룰 것이다. 뿐만 아니라, 저자 누가가 어떻게 이에 대처하는지도 파악할 것이다. 따라서 신약의 배경에 관한 지식들이 이를 위해 사용되어질 것이고, 바리새적 유대교, 로마 제국, 누가교회공동체의 관계적 정황을 포착할 수 있는 단락들에 대한 주석이 병행될 것이다.

이 책의 세 번째 연구 목적은 가말리엘 연설을 통해 제시되고 있는 "누가의 이중호교론과 이중견제론"을 본격적으로 조망(眺望)하는 것이다. 저자 누가는 '선교'라는 누가교회공동체의 목적을 이루기 위해 가말리엘을 일관되게 사용한다. 이것은 누가교회공동체의 선교를 위해 로마 제국과 바리새적 유대교를 향해서 호교론과 견제론을 동시에 펼칠 수 있고, 때에 따라서는 둘 중 하나를 선택할 수 있음을 의미한다.

이런 전제 위에, 본 연구는 역사비평의 단점과 문학비평의 단점을 숙지하면서, 동시에 두 비평의 강점을 사용하는 '종합적인 접근'을 시도할 것이다. 다시 말해 이 책은 가말리엘 연설 배후에 있는 누가교회공동체의 삶의 정황을 살피면서, 사도행전 자체가 제시하는 가말리엘상(像)을 바라보는 '종합적 시야'를 확보할 것이다.

2. 성서해석 방법과 누가교회공동체

아우틀러(Albert C. Outler)가 이미 언급했듯이 '성서'와 '주어진 시대의 인간상황'에서 동시에 사는 과업은 만만찮게 힘든 일이다.[14] 따라서 성서에 어떤 관점으로 다가가고, 성서를 어떻게 바라보느냐에 따라 그 의미와 해석이 달라질 수 있다. 역사비평[15]은 성서의 기록자 혹은 성서본문 그 자체가 어떤 삶의 자리(Sitz-Im-Leben)에 있는지를 연구하고, 이를 토대로 해당 성서본문과 저자(편집자 혹은 신학자)에게 영향을 미치는 거시적 삶의 정황을 추적한다.

여기서의 삶의 정황 추적은 '시간적(역사적) 삶의 정황'과 '공간적 삶의 정황'이라는 두 개의 큰 타원의 탐색을 의미한다. 또한 역사비평은 '본문 안에 있는 역사'(History *in* the Text)와 '본문 자체의 역사'(History *of* the Text)

---

14 Albert C. Outler, 『웨슬리 영성 안의 복음주의와 신학』 전병희 옮김 (서울: 한국신학연구소, 2008[*Evangelism and Theology in the Wesleyan Spirit*, Nashville: Discipleship Resources, 1996]), 130.

15 벨하우젠(J. Wellhausen)의 방향제시를 따라 시작된 역사비평은, 궁켈(J. F. Gunkel), 디벨리우스(M. Dibelius), 불트만(R. Bultmann) 등에 의해 진행된 양식비평, 이 양식비평을 바탕으로 폰 라트(G. von Rad)와 노트(M. Noth) 등에 의해 발전된 전승사비평, 그리고 보른캄(G. Bornkamm), 막센(W. Marxsen), 콘첼만(H. Conzelmann), 트로크메(E. Trocmé) 등에 의해 권위를 얻은 편집비평이 있다. 다음을 참고하라. J. Wellhausen, *Prolegomena zur Geschichte Israels* (Berlin: Druck und verlag von G. Reimer, 1899), 특히 1-14; J. Sandys-Wunsch, *What Have They Done to the Bible*: *A History of Modern Biblical Interpretation* (Collegeville: Liturgical Press, 2005), 306-317; J. Barton, "Form Criticism," *ABD*, vol. 2 (New York: Doubleday, 1992), 838-841; M. Dibelius, *The Book of Acts*: *Form Style and Theology*, ed. K. C. Hanson (Minneapolis: Fortress Press, 2004); M. Dibelius, *Die Formgeschichte des Evangeliums* (Tübingen: Verlag von J. C. B. Mohr, 1919), 특히 1-4, 94-103; M. Dibelius, "Zur Formgeschichte des Neuen Testaments (außerhalb der Evangelien)," *ThR* Band N.F. 3 (1931): 207-242; R. Bultmann, *Die Geschichte der Synoptischen Tradition* (Göttingen: Vandenhoeck & Ruprecht, 2011), 특히, 1-4, 287-302.

모두를 다룬다.16 '본문 안에 있는 역사'가 본문이 기록하고 있거나 본문이 담고 있는 역사 서사(敍事) 일반의 상황을 뜻한다면, '본문 자체의 역사'는 그 본문이 최종으로 정립되기까지의 단계와 발전 그리고 삭제와 첨가 등의 진행 과정을 의미한다.

유럽 중심 계보로 발전된 역사비평은 미국학자들이 중심이 된 새로운 비평 방향으로 나아간다. 말리나(B. J. Malina), 로울바우프(R. H. Rohrbaugh), 바튼(S. C. Barton), 키이, 엘리오트(J. H. Elliot), 버거(P. L. Berger) 등은 성서해석에 사회학적 접근을 시도한다.17 사회학적 비평은 A.D. 1세기 사회적 조건들(정치 · 경제 · 문화 · 종교적 조건 등)이 당시의 원시 기독교 공동체와 성서저자에게 영향을 미치고, 저자와 저자가 속한 공동체는 상호영향을 미친다고 상정하고 주석을 진행시킨다.18 따라서 사회학적 비평은 성서저자, 내부공동체, 외부 세계의 상호갈등과 상호영향을 세세히 살피며, 그 본문을 산출한 집단의 정황을 재구성한다.

역사비평과 다른 방향으로 진행된 문학비평은 각 복음서가 하나의 본

---

16 다음을 참고하라. John. H. Hayes and Carl. R. Holladay, *Biblical Exegesis* (Louisville; London; Westerminster John Knox Press, 2007), 56-58.

17 다음을 참고하라. B. J. Malina and R. L. Rohrbaugh, *Social-Science Commentary on the Synoptic Gospels* (Minneapolis: Fortress Press, 2003), 1-13; S. C. Barton, "Historical Criticism and Social-scientific Perspective in New Testament Study," in *Hearing the New Testament: Strategies for Interpretation*, ed. J. B. Green (Grand Rapids: Wm. B. Eerdmans Publishing Co., 2010), 61-89, 바튼은 특별히 공시적(synchronically) 연구의 중요성을 강조한다. *Ibid.*, 69; H. C. Kee, *Christian Origins in Sociological Perspective: Methods and Resources*, 126-170; B. J. Malina, "The Social Science and Biblical Interpretation," *Int* 37 (1982): 229-242; J. H. Elliott, *What is Social-Scientific Criticism?* (Minneapolis: Fortress Press, 1993), 7-8; P. L. Berger, *The Sacred Canopy: Element of a Sociological Theory of Religion* (New York: Doubleday & Company, 1967), 3.

18 다음을 참고하라. 전병희, 『멜기세덱과 예수』 (서울: 크리스천 헤럴드, 2010), 24-29.

문으로 전체적인 통일성을 가지고 흘러감에 집중하며, 줄거리(plot)를 따라 등장하는 인물들(characters)의 성격과 심리를 성찰한다.[19] 또한 문학비평은 본문 자체를 먼저 이해하려고 노력하고, '이야기'(어떤 것에 대한 내용인가의 문제)와 '수사법'(이야기를 어떻게 전달하느냐의 문제)을 성서해석을 위한 실마리로 받아들인다.[20] 복음서 저자들은 고대 전기문, 희랍 비극, 고대 수사법의 일종인 그레꼬–로마 문학형식이 아닌, '복음서'라는 새로운 양식의 문학을 만들었다.

삶의 자리를 근간으로 저자와 내부공동체와 외부 세계의 상호역학관계를 다루는 역사비평이나 본문 자체에 초점을 두는 문학비평과는 달리, 포스트모던 비평은 독자 혹은 청중 중심의 입장에서 성서본문을 해석한다.[21] 이런 측면에서, 성서본문은 독자와 청중들에게 수용되고 권위

---

19 다음을 참고하라. H. W. Frie, *The Eclipse of Biblical Narrative: A Study in Eighteenth and Nineteenth Century Hermeneutics* (New Heaven: Yale University Press, 1974); N. Perrin, "The Evangelist As Author: Reflections on Method in the Study and Interpretation of the Synoptic Gospels and Acts," *BR* 17 (1972): 5–18; N. R. Petersen, *Literary Criticism for New Testament Critics*, (Minneapolis: Fortress Press, 1978), 특별히 20; D. Roads, J. Dewey, and D. Michie, *Mark as Story: An Introduction to the Narrative of a Gospel* (Minneapolis: Fortress Press, 1999); P. Trible, *Rhetorical Criticism: Context, Method, and the Book of Jonah* (Minneapolis: Fortress Press, 1994); M. A. Powell, *What is Narrative Criticism?* (Minneapolis: Fortress Press, 1990), 특히 35–67. 문학으로 성서와 마주 앉은 최초의 주석가는 성 어거스틴이다. 어거스틴은 성서를 그리스와 로마의 이방작품들과 비교했을 때, 성서의 작품들이 문학적인 측면에서 열등하다는 사실로 인해서 슬퍼했다. 그러나 그는 이러한 성서의 문학적인 열등함을 하나님의 겸손함의 표지로 받아들였다. 다음을 참고하라. Aug., *Conf.* 3. 5. http://faculty.georgetown.edu/jod/augustine/conf.pdf

20 다음을 참고하라. N. R. Petersen, *Literary Criticism for New Testament Critics*, 20. 타이센(G. Theissen)의 경우 수사학을 '언어로 청중들에게 영향을 끼치는 기술'로 정의 내린다. G. Theissen, 『복음서의 교회정치학』 류호성·김학철 옮김 (서울: 기독교서회, 2002 [*Gospel Writing and Church Politics: a Socio-rhetorical Approach*, Chung Chi College: The Chinese University of Hong Kong, 2001]), 5.

21 다음을 참고하라. E. Freund, *The Return of the Reader: Reader-response criticism* (New

를 인정받은 진리이다. 만일 수신인들이 그들에게 전달되거나 들려지는 내용을 거절한다면, 그 성서본문은 폐기될 것이다. 지난 200년간 진행된 역사비평에 반발하여 나온 문학비평이 '문학양식'보다 '문학구조'를 강조하며 '전승'에서 '수사'로 관심의 축을 옮겼다면, 포스트모던 비평은 이제 '저자'에서 '독자'로 그 초점을 이동시킨다. 독자비평은 '독자에 의한 성서해석의 가능성'과 '성서본문의 다중적 의미부여 가능성'을 인정하는 특징을 가진다.

학자들이 쉽게 빠지는 나쁜 습관은, 최근의 학문적 방법론이 과거의 학문적 방법론보다 탁월하고 적절할 것이라고 여기는 생각이다. 혹은 어떤 특정한 접근 방법만을 절대시하여서, 그 외에 모든 것을 상대적으로 평가절하하려는 학문적 태도이다. 성서주석가는 그 앞에 펼쳐져 있는 성서본문을 한 가지 특수한 전망을 선택하여 해석할 수도 있고, 다양한 전망을 채택하여 해당 본문을 성찰할 수 있다.

그러나 본 연구는 어떤 전망과 방법론을 선택하고 그 전망과 방법론에 따라 해당 본문을 해석하기를 거절하고, 성서본문 그 자체에서 시작할 것이다. 따라서 본 연구는 어떤 특정한 방법론에 매몰되지 않고 본문의 문제를 해결하기 위하여 각 방법론을 균형감을 가지고 사용할 것이다.

하나의 특수한 전망을 선택하여 주석하는 방법과 시도들은 여러 차례 계속되어져 왔지만, 성서본문에서 시작하여 다양한 비평을 활용하여 그

York; London: Methuen, 1987), 특히 preface를 보라; R. M. Fowler, *Let the Reader Understand: Reader-Response Criticism and the Gospel of Mark* (Minneapolis: Fortress Press, 1991), 특히 50-81; S. P. Nolte, "One text, many stories: the (ir)relevance of reader-response criticism for apocryphal literature in the Septuagint," *HTS* 68/1 (2012): 1-10; W. J. Lyons, "The Words of Gamaliel(Acts 5:38-39) and the Irony of Indeterminacy," *JSNT* 68 (1997): 23-49.

본문을 주석하려는 시도들은 주류를 이루지 못하였다. 그렇다면 여기서 논의의 진전을 위해 다양한 비평들을 선택하여 성서본문을 해석한 흐름들을 살펴보자. 그 후에 본 연구는 '성서본문에서 시작하는 종합적 접근'을 다룰 것이다.

에슬러(P. F. Esler)는 역사비평 안에 있는 편집비평과 사회학적 비평의 조화를 시도하며, 누가-행전을 '사회-편집비평'(socio-redaction criticism)으로 해석하였다.[22] 에슬러는 누가공동체 외부에 있었던 사회적이고 정치적인 영향력이 누가의 신학에 영향을 미쳤다고 간주한다.[23] 그러나 저자 누가는 단순히 영향만 받지 않고, 적극적으로 이에 대응한다.[24]

에슬러의 뒤를 이은 로빈슨(V. K. Robbins)의 연구는 새로운 전기를 마련한다. 로빈슨은 1984년 역사비평의 사회학적 비평과 문학비평의 수사학적 비평을 모두 품는 성서해석을 마가복음에 적용하면서, 처음으로 이런 통합적 접근을 '사회-수사학적 해석'(a Socio-Rhetorical Interpretation)이라고 명명했다.[25] 로빈슨의 뒤를 이은 타이센의 경우, 역사비평과 문학비평을 통합하는 그의 주석 방법을 '사회-수사학적 접근'(a Socio-Rhetorical Approach)이라고 표현했다.[26] 로빈슨과 타이센의 주석 방법, 사회-수

---

22 다음을 참고하라. P. F. Esler, *Community and Gospel in Luke-Acts* (Cambridge: Cambridge University Press, 1987), 1-6.
23 *Ibid*.
24 *Ibid*.
25 다음을 참고하라. V. K. Robbins, *Jesus the Teacher: A Socio-Rhetorical Interpretation of Mark* (Philadelphia: Frotress, 1984), 서론. 로빈슨은 자신이 마가복음을 주석하는 방식을, *The Homeless Mind*에서 엘리오트(J. H. Elliot)가 제시한 사회학적 비평 방식을 품으면서 동시에 수사학적으로 접근하는 방식이라고 설명한다. *Ibid*.
26 G. Theissen, 『복음서의 교회정치학』, 15. 물론 타이센 이전에도 사회학과 수사학을 통합해서 성서를 해석하려는 시도들(예를 들어 로빈슨)이 있어왔다.

사학적 방식은 복음서 저자를 독창적인 신학자로 바라보는 시각(편집비평, 문학비평)과 외부의 영향을 받은 충실한 기록자로 바라보는 시각(양식비평, 전승사비평)을 동시에 취한다.[27] 에슬러가 비슷한 비평 방식인 역사비평 안에서 다양한 전망을 택하였다면, 로빈슨과 타이센은 역사비평을 넘어 문학비평의 방식까지 동원한다.

그러나 한 가지 특수한 전망에 매이지 않고 다양한 전망을 선택하여 본문을 해석하는 시도는 두 가지 어려움을 겪는다.

첫 번째는 방법론을 본문에 강요하는 '강제성'의 문제이다. 방법론을 본문에 강요하여 도출된 결론으로 또 다른 본문을 해석하는 순환론적 오류의 문제가 바로 그것이다.

두 번째는 각 전망들이 그 특성상 상호배치될 때 나타나는 '상호충돌성의 위험'이다.

즉 다양한 주석 방법들을 주석가가 사용할 때, 그것이 역사비평이건 문학비평이건 포스트모던 비평이건 혹은 그 안에 속한 세부적인 성서해석 방법이건간에, 그 접근 방식들의 상이함과 다름으로 인한 충돌이 일어날 수 있다. 또한 어떤 해석의 전망을 택하든, 성서 자체가 가지고 있는 특징 즉 '문학적 성격'과 '계시적 성격'을 무시할 수 없다.

성서본문 그 자체를 성서해석의 시작점으로 지키기 위해, 뿐만 아니라 다양한 비평 전망을 선택할 때 나타날 수 있는 상호충돌의 위험을 감소시키기 위해, 아울러 성서 자체의 특성(문학성과 계시성)을 동시에 붙잡기 위해서, 이 책은 '주석을 바탕에 둔 주제적 접근'[28] 방식을 택할 것이다.

---

27 다음을 참고하라. G. Theissen, 『복음서의 교회정치학』, 14–21.
28 다음을 참고하라. "주석을 바탕에 깐 주제적 접근은 지금 우리가 말하는 종류의 어긋남을

그리고 이중호교론과 이중견제론이라는 큰 주제를 근간으로 가말리엘 연설 단락을 미시적으로 관찰하고 거시적으로 조망할 것이다. 미시적 관찰과 거시적 조망을 동시에 시도하기에, 역사비평의 장점과 문학비평의 장점을 동시에 살릴 수 있을 것이다.

따라서 본 연구는 역사비평의 방법에서 연구의 전망을 확보할 것이다. 특별히 역사비평의 전망(사회학적 비평)에서 가말리엘 연설 단락에 드러나는 혹은 감추어진 저자의 의도를 규명하고 해석하는 방식으로 주석을 시도할 것이다. 또한 본문의 일차적 의미를 고찰하고자, 문학비평(서사비평)[29]에 기대어 가말리엘 연설 단락을 누가 문서 전체와 결부시키면서 세부적이고 면밀한 주석을 감행할 것이다. 아울러 신약성서배경사의 통찰에 힘입어 본격적인 논의를 이끌 것이다.

마지막으로 본론에 들어가기에 앞서, 두 가지 전제 사항을 미리 밝힌다.

첫째, 이 책은 누가교회공동체 외부에 있는 전후 유대교를 '바리새적 유

완화시킬 수 있다. 기실 성서 읽기에 있어서, 양자의 접근은 미시(微視) 관찰과 거시(巨視) 조망의 순환 궤도를 이루면서 성서 '이해'라는 해석학적 도약의 계기를 마련한다."유상현, 『바울의 제1차 선교여행』(서울: 대한기독교서회, 2002), 8. 유상현과 유사하게 존슨(L. T. Johnson) 또한 주제적 접근으로 성서본문을 해석한다. 다음을 참고하라. L. T. Johnson, *The Writings of the New Testament: An Interpretation*, 1-16. 존슨은 '성서저자 혹은 성서가 제공하는 상징 세계'와 '기독교의 체험'이라는 큰 주제를 가지고 모든 방법들을 동원하여 성서본문을 해석한다. 다만 그에게 있어 역사비평의 영역은 '역사적 차원'과 '종교적 차원'으로, 문학비평의 영역은 '문학적 차원'으로, 포스트 모더니즘 비평의 영역은 '문화 인류학적 차원'으로 치환(置換)된다. 다음을 참고하라. *Ibid*.

29 누가 문서를 서사비평으로 해석한 대표적인 학자로는 그린(Joel B. Green)을 들 수 있다. 누가는 자신의 '서사학'(narra-tology)을 버팀줄로 삼아 전체적인 흐름을 잡는다. 서사신학은 서사의 '주제'에 대한 질문을 이끌어 낸다. 또 서사학은 '서사의 목적'을 설정하고 그 목적에 부합하는 등장인물을 '돕는 자'로 그 목적에 부합되지 않는 등장인물을 '반대자'로 지목한다. Joel B. Green, *The Gospel of Luke* (Grand Rapids: W. B. Eerdmans Publishing Co., 1997) 전체, 인용은 21. 또한 다음을 참고하라. Joel B. Green, *The Theology of the Gospel of Luke* (Cambridge: Cambridge University, 1995).

대교'로 지칭할 것이다. 이 책은 누가교회공동체 외부의 주요한 두 세력으로 바리새적 유대교와 로마 제국을 상정하였다. 예루살렘 멸망 이후의 유대교를 지칭하는 용어는, '랍비 유대교,' '바리새적 랍비 유대교,' '미쉬나-탈무드 시대 유대교,' '탄나임 시대 유대교' 등 다양하다.[30] 파국 이후의 유대교를 랍비 유대교나, 바리새적 랍비 유대교, 혹은 미쉬나 탈무드 시대 유대교 아니면 탄나임 시대 유대교[31]로 호칭하는 것 모두 가능하다.

위에서 언급한 용어가 모두 가능하지만, 이 책은 예루살렘 멸망 이후 재건된 유대교를 '바리새적 유대교'라고 호칭할 것이다. 왜냐하면 이 책은 전후 유대교를 누가교회공동체와의 관계에서 바라보기에, '바리새적 유대교'라는 호칭이 이 책의 연구주제와 적합하기 때문이다. 유대교의 재건은 바리새인들에 의해 주도되었고[32] 누가교회공동체의 중요한

---

30 다음을 참고하라. Jacob Neusner, "Pharisaic-Rabbinic Judaism," *HR* 12.3 (2, 1973): 250-270; 정연호, 『유대교의 역사적 과정: 바리새파의 재발견』(서울: 한국성서학연구소, 2010), 21-23; Shaye J. D. Cohen, *From the Maccabees to the Mishnah* (Louisville; London: Westminster John Knox Press, 2014), 211-230. 바리새파의 영향력과 진정한 랍비 유대교의 탄생에 대해서는 다음을 참고하라. *Ibid.*, 185-202. 랍비 유대교 혹은 바리새적 랍비 유대교는 A.D. 12세기 신비종파인 카발라가 일어나 분리되고, A.D. 18세기 계몽주의 운동과 함께 정통파, 개혁파, 보수파로 분화된다. 이와 관련해서는 다음을 참고하라. 정연호, 『유대교의 역사적 과정: 바리새파의 재발견』, 21-23.

31 유대교의 역사구분을 주곳 시대(마카비혁명 ~ A.D. 20년) - 탄나임 시대(A.D. 20년 ~200년) - 아모라임 시대(A.D. 200년~500년)로 구분할 수도 있다. 주곳 시대의 마지막 주요한 랍비는 힐렐과 샴마이였고, 구전 율법을 성문화한 미쉬나 출판 이전과 이후를 탄나임 시대와 아모라임 시대로 구분한다. 미쉬나는 성문 율법(Written Torah)에 대한 해석인 구전 율법(Oral Torah)을 편집한 것이다. 다음을 참고하라. H. L. Strack and G. Stemberger, *Introduction to the Talmud and Midrash* (Edinburgh: T & T Clark, 1991), 123-124; Jacob Neusner, *Judaism Without Christianity: An Introduction to the System of the Mishnah* (Hoboken: KTAV Publishing House, 1991), 17-20.

32 이와 관련해서는 다음을 참고하라. E. P. Sanders, *Judaism: Practice and Belief 66 BCE - 66 CE* (London: SCM Press, 1992), 380-412.

선교거점이었던 회당[33]에서 바리새인들의 영향력이 상당했기 때문에(눅 11:43), 누가 문서의 삶의 자리에 바리새인을 설정하는 것이 적절하다.

예루살렘 성전의 파괴 이전에도 예루살렘에만 회당이 400여 개 있었음을 감안할 때[34], 또한 B.C. 3세기 회당 건물에 대한 고고학적 증거가 이집트에서 발견된 것을 고려할 때[35], 회당은 A.D. 70년 예루살렘 멸망 이후 뿐만 아니라 이전에도 유대교에서 중요한 역할을 감당했음을 추적할 수 있다. 바리새인들은 회당에서 최고의 권위를 의미하는 '높은 자리'[36]에 앉았다는 누가의 증언(눅 11:43)은 회당에서의 그들의 영향력을 미루어 짐작하게 한다.

둘째, 누가 문서의 배경이 되는 누가 문서의 산출 집단과 누가 문서의 수신 집단을 '누가공동체'나 '누가교회'로 이해할 수 있지만, 이 책은 '누가교회공동체'라고 칭할 것임을 밝혀둔다. 누가는 '에클레시아'(ἐκκλησία)라는 단어를 사도행전에서 집중적으로 사용하는데(행 5:11; 7:38; 8:1, 3; 11:12, 26; 12:1, 2; 13:1; 14:23, 27; 15:3, 4, 22, 41; 16:5; 18:22; 20:17, 28), 다른 사복음서 저자들이 '에클레시아'라는 단어를 거의 사용하지 않은 점에 비추어 볼 때, 이는 독특한 누가의 표현이다. 오직 마태와 누가만이 '에클레시아'라는 단어를 사용하는데, 마태가 '에클레시아'라는 용어를 2구절[37]에서 사용한 것을 고려할 때, 누가의 '에클레시아' 용

---

[33] 예수와 바울과 그리고 누가예수운동의 전도자들은 회당을 중심으로 선교했다(눅 4:15-16, 44; 6:6; 13:10; 행 9:20; 13:5, 14; 14:1; 17:1; 17:10; 18:4, 26; 19:8)는 의미에서의 선교거점이다.

[34] 정연호, 『유대교의 역사적 과정: 바리새파의 재발견』, 109.

[35] Ibid.

[36] 마태는 '모세의 자리'로 진술한다(마 23:2).

[37] 마태는 그의 복음서에서 교회라는 단어를 마 16:18과 마 18:17에 사용한다. 마 16:18에

어 사용은 놓칠 수 없는 누가문학의 특성이자 누가신학의 특징으로 볼 수 있다. 누가는 '일반적인 모임'으로 사용되었던 헬라적 용어 '에클레시아'를 '믿는 자들의 모임'인 신학적 용어 '에클레시아'로 치환(置換)시켜, 구약의 하나님의 백성과 자신들을 연결시키고, 새로운 예수운동의 전위부대로서의 자신들의 정체성을 확장시킨다.

그렇다면 여기서 '에클레시아'를 어떻게 번역할지의 문제를 다루어보자. '공동체'라는 용어가 구체적 삶의 자리를 강조하는 용어라면, '교회'는 보편성과 통일성을 강조하는 용어일 것이다. 따라서 누가-행전을 주석할 때에 둘 중 하나라도 간과하면 설득력 있는 주장을 전개할 수 없을 것이다. 이런 관점에서 본 연구는 누가 문서의 배후 집단과 수신 집단을 '누가교회공동체'로 지칭할 것이다.

보봉(François Bovon)은 초대 교회가 공통된 신앙 위에 세워졌음을 강조한다.[38] 특별히 누가는 교회의 일치와 단결, 공통 신앙 소유, 서로 사랑을 강조한다(행 2:46). 또한 보봉은 '에클레시아'라는 용어가 신약에서 거의 단수로 취급되었음에 주목하며, '에클레시아' 개념 정의의 어려움을 진술한다.[39]

서 마태의 예수는 베드로의 고백 위에 교회를 세울 것임을 선언하고, 마 18:17에서는 교회의 징계권을 언급한다.

[38] François Bovon, "The Church in the New Testament, Servant and Victorious," in *Studies in Early Christianity* (Tübingen: Mohr Siebeck, 2003), 135. 또한 보봉은 누가의 보편적 이상이 로마의 제국적 포부와 모든 민족을 모으려는 로마 제국의 이상을 모델로 건설되었다고 밝힌다. François Bovon, "Israel, the Church and the Gentiles in the Twofold Work of Luke," in *New Testament Traditions and Apocryphal Narratives* (Eugene: Pickwick Publications, 2008), 81-95. 누가교회공동체의 보편성 추구를 로마 제국의 이상과 포부로 설명하는 보봉의 견해는 고려할 만한다.

[39] François Bovon, "The Church in the New Testament, Servant and Victorious," in *Studies in Early Christianity*, 135.

'에클레시아'(ἐκκλησία)를 '공동체'로 번역하면, 한 교회의 보편성을 놓치게 된다. 반면 '에클레시아'를 '교회'로 번역하면, A.D. 1세기 기독교를 법률적이고 규격화된 범위 안에 가두는 위험에 빠지게 된다. 이것은 초기 교회 시대에 존재하지 않았던 개념이다.[40]

누가-행전에서 에클레시아 개념은 '공동체의 특수한 삶의 자리'와 '보편적이고 일치된 교회의 특성'을 모두 담고 있기 때문에, 누가 문서의 수신 집단과 배경 집단을 '누가교회공동체'로 명명하는 것이 무리가 없을 것이다.

마르그라(D. Marguerat)는 누가 문서의 '에클레시아' 개념이 '단순히 거대해진 회당'을 의미하지 않고, 유대교 분파들의 통합을 추구하지도 않는다고 간주한다.[41] 그러나 마르그라는 누가 문서에 표현되는 믿는 자들의 모임인 '에클레시아' 개념에는 유대적 특수성(이스라엘과의 연속성)과 이방적 보편성(이스라엘과의 불연속성)이 공존하고 있음을 간과하지 않는다.

이런 연장선상에서, 마르그라는 '거룩한 하나님의 백성으로 한 몸을 이루려는' 누가의 보편적 비전이 "유대 사람이나 이방 사람이나 다 주의 말씀을 들었다"라는 사도행전 19장 10절에 압축되어 있다고 주장한다.[42] 따라서 마르그라의 지적대로 누가 문서에 등장하는 믿는 자들의 모임에는 유대적 특수성과 이방적 보편성이 모두 드러나기 때문에, 또한 보봉

---

40   Ibid.
41   D. Marguerat, *The First Christian Historian*, trans. Ken McKinney, Gregory J. Laughery and Richard Bauckham (Cambridge, U.K.; New York: Cambridge University Press, 2004), 153-154.
42   Ibid., 154.

의 진술대로 '에클레시아'라는 단어로 표현될 수 있는 그들의 모임을 향한 구심력(centripetal force)과 외부 선교 활동을 위한 원심력(centrifugal missionary power)이 균형을 이루기 때문에[43] 누가 문서에 나오는 믿는 자들의 모임을 '누가교회공동체'로 파악할 수 있을 것이다. 누가교회공동체라는 용어에서 '교회'는 보편성과 선교지향을, '공동체'는 누가 문서 배후집단 혹은 수신 집단의 구체적인 삶의 자리라는 특수성을 나타낸다고 고려할 수 있다.

김은수는 누가가 용어 '에클레시아'를 고전 헬라어적 의미인 '일반적 모임'으로도 사용했지만(행 19:32, 39, 40), 기본적으로 초대 기독교 안에서 '하나님의 백성'을 가리키는 용어로 보다 광범위하게 사용했다고 밝힌다.[44] 그에 따르면 '에클레시아'는 모든 세대를 포함하여 예수 그리스도를 진정으로 믿는 신자들을 지칭하는 용어이다.[45] 따라서 '에클레시아'는 '하나님의 백성'(헤 에클레시아 투 데우[η ἐκκλησία του θεοῦ])으로의 교회를 의미한다.[46]

오트(Daniel J. Ott)의 경우 진정한 민주주의 가능성을 '에클레시아'가 아닌 '에클레시아 토 데우'(ἐκκλησία του θεου) 개념에서 찾는다. 그는 성서에서 '일반적인 모임'(assembly)을 의미하는 '에클레시아'와 '영적 교제의 모임'(communion)을 의미하는 '에클레시아 토 데우'가 구분되어 사용됨을

---

43 François Bovon, "The Church in the New Testament, Servant and Victorious," in *Studies in Early Christianity*, 135.
44 Eunsoo Kim, "The Meaning of the Church in the Primitive Christianity: Focused on Luke's Use of ἐκκλησία in Acts," *KJCS* 69 (2010): 75-106, 인용은 104.
45 *Ibid*.
46 *Ibid*.

밝히고, '에클레시아'가 속격으로 하나님과 연결될 때 일상적인 의미에서 신성한 의미로 바뀌게 된다고 주장한다.[47]

김은수와 오트의 견해와 달리, 오경준은 '에클레시아'를 누가가 믿는 이들을 의미하는 전문적 용어로 사용하지 않았다고 주장한다.[48] 그는 그의 논지를 위해 두 가지 논거를 내세운다.

첫째, '에클레시아'가 구약 시대 이스라엘 백성들을 가리키는 용어로 사용되었다(행 7:38)는 점이다.

둘째, '에클레시아'가 믿는 자들을 적대시하는 대적들의 모임을 가리켰다(행 19:32, 39, 40)는 점이다.

그러나 그의 첫 번째 논거는 적절한 수준의 근거가 아니다. 사도행전 7장 38절에서 '에클레시아'는 부정적인 의미로 사용되지 않고, 이스라엘 민족만을 표현하는 용어로도 사용되지 않았다. 스데반은 자신의 연설에서 모세를 자세히 설명한다.

> 이 사람은 시내 산에서 자신에게 말하던 천사와 우리 조상들과 함께 광야 교회(τῇ ἐκκλησίᾳ ἐν τῇ ἐρήμῳ)에 있었고, 생명의 말씀을 받아, 우리에게 주던 사람이다(행 7:38).[49]

사도행전의 스데반은 '광야 교회'(테 에클레시아 엔 테 에레모[τῇ ἐκκλ

---

47 Daniel J. Ott, "Church, Community and Democracy," *PT* 12/3 (2011): 347-362, 특히 347, 358.
48 오경준, "베드로와 야고보의 갈등과 안디옥 사건" (연세대학교 박사학위논문, 2015), 23-24.
49 이후 모든 성서 번역은 저자의 사역임을 밝혀둔다.

ησία ἐν τῇ ἐρήμῳ])라는 성서에서 유일하게 이곳에서만 사용된 개념을 진술한다. 그런데 이 '광야 교회'는 시내 산에서 모세에게 말했던 하나님의 천사가 여전히 있는 곳으로 규정되고, 생명의 말씀이 수여되는 곳으로 설명된다. 또한 오경준의 단정대로 사도행전 7장 38절의 '에클레시아'를 단순히 이스라엘 백성으로만 구성된 교회를 의미한다고 볼 수도 없다. 왜냐하면 출애굽한 민족은 이스라엘 민족만이 아니기 때문이다. '중다한 민족'(עֵרֶב רַב)이 이스라엘 민족과 함께 출애굽의 여정에 동참(출 12:38)했기 때문에 광야 교회에 있는 인종은 이스라엘 족속만이 아니다. 따라서 사도행전 7장 38절의 '에클레시아'가 이스라엘 민족만을 가리켜 이른다는 그의 진술은 적절하지 못하다. 오히려 누가에게 있어 '에클레시아'는 구약성경의 하나님의 백성과 연속성을 가지는 개념으로 인지되고 있다고 판단하는 것이 적합하다.

그는 두 번째 논거 '에클레시아'가 믿는 자들을 적대시하는 대적들의 모임을 표현(행 19:32, 39, 40)하기 때문에 '에클레시아'를 믿는 자들의 모임으로 파악할 수 없다고 주장한다. 그러나 그는 '누가 문서의 중의적 단어 사용'을 인지하지 못하고 있다. 어떤 특정 단어를 어느 특정 단락에서 부정적 의미로 사용했기 때문에, 그 단어 자체를 부정적 의미로 사용했다고 판정하는 것은 지나친 일반화의 오류이다.

비록 누가가 '에클레시아'를 사도행전 19장 32, 39, 40절에서 믿는 자들을 대적하는 모임으로 사용했다고 할지라도, 그 외의 단락에서 모두 '에클레시아'를 긍정적 의미로 표현했음(20번)을 충분히 고려해야 한다. 누가 문서의 중의적 단어 사용은 예를 들어 '교회'(에클레시아[ἐκκλησία]) 뿐만 아니라 '장로들'(프레스뷔테루스[πρεσβυτέρους])이라는 용어 사용에서도 드러난다. 장로들은 예수를 죽인 공모자이며, 예수 죽음의 배후이며, 예수운동의 핍박자이다(눅 9:22; 20:1; 22:52; 행 4:5, 23; 6:12; 11:30). 그러나 또한 누가 문서에서 장로들은 긍정적인 존재들로 재등장한다. 그들은 사도들에 의해 세워지는 존재로, 교회의 중심으로, 사도 바울의 말씀을 계속 이어갈 계승자들로 표현된다(행 14:23; 20:17-35).

누가가 사용하는 단어 자체는 문맥과 전체적인 구도 속에서 파악될 때, 그 의미를 보다 분명하게 밝힐 수 있다. 단순히 '에클레시아'가 전체 23번 가운데 3번 부정적 의미로 사용되었다고 해서, 누가 문서 전체에 사용된 '에클레시아'의 의미를 평가절하하는 것은 온당치 못하다. 교회라는 용어가 마지막으로 등장하는 사도행전 20장 28절에서 사도행전의 바울은 에베소 교회의 장로들에게 다음과 같이 권면하고 자신의 사역을 계승시킨다.

> 너희는 하나님이 자기 피로 값 주고 사신 교회를 목양하라(행 20:28).

3. 가말리엘 연구 동향

기존의 가말리엘 연구는 단편적이고 간결한 경우가 대다수였고, 가말리엘에 대해서만 집중한 연구가 드물었다. 가말리엘을 부수적으로 다루는 연구가 많았고, 가말리엘에 대한 각각의 주석들도 서로 뒤섞이는 경향들이 자주 발생했다. 이런 한계 속에서, 가말리엘에 대한 연구 동향들을 역사적 순서대로 정리하는 것은 쉬운 일이 아니다. 따라서 이런 연구사 정리의 난점을 인정하면서, 이 책은 주요한 학자들의 견해를 중심으로 5가지 유형을 설정하여, 가말리엘에 대한 연구 동향을 정리할 것이다. 아울러 초대 교부 시대, 종교개혁 시대, 그리고 20세기와 21세기 초반까지 진행된 주요한 가말리엘 연구들로 그 연구 시기를 제한할 것이다.

교부 시대 이후로 가말리엘에 대한 연구사를 정리하면, 가말리엘에 대한 연구는 크게 5가지 방향으로 진행되었다.

첫째, '가말리엘을 긍정적으로 보는 전통적 해석'이다.

전통적 해석은 가말리엘을 긍정적으로 바라보고 분석하는데, 가말리엘에 대한 찬양에 가까운 교부들의 해석이 대표적이라 하겠다.

둘째 '가말리엘과 가말리엘 연설을 분리하는 해석'이다.

칼빈은 가말리엘과 가말리엘 연설을 분리하여 각각 다른 평가를 내린다.

셋째, '가말리엘의 긍정성에 이의를 제기하는 해석'이다.

이러한 연구는 가말리엘에 대한 반(反)전통적 해석으로 다아와 버르카워(G. C. Berkouwer), 존슨(L. T. Johnson)의 견해를 꼽을 수 있다.

넷째, '가말리엘 연설의 근원을 추적하는 해석'이다.

이 해석은 가말리엘의 연설 배후에 바리새적 교훈과 가르침이 있다는 핀들리(J. A. Findlay), 피터슨(D. G. Petersen), 브루스(F. F. Bruce)의 견해와 구약의 전통이 자리 잡고 있다는 키스트메이커(Simon J. Kistemaker)의 주장으로 양분되어 있다.

다섯째, '독자 중심에서 가말리엘을 바라보는 해석'이다.

포스트모더니즘 비평의 지평에서 독자의 해석을 강조하는 연구 방향이다. 이제 이 5가지 범위 안에서 진행되어진 연구 동향들을, 각각의 두드러진 연구 결과들을 중심으로 살펴보도록 하자.

1) 가말리엘을 긍정적으로 보는 전통적 견해

가말리엘에 대한 주석의 첫 번째 방향은 교부들로 대변되는 가말리엘에 대한 전통적인 해석으로 시작되었다. 교부들은 가말리엘을 긍정하는 견해를 지속적으로 피력하였다. 가말리엘에 대한 교부들에 대한 평가는 '기독교 비밀신자' 혹은 '기독교 우호자'라는 긍정적 색체로 정리되는 모습을 보인다.

알렉산드리아의 클레멘트(Titus Flavius Clement, 150-215)는 가말리엘과 가말리엘 연설의 결과를 나누어서 평가한다.[50] 그에 따르면, 가말리엘은 비밀스런 신앙의 형제로 하나님의 섭리에 의해 산헤드린에 숨어 있는 기독교 비밀신자이다.[51] 심지어 클레멘트는 가말리엘을 '백성들의 지도자'(the chief of the people)로 표현하는데, 이는 그가 주의 형제 야고보를 '감독들의 지도자'(the chief of the bishop), 즉 사도들의 지도자로 진술하는 것과 묘한 대조를 이룬다.[52] 이런 측면에서, 클레멘트는 그의 저서에서 가말리엘을 주의 형제 야고보만큼의 위상을 가진 존재로 배치시키고 있다.

그러나 가말리엘을 주의 형제 야고보만큼의 위상을 지닌 인물로 제시하는 클레멘트의 견해는 사도행전 본문의 지지를 받지 못하는 약점을 지닌다. 해당 단락에서 야고보가 주목받지 않고, 오히려 '베드로와 사도들'(행 5:29)이 주체적 존재로 등장하며 주목받기 때문이다. 클레멘트는 가말리엘을 기독교 비밀 스파이로 규정한 후, 여기서 더 나아가 가말리엘 연설

---

50 Clem. Alex., *Reco.* I. 65-71.
51 *Ibid.*, 65-67.
52 *Ibid.*

의 주된 내용을 '신앙의 법칙'(The Rule of Faith)과 연결시키기까지 한다.[53] 그에 따르면, 이 같은 가말리엘의 연설로 사도들에게 유죄를 선고하는 것이 오류임이 명명백백하게 밝혀진다.[54]

오리겐(Origen, 185-254) 또한 클레멘트와 비슷한 논조로 가말리엘을 평가하지만, 오리겐에게 있어 가말리엘은 기독교 비밀신자는 아니다. 다만 가말리엘은 대단히 지혜로운 관찰자로 사도들을 옹호한다.[55] 오리겐은 가말리엘을 깊이 다루기보다는 사마리아 마술사 시몬의 몰락을 설명하기 위한 보조적 측면에서 진술한다.

요한 크리소스톰(John Chrysostom, 350-407)의 경우, 가말리엘의 온화한 인품과 친기독교적 성향과 그의 논리성을 강조한다.[56] 요한 크리소스톰의 가말리엘에 대하여 다음과 같이 평가한다.

> 가말리엘은 옛날 이야기를 하지 않고, 대신 믿음을 불러일으킬 만한 최근의 일들을 언급한다. 가말리엘은 '얼마 전에'라는 말로 운을 떼며 그리 오래되지 않은 일을 이야기한다. 만약 그가 "이 사람들을 풀어 보내줍시다"라는 말로 시작했다면, 그는 의심을 받았을 것이고, 그의 연설은 효과가 없었을 것이다. 그러나 그는 차례 차례 예를 들어 이야기했고, 그의 연설에 설득력이 더해졌다. … 그의 온화한 태도를 보라. 그의 말은 간결했고, 그는 사기꾼들에 대해 이야기 할 때조차 분노하지 않았다.[57]

53　*Ibid.*, 68.
54　*Ibid.*, 65.
55　Origen *Cels.* 57.
56　Chrys. *Hom. Acts.* 5.35-39.
57　*Ibid.*

이런 연장선상에서, 요한 크리소스톰은 가말리엘 연설을 비그리스도에 의해 행해진 '복음의 선포'로까지 기술한다.[58] 그러나 가말리엘 연설을 복음의 선포로 단정하는 것은 논란의 여지가 있다. 왜냐하면 가말리엘 연설에는 누가-행전에 나타나는 복음적 선포의 핵심내용, 즉 예수 그리스도의 십자가와 부활과 이스라엘의 구원이 분명히 드러나지 않기 때문이다.

존자 베다(Bede the Venerable, 673-735)도 클레멘스와 유사하게, 가말리엘을 '사도들과 같은 신앙을 가진 동료'로 인식한다.[59] 다시 말해, 가말리엘은 심한 격론이 일어날 때 기독교 운동을 변호하고 유대인들의 격노를 가라앉히는 역할을 하도록 유대교 가운데 숨겨져 있는 인물이다.[60]

이러한 교부들의 해석들은 가말리엘과 사도들의 연관성을 강조하거나 (오리겐) 사도들의 어떤 영향력을 드러내려는 주석 방향이다. 즉, 사도들이 가말리엘과 같은 영향력 있는 지도자를 산헤드린에 파송할 정도의 역량을 가지고 있었음을 강조하면서, 사도권을 강화시키려는 경향이다(클레멘트, 크리소스톰, 베다).

20세기 가말리엘을 연구한 렌스키(R. C. H. Lenski, 1944)와 페리스(T. Ferris, 1954)의 경우에도, 교부들의 해석을 반복할 뿐이다.[61] 19세기 주석가 해켓(Horatio B. Hackett, 1872)의 경우는 조금 다른데, 그는 탈무드에

58　Ibid., 5.39.
59　Bede Acts. 5.34.
60　Ibid.
61　R. C. H. Lenski, *Interpretation of the Acts of the Apostles* (Minneapolis: Augsburg Fortress, 1944), 234-235; T. P. Ferris, *Interpreter's Bible Commentary: Acts* (Nashville: Abingdon Press, 1954), 86.

나타난 가말리엘을 연구한다. 그는 누가의 가말리엘 묘사 방식이 탈무드의 가말리엘 묘사 방식을 그대로 따르고 있음을 지적한다.[62] 탈무드에서, 가말리엘은 열광적인 바리새인이고, 율법에 관한 지식에 있어서는 감히 누구도 범접할 수 없는 경지에 이르는 탁월한 스승이고, 그 당대의 사람들보다 월등하고 관대한 정신을 소유한 사람이다.[63]

아울러 탈무드의 가말리엘은 산헤드린 회의 이후 15년 정도를 더 산 것으로 그려진다.[64] 해켓은 탈무드의 묘사 방식과 누가의 묘사 방식을 비교함으로, 가말리엘에 대한 긍정적 해석을 이끌어내지만, 그러한 주장은 탈무드의 묘사 내용과 사도행전의 묘사 내용이 정확히 일치하지 않는다는 약점을 지닌다. 사도행전 어디에도 가말리엘이 열광적인 바리새인이라는 진술과 그 당대의 사람들보다 월등하고 관대한 정신을 가진 인물이라는 서술이 분명하게 나타나지 않는다.

가말리엘에 대한 긍정적 해석은 헨헨(E. Haenchen, 1977)에게서도 지속되는데, 그에 따르면, 사도들은 순교가 거의 확실히 되는 상황에서 가말리엘의 등장으로 위기를 모면한다.[65] 산헤드린 의회를 이끄는 것처럼 보이는 가말리엘은 광포한 산헤드린 의원들을 쉽게 진정시켰다.[66] 헨헨의 이 같은 연구는 기존의 연구를 되풀이하는 진부함을 보인다. 다만 헨헨은 사도행전 5장 33-39절을 비밀 회담에 대한 보고로 여긴다.[67] 그러나

---

62 Horatio B. Hackett, *Commentary on the Original Text of the Acts of the Apostles* (Boston: Could and Lincoln, 1872), 109.
63 Ibid.
64 Ibid.
65 E. Haenchen, *The Acts of the Apostles: A Commentary*, 252.
66 Ibid.
67 Ibid.

사도행전 5장 33-39절을 비밀 회담으로 보는 것은 상식선에서의 추론일 뿐 진전을 보인 해석은 아니다.

헨헨과 마찬가지로 키스트메이커(1990)도 전통적 견해에 동조한다. 키스트메이커에 따르면, 바리새파는 산헤드린에서 사두개파와 권력의 균형을 유지했고, 따라서 바리새인 가말리엘은 사도들에게 호의를 베풀 수 있었다.[68] 키스트메이커는 가말리엘이 분쟁에 말려들어 예수를 죽게 한 것에 대한 양심에 심한 가책을 가지고 있었고, 이를 벗어버릴 길을 사도들의 방면에서 찾았다고 주장한다.[69] 또한 그는 가말리엘이 산헤드린 공의원들에게 예수의 제자들인 사도들을 방면하여 예수 죽음에 대한 양심의 무거운 짐을 벗어버리자고 권면한다고 본다.[70] 이 때 가말리엘은 성서적 근거(대하 13:12; 잠 21:30)를 토대로 자신의 연설을 진행시킨다.[71]

회개하는 가말리엘상 혹은 산헤드린 공의회 회원들에게 회개를 촉구하는 가말리엘상을 제시하는 키스트메이커의 주석은 초대 교부들만큼이나 가말리엘에 대한 우호적인 해석이다. 그러나 이런 식의 해석은 가말리엘의 긍정적 측면에 과도한 의미를 부여하고 있고, 왜 누가가 이 장면에서 가말리엘을 등장시키는지에 대해 설득력 있는 설명을 제시하지 못한다.

아울러 키스트메이커는 산헤드린에서 소수였던 바리새파[72]가 어떻게

68　Simon J. Kistemaker, *New Testament Commentary*: *Exposition of the Acts of the Apostles* (Grand Rapids: Baker Book House, 1990), 209-212.
69　*Ibid.*, 212.
70　*Ibid.*
71　*Ibid.*
72　산헤드린에서 바리새인이 소수였음에 대해서는 다음을 참고하라. J. Sievers, "Who were the Pharisees?," in : J. H. Charlesworth and L. L. Johns eds., *Hillel and Jesus: Compar-*

사두개파와 권력의 균형을 유지했는지에 대해서는 밝히지 않는다. 산헤드린에서 소수였던 바리새파가 다수였던 사두개파와 권력의 균형을 유지할 수 있었던 이유에 대해 요세푸스는 '대중에 대한 바리새인의 영향력'을 지적한다.[73] 요세푸스에 따르면, 바리새인들은 B.C. 2세기 후반 요한 히르카누스 1세 시대부터 이미 대중들에게 중대한 영향을 미치고 있었다. 그에 따르면,

> 바리새인들의 영향력이 대중들에게 어찌나 크게 미치는지, 그들이 왕이나 대제사장을 거슬러 말해도 즉시 옳다는 인정을 받는다.[74]

키스트메이커가 가말리엘 연설의 성서적 배경을 파악하는 데는 공헌하였지만, 가말리엘 연설에 녹아 있는 로마 제국과 바리새적 유대교에 대한 호교론과 견제론을 포착하지는 못했다. 다시 말해 사도행전의 가말리엘 연설에 담긴 사회 정치적 함의를 파고들지는 못했다.

헨헨이나 키스트메이커와 달리, 던(James D. G. Dunn, 1996)은 가말리엘이 "사람보다 하나님께 순종하는 것이 마땅하다"라는 베드로의 주장

---

ative Studies of Two Major Religious Leaders (Minneapolis: Fortress Press, 1997), 153-155; F. F. Bruce, *The Book of the Acts* (Grand Rapids: Wm. B. Eerdmans Publishing Company, 1988), 114.

[73] Jos. *Ant*. 13. 10. 5. 또한 요세푸스는 영혼불멸 사상과 사후심판 보상교리 때문에 바리새인들은 유대인들을 설득하는 데 큰 힘을 가지고 있었고, 유대인들이 하나님께 예배 드리거나 기도할 때나 제사 드릴 때에 바리새인들의 지시에 따라 행했고, 그들은 유대민중에게 큰 신뢰를 받고 있었음을 밝힌다(Jos. *Ant*. 18. 1. 3). 심지어 사두개인들이 관리직에 취임할 때에도 언제든지 바리새인들의 방식을 따라야 했고, 그렇지 않을 경우 유대민중들은 그들을 용납하지 않았다(Jos. *Ant*. 18. 1. 4).

[74] Jos. *Ant*. 13. 10. 5.

(행 5:29)을 진지하게 받아들였다는 점을 강조한다.[75] 가말리엘이 사도의 주장을 진지하게 받아들였다는 점에서 가말리엘은 다른 바리새인들과 다르고, 다른 산헤드린 공의원들과 구별이 되는 존재이다. 던은 가말리엘의 외침(행 5:38-39)은 베드로의 주장(행 5:29)을 받아들인 결과라고 간주하고, 누가가 이를 '수사학적 반복'(rhetorical roundness) 기법으로 표현했다고 추정한다.[76]

헨헨이나 키스트메이커와는 달리 가말리엘의 긍정적 특성을 파악함으로, 던은 나름대로 가말리엘 연구사에 공헌하였다. 그러나 베드로의 주장(행 5:29)과 가말리엘 연설(행 5:38-39)을 수사학적 반복으로 연결시키는 그의 추정은 다소 무리가 있다. 왜냐하면 사도행전 5장 29절 '인간의 뜻에 따르는 것보다 하나님께 순종하는 것'을 '복음의 선포'와 연결지어 강조한다면, 사도행전 5장 38-39절은 "예수운동이 사람으로부터 시작되었는가? 하나님으로부터 유래하였는가?"를 물으면서 '하나님 대적자' 개념을 내세우기 때문이다.

따라서 사도행전 5장 29절과 사도행전 5장 38-39절의 개념과 사상과 표현이 상호반복, 순환된다는 가정을 지지할 근거가 확고하지 않다. 즉 사도행전 5장 29절과 사도행전 5장 38-39절을 수사학적 반복으로 처리하기 어려운 이유는 위더럽(Ronald D. Witherup, 1992)이 사도행전의 주요한 수사학적 특징으로 거론한 '기능적 중복표현'(functional redundancy)[77]이

---

75 James D. G. Dunn, *The Acts of the Apostles* (Valley Forge: Trinity Press International, 1996), 72.

76 *Ibid*.

77 Ronald D. Witherup, "Functional Redundancy in the Acts of the Apostles: A Case Study," *JSNT* 48 (1992): 67-86, 인용은 68.

두 단락에서 발견되지 않기 때문이다. 위더럽에 따르면, 누가 문서에 나타나는 기능적인 중복표현들은 누가가 자신의 의도를 관철시키려 사용하는 '분명한 서사 전략'(narrative strategy)이다.[78]

가말리엘에 대한 긍정적 해석의 또 다른 방향은 산헤드린의 가말리엘(행 5:34)을 사도 바울의 스승(행 22:3)으로 보는 견해이다. 즉 사도 바울의 회심에 그의 가르침이 선한 영향력을 끼쳤다고 간주하는 해석이다. 키너(Craig. S. Keener, 2014)는 "하나님을 대적하는 자가 되지 말라"라는 경고에 그의 제자 사울이 반응했다고 간주한다.[79] 위더링톤(B. Witherington III, 1998)의 경우, 사도들이 나간 법정에서 가말리엘이 발언한 진술을 누가가 알 수 있었던 이유를, 사도 바울이 자신의 스승이었던 가말리엘에게서 들어 누가에게 전해주었기 때문이라고 추정한다.[80] 다시 말해 가말리엘 연설의 핵심인 "사람에게서 난 것은 무너지고, 하나님에게서 난 것은 무너뜨릴 수 없다"는 가르침을 사도 바울도 받았다.

그러나 위더링톤은 사도행전 5장 34절의 가말리엘과 사도행전 22장 3절의 가말리엘의 동일시를 전제하고 주장을 펼치기 때문에, 산헤드린의 가말리엘과 사도 바울의 스승 가말리엘이 다를 수 있다는 반론을 다루지 못한다. 당시 가말리엘이라는 이름을 가진 사람들이 상당수 존재했음을 고려할 때, 동명이인일 가능성이 제기 될 수 있다.

위더링톤과 달리, 헹헨(1977)은 비록 가말리엘에 대한 긍정적 해석을 견지(堅持)하지만 사도 바울이 가말리엘(행 5:34)의 제자라는 주장에 이의

---

78 Ibid., 86.
79 Craig. S. Keener, *Acts: An Exegetical Commentary*: 3:1–14:28, vol. II, 1222.
80 B. Witherington III, *The Acts of the Apostles*, 234.

를 제기한다.[81] 헹헨에 따르면, 바울은 회심 이전에 예루살렘에 오래 머무르지 않았기(갈 1:22) 때문에 산헤드린의 가말리엘에게 가르침을 받을 가능성이 적다.[82]

또한 구약성경의 단어 내용들로부터 매우 자유로운 성서해석을 하는 바울의 방식과 단어 하나 하나를 꼼꼼하고 정확하게 주석하는 랍비적 성서해석 방식이 다르기 때문에, 사도 바울과 산헤드린의 가말리엘을 연결시키는 것은 무리가 있다.[83] 헹헨이 사도 바울의 성서해석 방식과 랍비적 성서해석 방식의 차이를 제시한 것은 설득력이 있지만, 바울이 회심 이전에 예루살렘에 오래 머무르지 않았기 때문에 가말리엘과 연관이 없다는 그의 진술은 근거가 부족하다.

콘첼만(H. Conzelmann, 1987)은 위의 학자들과 조금 다른데 그에 따르면, 바리새인들은 부활 신념의 옹호자들로 기독교인들과 유사한 신앙을 가지고 있다.[84] 그러나 누가는 이런 바리새인 가말리엘을 기독교 박해의 수장이었던 바울의 스승(행 22:3)으로 묘사함으로 그 스스로를 모순으로 빠뜨린다.[85] 콘첼만은 바리새인 가말리엘에 대해 긍정적으로 바라보는 전통적 해석을 유지하지만, 누가는 핍박자 사울의 스승으로 가말리엘을 언급함으로 그 스스로를 모순된 자로 여기게 한다고 주장한다.

위에서 살펴본 대로, 가말리엘 연구에 있어 가말리엘을 우호적으로 바

---

81 E. Haenchen, *The Acts of the Apostles*, 625.
82 Ibid.
83 Ibid.
84 H. Conzelmann, *Acts of the Apostles*, trans. James Limberg, A. Thomas Krrabel, and Donald H. Juel (Philadelphia: Fortress Press, 1987), 42.
85 Ibid.

라보는 전통적 해석은 주류를 이루고 있다. 그렇다면 이제 초대 교부들로부터 내려오는 전통적 해석과는 다른 관점으로 가말리엘을 다루는 해석들을 분석해보자.

2) 가말리엘과 가말리엘 연설을 분리하는 해석

가말리엘에 대한 두 번째 연구 경향은 칼빈의 해석이다. 종교개혁자 칼빈(John Calvin, 1509-1564)은 하나님의 구원과 은혜의 측면에서 가말리엘 연설 단락을 해석하였다. 칼빈은 가말리엘이라는 인물 자체는 긍정적으로 해석하지만, 가말리엘 연설은 부정적으로 바라본다. 칼빈은 비록 가말리엘을 기독교 비밀신자로 간주하거나 그의 연설을 복음의 선포로 판단하지 않지만, 그는 초대 교부 전통에서 시작된 가말리엘에 대한 우호적인 상을 유지한다. 칼빈에 따르면, 가말리엘은 그를 제외한 다른 모든 사람들의 격분을 온건한 말로 누그러뜨린 온화한 인물이고, 악한 자들의 광기를 저지시킨 인물이다.[86]

그럼에도 불구하고, 칼빈은 가말리엘 연설의 전제와 결론을 잘못 적용하면 안 된다고 강조한다.[87] 칼빈은 가말리엘 연설의 결론을 신앙의 규범으로 수용할 수 없음을 지적한다. 가말리엘은 "하나님께로부터 나온 것은 깨뜨릴 수 없고," "인간에게로부터 나온 것은 그 스스로 무너진다"라는 두 가지 전제를 제시한다. 칼빈에 따르면, 구원이 하나님에게로부터

---

[86] John Calvin, "Commentary on Acts Vol. I.," *Christian Classics Ethereal Library* (1999), http://www.ccel.org/ccel/calvin/calcom36.html (7 Nov. 2015), 123.

[87] *Ibid.*, 123-124.

나온 것임으로 우리의 구원은 안전하고, 악한 자들이 아무리 교회를 파괴하려고 하여도 그들은 승리자가 될 수 없기 때문에, 이 두 가지 가말리엘의 전제는 타당하고 옳다.[88]

그러나 칼빈은 두 가지 전제로부터 나온 결론 "가만히 두고 보자"를 우리에게 그대로 적용하면 심각한 오류가 발생한다고 주석한다.[89] 칼빈은 모든 것을 뒤집어 엎어 버리려는 사람들의 악행을 못 본 체하고 등을 돌리고 아무것도 하지 않는 것은 '게으름'이라고 분명히 밝히고, 그리스도의 종들은 진리를 수호하는 일에 뒷짐 지고 있어서는 안 됨을 강조한다.[90] 이런 해석이 나온 이유는 칼빈이 자신의 신조인 '이신칭의'(以信稱義)와 '하나님의 주권'을 지원하기 위한 본문으로 가말리엘 연설 단락을 사용한 결과이다.

3) 가말리엘의 긍정성에 이의를 제기하는 해석

가말리엘에 대한 세 번째 연구 방향은 반(反)전통적 혹은 반(反)초대 교부적 해석이다. 즉 가말리엘과 그의 연설에 대한 긍정적 해석에 제동을 거는 연구들이다. 가말리엘의 긍정적 해석에 의문을 제기하면서, 가말리엘의 한계와 약점을 부각시킨 대표적인 연구로는 존슨(1992)의 전망을 살필 수 있다. 존슨은 자신의 주장의 논리적 정당성을 다음과 같이 확보한다.

88　*Ibid.*
89　*Ibid.*
90　*Ibid.*

> 가말리엘과 사도들은 처음 충돌한 것이 아니다. 심지어 가말리엘은 예수와도 대결하였다. 우리는 이점을 명념해야 한다. 누가는 가말리엘을 산헤드린의 바리새인으로 특별히 규정한다. 그의 연설에 부여되는 권위와 다른 공의원들과 비교되는 특권은 그가 산헤드린의 주요한 리더임을 보여준다. 그러므로 그는 예수를 죽음으로 몰고 간 장본인 중 하나이다 (눅 22:66-71).[91]

존슨은 여기서 더 나아가, 산헤드린과 사도들의 1차 충돌(행 4:13-14)에서 보인 '조금 기다리고 두고 보자는 태도'를 그대로 2차 충돌(행 5:33-39)에서도 반복하기 때문에, 가말리엘은 기독교에 적대적인 인물이라고 가정한다.[92] 가말리엘의 개입이 종종 긍정적으로 읽혀지는 것에 반대하는, 존슨의 견해는 가말리엘에 대한 찬양 일색의 주석에서 뚜렷한 진전을 이룬 연구이다. 1차 충돌 시 산헤드린이 내린 결론(행 4:17-18)과 2차 충돌 시 산헤드린이 내린 결론(행 5:40)이 '사도들을 위협하여 예수의 이름을 전하지 못하게 하는 것'임을 감안할 때, 그리고 가말리엘이 보이는 동일한 반응(행 4:15; 5:34)을 고려할 때, 존슨의 지적은 좋은 통찰을 준다.

그러나 존슨은 왜 누가가 1차 충돌 때와 달리, 2차 충돌 때에 가말리엘의 연설을 긴 지면을 할애하여 실었는지에 관해서는 그다지 관심을 기울이지 않는다. 존슨의 연구에서 간과된 것은 누가 문서에 팽배한 호교론적 방향이다. 누가 문서 전체의 분위기를 호교론적으로 파악한 렌쯔(John C. Lentz, 1993)의 견해를 빌리면 다음과 같다.

---

[91] L. T. Johnson, *The Acts of the Apostles*, 102-103.
[92] *Ibid*.

> 데오빌로에 대한 헌사로 시작되어 제국의 수도 로마에서 바울이 방해받지 않고 복음을 증거했음으로 끝나는 누가 문서 전체의 분위기는 자기관찰적이거나 방어적이지 않고, 팽창적이고 선교적이다. 누가-행전은 신자만큼이나 비신자를 위해 쓰여졌다.[93]

렌쯔는 누가-행전의 흐름을 선교로 이해하면서, 기독교 문서는 대중-사회적 접근을 시도하는 특성을 가진다는 피오렌자(E. Schüssler Fiorenza, 1976)의 개념[94]을 적극 수용한다. 피오렌자는 초기 기독교 문서들은 유대인이건 이방인이건 헬레니즘적 세계에 살고 있는 사람들을 기독교인으로 만들기 위해, 매혹시키고 설득시키려는 의도를 근원에 담고 있다고 주장한다.[95]

피오렌자와 달리, 키이(1990)는 사도행전에서 기독교가 대중적인 것으로 묘사되지 않고 있다고 간주한다.[96] 왜냐하면 사도행전에서 묘사되는 집회장소의 대부분이 개인의 가정집이기 때문이다.[97] 초기 기독교 문서의 대중-사회적 양상을 지적한 피오렌자의 견해와 사도행전에서의 기독교 운동은 대중적이지 않다는 견해 중 설득력을 얻는 것은 전자이다. 키이의 가설이 대중적인 부흥운동이 일어나고 있는 것을 세세히 보도하

---

93 John C. Lentz, *Luke's Portraits of Paul* (Cambridge: Cambridge University Press, 1993), 171.
94 E. Schüssler Fiorenza, *Aspects of religious propaganda in Judaism and early Christianity* (Notre Dame: University of Notre Dame Press, 1976), 1.
95 *Ibid*.
96 H. C. Kee, *Good News to the Ends of the Earth: The Theology of Acts* (London: SCM Press, 1990), 88.
97 *Ibid*.

는 사도행전의 본문(행 2:34-47;[98] 5:14, 42; 6:7; 9:31; 11:21, 26)을 희생하고서야 받아들일 수 있기 때문이다. 키이의 바램과는 달리 사도행전 작품 속에는 대중적인 부흥이 적극적으로 반영되어 있다. 또 한 가지 집회 장소가 개인 가정집이라고 해도 그런 개인 가정집이 한 곳이 아니라 여러 곳에 광범위하게 분포되어 있다면, 그것을 대중적인 운동이라고 간주할 수 있기 때문이다.

초기 기독교 문서가 대중-사회적 양상을 띤다는 피오렌자의 주장 위에, 렌쯔는 누가 문서의 선교적 차원을 살핀다. 그러나 누가 문서의 저술 의도[99]를 선교론적으로만 단순하게 파악한 것을 렌쯔의 한계로 지적할 수 있다. 왜냐하면 누가는 자신의 작품에서 호교론을 펼칠 뿐만 아니라 바리새적 유대교와 로마 제국에 대한 견제[100]를 시도하기 때문이다. 누가의 주요한 저술 목적인 호교론과 견제론을 모두 볼 수 있는 단락이라는 측면에서, 가말리엘 연설 단락은 독특성을 지닌다.

가말리엘을 예수 죽음에 대한 책임을 피할 수 없는 존재, 기독교 운동에 적대적인 존재로 바라본 존슨과는 달리, 가말리엘을 중립적으로 바라보려는 대표적인 주장은 조직신학자 버르카워(1952)의 교리적 주장과 문

---

[98] 이 단락에서 3000명이 집단적으로 회개하고 집단적으로 세례를 받는다. 저자는 "날마다 주께서 구원받는 사람을 더하셨다"는 표현으로 이 단락을 마무리짓는다. 이 모든 것은 기독교 운동의 대중성 내지는 기독교 운동의 대중적 확산을 보여준다.

[99] 본 연구는 누가 문서의 저술 의도를 한두 가지로 제한하지 않는다. 누가 문서의 저술 의도는 상당히 복잡하고 다층적일 것이다. 본 연구는 가말리엘 단락에 집중하여, 가말리엘 단락에 나타나는 호교론적 특성과 견제론적 특성을 고찰할 것이다.

[100] 예를 들어 복음(유앙겔리온[εὐαγγέλιον])이라는 단어는 원래 기독교 용어가 아닌 이방 용어였다. 로마 제국의 통치 아래서 εὐαγγέλιον은 로마 황제의 말과 행동과 그와 관련된 모든 소식으로 선전되어졌다. 누가 문서는 로마 황제의 탄생이 아닌 예수의 탄생을 εὐαγγέλιον과 연결시키고(눅2:10), 이방인 선교의 핵심이 "이 복음의 말씀"(15:7)을 증언하는 것임을 천명한다.

학비평으로 가말리엘 단락을 해석한 다아(1998)의 견해를 꼽을 수 있다.

조직신학자 버르카워는 '하나님의 주권과 섭리'라는 측면에서 가말리엘 연설을 바라본다. 버르카워에 따르면, 가말리엘은 지금 유대인들에게 알렉산더 얀네우스(Alexander Jannaim, 재위, B.C. 103-76)[101]와 같은 실수를 반복하지 말라고 충고하고 있다.[102] 알렉산더 얀네우스는 스스로를 왕으로 여기고 불법을 행하였고, 하나님의 목적을 방해한다는 죄목 아래 800명의 유대인을 십자가에 매달아 죽였다.[103]

가말리엘은 그의 연설을 통해, 하나님은 그의 신비스러운 목적을 이루시기에 기독교인들이 선하건 나쁘건 간에 상관없이, 유대인들은 반드시 하나님의 의지를 존중해야 한다고 강조한다.[104] 따라서 버르카워의 주석에 따르면, 누가는 가말리엘을 기독교회에 우호적인 인물로도 적대적인 인물로도 묘사하지 않고, 다만 누가는 가말리엘 연설을 통해 하나님이 일하실 공간을 만들어 놓는다.[105]

누가가 가말리엘은 기독교회에 우호적인 인물로도 적대적인 인물로도 그리지 않는다고 파악하는 버르카워의 시도는 이전의 연구와는 차별화되지만, 버르카워는 왜 누가가 가말리엘을 그렇게 진술하고 있는지에 대해서는 침묵하고, 자신의 가정에 정당성을 부여할 설득력 있는 근거를 제시하지 못한다. 또한 본문 속의 중요한 배후로 암시되고 있는 바리

---

101 하스모니어 왕조의 왕으로, 요나단이라는 자신의 이름을 희랍식으로 개명하였다. 스스로 대제사장이라 칭하며 대제사장의 직위를 수행했다.
102 G. C. Berkouwer, *The Providence of God* (Grand Rapids: W. B. Eerdmans Publishing Co., 1952), 172-173.
103 *Ibid.*, 173.
104 *Ibid.*
105 *Ibid.*

새적 유대교나 로마 제국에 대한 분석을 소홀히 한다. 이는 '하나님의 주권과 섭리'라는 신학적 전망과 상상력을 먼저 설정해놓고, 그것을 가말리엘 연설 단락에 투여함으로 발생하는 조직신학적 분석의 한계로 볼 수 있다.

버르카워와 유사하게 다아(Darr)도 가말리엘을 중립적으로 바라본다. 다아(1998)에 따르면, 가말리엘은 기독교 운동에 그렇게 우호적이지도, 그렇게 적대적이지도 않은 존재이다.[106] 누가가 묘사하는 가말리엘은 그저 기독교 주장에 관용을 가진 유대인일 뿐이다.[107] 그러나 기독교 주장에 관용을 가진 유대인 가말리엘을, '기독교 운동에 그다지 우호적이지 않은 인물'로 보면서, 동시에 '기독교 운동에 그다지 적대적이지 않은 인물'로 보는 다아의 주장은 다소 혼란스럽다. 차라리 가말리엘이 한 측면에서는 기독교 운동에 우호적으로 묘사되지만, 다른 측면에서는 기독교 운동에 적대적으로 묘사된다고 처리하는 것이 설득력이 있을 것이다.[108]

그가 사용한 영어 단어 '관용'(tolerance)이 남의 잘못을 너그럽게 받아들이거나 용서한다는 의미를 가지거나 상대방의 주장을 용납하고 인정한다는 의미를 가지기 때문에, 기독교 주장에 관용을 가진다는 것과 기독교 운동에 우호적이라는 것이 크게 다르지 않다는 것은 상식선의 추론이다. 가말리엘의 관용성을 충분히 기독교 운동에 대한 우호성으로 연

---

106 J. A. Darr, "Irenic or Ironic? Another Look at Gamaliel before the Sanhedrin(Acts 5:33-42)," in *Literary studies in Luke-Acts*, 121-139, 특히 139.
107 *Ibid.*, 139.
108 존슨이 위에서 언급한 대로, 예수운동에 대한 가말리엘의 적대성을 누가는 명확히 드러낸다. 그러나 가말리엘의 우호적인 특성도 누가는 감추지 않는다. 이에 대해서는 〈제3장 역사적 가말리엘과 누가의 가말리엘〉을 참고하라.

결시킬 수 있기 때문에, 다아의 주장은 그 논리적 구조와 연결고리가 허술하다는 비판을 받을 수 있다.

그럼에도 불구하고, 사도행전의 독자들에게 '산헤드린'은 하나의 등장인물처럼 인식된다는 다아의 주장은[109] 고려할 가치가 있다. 다아에 따르면, 산헤드린은 '그룹 캐릭터'로 독자들에게 받아들여지는데, 독자들에게 산헤드린 의원들은 예수와 그의 추종자들을 괴롭히고 함정에 빠뜨리기 위해 일치된 행동을 하는 단일 그룹으로 지각(知覺)된다. 따라서 독자들은 매우 쉽게 가말리엘과 산헤드린을 관련시켜 생각하게 된다.

4) 가말리엘 연설의 근원을 추적하는 해석

가말리엘 연설의 근원을 추적하는 해석을 가말리엘 연구에 있어서 네 번째의 범주로 고려할 수 있다. 이런 해석들은 가말리엘 연설과 다른 자료 문헌들을 비교 검토하는 방식으로 진행되어졌다. 다른 자료와 사도행전의 가말리엘 연설을 비교한 핀들리(1936)의 연구가 선구적이다. 핀들리는 가말리엘 연설과 바리새적 가르침을 비교하였다. 그가 가말리엘 연설의 원천으로 제시하는 바리새적 교훈은 다음과 같다.

> 하나님은 모든 곳에 계시며, 자신의 목적을 성취하는 데 있어 인간의 어떤 도움도 필요 없으시고, 모든 사람은 반드시 해야 할 일은 하나님께 순

---

[109] J. A. Darr, "Irenic or Ironic? Another Look at Gamaliel before the Sanhedrin(Acts 5:33-42)," in *Literary studies in Luke-Acts*, 127-130.

종하고, 하나님이 행하시는 대로 결과를 하나님께 맡겨야 한다.[110]

핀들리에 따르면, 가말리엘의 연설 근원에는 바리새적 교훈이 스며들어 있다. 피터슨(2009)도 핀들리와 유사한 견해를 펼친다. 피터슨은 가말리엘 연설 배후에 있는 바리새적 가르침에 주목한다. 피터슨에 따르면, 가말리엘의 지적은 결국 산헤드린이 사도들을 막을 수 없다는 것이고, 그러한 가말리엘 연설은 '확고한 바리새적 가르침'에 근거한 것이다.[111] 그러나 피터슨은 이런 바리새적 가르침은 성서적 견해라기보다는 운명론에 가깝다고 판단하며 그의 주장을 다음과 같이 정리한다.

> 하나님은 그의 세계 안에서 일하시고, 인간이 그 펼쳐질 사건들에 응답하기를 기대하신다는 성서적 견해 때문에, 어떤 것이 판명될 때까지 기다리고 보자는 것은 어려운 상황을 위한 적절한 지침은 아니다.[112]

핀들리와 피터슨의 연구는 가말리엘 연설과 다른 자료를 연결시킴으로 새로운 통찰을 주었지만, 다음과 같은 한계를 지닌다. 무엇보다 핀들리와 피터슨은 어떤 점에서 어떤 이유로 바리새적 가르침과 가말리엘 연설이 긴밀하게 연결되는지를 비판적으로 검토하지 않았다. "하나님은 모든 곳에 계시고 자신의 목적을 성취하시는 데 인간의 어떤 도움도 필

---

110   J. A. Findlay, *The Acts of the Apostles* (London: Student Christian Movement Press, 1934), 85.
111   D. G. Petersen, *The Acts of the Apostles* (Grand Rapids: W. B. Eerdmans Publishing Co., 2009), 226.
112   *Ibid*.

요 없으시다"라는 바리새적 가르침과 "인간으로부터 난 운동은 무너질 것이고, 하나님으로부터 난 운동은 누구도 무너뜨릴 수 없다"라는 가말리엘 연설은 상호일치 하는 진술로 보기에는 무리가 있다.

핀들리와 피터슨의 논증은 주변 문맥을 통해 어떤 근거도 확보하지 못하고 가말리엘 연설의 밑바탕에 바리새적 가르침이 있다는 그들 자신의 생각만을 확인한 것이다. 피터슨의 연구가 최근의 것임에도 불구하고 그다지 반향을 일으키지 못한 이유가 여기에 있다.

브루스(1988) 또한 핀들리와 피터슨과 마찬가지로 가말리엘 연설과 바리새적 가르침의 관련성을 제시한다. 브루스는 랍비 요하난의 글에서 가말리엘 연설과 유사한 사상을 발견한다.[113] 신발 제조공이었던 랍비 요하난의 글을 인용하면 다음과 같다.

> 하늘의 이름 안에서 모인 모든 모임은 결국 서게 될 것이고, 하늘의 이름 밖에서 모인 모든 모임은 결국 무너질 것이다(*Pirqe Aboth* 4:14)[114]

브루스는 가말리엘이 이 바리새적 가르침에 입각하여 그의 충고를 진술한다고 가정한다. 그러나 브루스는 핀들리의 견해가 옳다고 전제하고 그의 논리를 전개시키기 때문에, 논리적 정당성에 있어 한계를 지닌다.

위에서 언급한 학자 군(郡)과 달리, 키스트메이커(1990)의 경우, 가말리엘 연설의 근원이 되는 자료를 구약성경에서 찾았다. 키스트메이커에 따르면, 가말리엘은 유대인들이 진리로 여기고 있는 성서 "너의 조상

---

113 F. F. Bruce, *The Book of the Acts*, 115-116.
114 *Ibid.*, 115.

의 하나님 여호와를 대적하지 말라. 그리하면 너희가 형통치 못하리라"
(대하 13:12; 잠 21:30)에 의존하여 공의원들을 설득하려 시도한다.[115]

키스트메이커가 가말리엘 연설의 근간으로 제시하는 두 성서구절 중 역대하 13장 12절은 하나님 대적자 개념이 드러나기 때문에 문제가 없지만, 잠언 21장 30절은 가말리엘 연설과 직접적으로 연관된 개념이나 단어가 등장하지 않기 때문에 가말리엘 연설의 직접적 관련성을 주장하기에는 무리가 있다. 만약 키스트메이커의 가정대로 잠언 21장 30절을 가말리엘 연설의 성서적 근간으로 여긴다면, "잠언 21장 30절과 비슷한 성서구절들(욥 12:13; 렘 10:10, 12; 51:15)[116]을 어떻게 처리해야 하는가?"의 문제가 발생한다.

하나님의 지혜와 명철과 모략을 강조하는 성서구절들과 잠언 21장 30절의 차이는 무엇인가?

별반 차이가 없다면 유독 잠언 21장 30절만을 가말리엘 연설 단락의 직접적인 성서의 근원으로 볼 수 있는 이유가 무엇인가?

이에 대해 키스트메이커는 설득력 있는 답변을 내놓지 못하고 있다. 키스트메이커가 가말리엘 연설 단락의 근원으로 지목하는 잠언 21장 30절에 대한 그의 가정을 철회한다면, 위에서 살펴본 대로 가말리엘 연설의 근원을 바리새적 가르침에 두는 주장보다는 가말리엘 연설과 구약성경을 연결시키는 키스트메이커의 견해가 보다 적절하다.

---

115 Simon J. Kistemaker, *Exposition of the Acts of the Apostles*, 212.
116 하나님의 지혜와 명철을 강조하는 본문은 욥 12:13; 렘 10:12; 51:15이고, 하나님을 당할 자가 없음을 강조한 본문은 렘 10:10이다.

5) 독자 중심에서 가말리엘을 바라보는 해석

우리가 살펴볼 다섯 번째 연구 경향은, '독자'를 중심으로 가말리엘 연설을 살피는 포스트모더니즘적 접근[117]이다. 포스트모던 비평의 주요한 주석 방식인 독자반응비평은 독자를 본문의 의미를 결정하는 주체로 세

---

[117] 포스트모던 비평은 독자반응비평, 해체주의 비평, 이념적 비평으로 세분되지만, '성서해석의 주체로서의 독자의 능력'과 '성서본문의 다중의미 부여'를 인정하는 특징을 가진다. 이념적 비평 또한 독자를 중심으로 해석하는데, 독자가 가진 이데올로기가 어떻게 본문의 의미를 새롭게 하는지에 관심을 가진다. 또한 소수자의 입장을 대변하는 변호하는 방향으로 주석을 진행한다. 최근 여류신학자 뉴섬(C. A. Newsom), 린지(S. H. Ringe), 오데이(G. R. O'Day), 피오렌자, 라이드(Barbara E. Reid) 등에 의해 시도된 여성 중심적 성서해석, 존슨에 의해 제기된 소유와 분배에 대한 고찰, 구약성경해석에서 뚜렷한 진전을 이룬 클린지(D. A. Clines)의 연구 등을 이념적 비평의 지평으로 고려할 수 있다. 다음을 참고하라. C. A. Newsom and S. H. Ringe, eds., *Women's Bible Commentary: With Apocrypha* (Louisville: Westminster John Knox Press, 1998); L. T. Johnson, *Sharing Possessions: Mandate and Symbol of Faith* (Grand Rapid: Wm. B. Eerdmans Publishing, 2011); D. A. Clines, *Interested Parties: The Ideology of Writers and Readers of the Hebrew Bible* (Sheffield: Sheffield Academic Press, 1995), 특히 9–25. 피오렌자는 '의심의 해석학'(a Hermeneutics of Suspicion)을 사용하여 성서를 해석한다. 의심의 해석학은 성서본문의 상당 부분이 남자들에 의해, 남자들을 위해 쓰여 졌고, 성서해석 또한 남자들에 의해, 남자들을 위해서 이루어졌음을 인식하며 성서 본문에 접근하는 주석 방식이다. 또한 이 해석 방식은 성서본문이 기록되고 해석되는 과정 중에 가부장적 이해가 첨가되었음을 무시하지 않는다. E. S. Fiorenza, *In Memory of Her* (New York: Crossroad, 1983), 35를 참고하라. 카톨릭 여성신학자인 라이드(Barbara E. Reid, O.P)는 비유해석에 있어, 여성을 무시하거나 간과한 기존의 성서해석에 반기를 들며, 여성의 역할을 부각시킨다. 이 같은 페미니즘의 전망에서, 라이드는 누가복음 18장 1-8절 비유를 해석한다. 누가복음에 나오는 과부와 하나님을 동일시하는 그녀의 연구는 흥미롭다. Barbara E. Reid, "A Godly Widow Persistently Pursuing Justice," *BR* 45 (2000): 25-33. 그러나 그녀가 간과한 것은 엑디케오(ἐκδικέω)의 용례이다. ἐκδικέω는 "복수를 실행하다" 혹은 "원수를 갚다"라는 의미(눅18: 3, 5; 롬12:19; 고후10:6; 계6:10; 19:2)로 사용될 수 있고, "정의를 실행하다"라는 의미(눅18:3, 5)로도 해석될 수 있다. 따라서 만일 ἐκδικέω를 전자로 해석할 경우, "과부가 정의를 추구했다"는 라이드의 단정은 설득력이 떨어진다. 과부가 원수 갚음을 추구했다고 해석될 수도 있기 때문이다.

운다.[118] 독자는 본문 간의 모순이나 충돌을 '틈 메우기'(filling gaps)를 통해 완화하고, 예상과 회상이라는 주체적 작업을 통해 자기가 발견한 본문의 의미를 강화한다.[119]

이러한 독자반응비평은 편집비평[120]에 대한 대안적 성격을 지닌다. 편집비평적 연구는 복음서 저자의 독창성에 집중하였지만, 복음서 저자에게 영향을 미치는 독자들에 대한 포괄적 연구까지는 나아가지 못했다. 소위 독자반응비평 방식으로 가말리엘 단락을 심층적으로 파고든 대표적인 학자는 라이온스(W. J. Lyons, 1997)이다. 예상치 못한 창의적인 논지 제시와 그에 부합되는 설득력 있는 논거 설명으로 주목받은 라이온스에 따르면, 독자의 상황이야말로 가말리엘 연설의 해석의 중대의 차이를 낳게 한다.[121] 그에 따르면,

> 가말리엘을 바리새인 유대인이나 혹은 유대 기독교인으로 바라보게 하는 상이한 묘사들과 그의 연설의 적절성에 대한 다양한 의견들은 ⋯ 누

---

118 다음을 참고하라. R. M. Fowler, *Let the Reader Understand: Reader-Response Criticism and the Gospel of Mark*, 61-70.
119 *Ibid.*, 61.
120 편집비평에 대해서는 다음을 참고하라. G. Bornkamm, G. Barth, and H. J. Held, *Traditional and Interpretation of Matthew* (London: SCM, 1963); H. Conzelmann, *Die Mitte der Zeit*; W. Marxsen, *Mark the Evangelist: Studies on the Redaction History of the Gospel* (Nashville: Abingdon, 1969). 누가의 편집에 대해서는 특히 155-172. 트로크메는 마가복음 연대를 추정함에 있어, 편집비평적 방법과 통찰을 적용한다. 그에 따르면 원마가복음 1장-13장은 A.D. 40년~57년 사이, 마가복음 14-16장은 그 이후 최종편집자에 의해 A.D. 85년경 재편집되었다. 다음을 참고하라. E. Trocmé, *The Formation of the Gospel Tradition According to Mark* (Philadelphia: The Westminster Press, 1975), 80.
121 W. J. Lyons, "The Words of Gamaliel(Acts 5:38-39) and the Irony of Indeterminacy," *JSNT* 68 (1997): 23-49.

> 가-행전에 대하여 확실한 신념을 가지느냐 아니면 바리새적 유대교 그 자체에 대하여 확실한 신념을 가지느냐에 따라 달라지는 독자 상황의 부산물이다.[122]

라이온스는 독자를 해석의 주체로 세웠다는 점에서 기존의 연구에서 진일보하였지만, 그가 고려하고 있는 독자 상황의 범주는 누가-행전에 대해 동의하고 있는 독자의 상황과 바리새적 유대교에 동의하고 있는 독자의 상황으로만 제한된다. 누가-행전의 독자로 고려할 수 있는 범주는 누가교회공동체에 속한 독자가 있을 수 있고, 바리새적 유대교를 지지하는 독자도 있을 수 있겠지만, 로마 제국의 통치와 선전을 옹호하는 독자도 있을 것이고, 이 앞의 세 가지 상황과 상관없는 독자도 있을 것이다. 그러므로 적어도 누가-행전을 읽을 수 있는 독자의 상황은 네 가지 범주 이상일 것이다.

2000년대 가말리엘 연설 단락을 독자반응비평으로 다룬 연구로는 윤철원(2007)의 시도를 꼽을 수 있다. 그는 가말리엘 단락을 '21세기 독자인 자신에게 이해된 루터'가 읽는다고 생각하고, 루터가 가말리엘 연설 단락에서 발견하게 될 의미를 고찰한다.[123] 바꾸어 말하면, 윤철원은 자신이 이해한 루터가 어떻게 가말리엘을 해석할 것인가를 예상하고 추측한다.[124] 그는 이와 같은 그의 주석 방법이 '독서의 즐거움'을 준다고 자평

---

122 Ibid., 49.
123 윤철원, "21세기 독자, 루터의 가말리엘 읽기: 보름스 제국의회와 산헤드린에서의 발언을 중심으로," 「신약논단」 14/3 (9, 2007): 643-678.
124 Ibid.

(自評)한다.¹²⁵ 윤철원이 이해한 루터에 따르면, 가말리엘은 자신의 입장을 넌지시 숨기는 '유약한 지도자'에 불과하고, 그가 제시한 충고는 사도들의 복음 선포를 간접적으로 협박하여 기독교 운동을 소멸시키려는 정치적 전략에 따른 선택이다.¹²⁶

이 같은 윤철원의 설정은 루터의 해석 방향을 자신이 결정했다는 점에서 자의적이고, 루터가 사도행전에 관한 어떤 주석도 남기지 않았기 때문에 실제 루터가 그렇게 해석할 것인가에 대한 의문을 남긴다. 또한 그의 가설에 정당성을 부여하기 어려운 이유는 루터가 가말리엘을 얼마든지 보름스 의회에서 자신을 도왔던 프리드리히 대제와 연관시킬 가능성이 있기 때문이다.

아울러 그는 가말리엘의 제안이 왜 기독교 운동을 소멸시킬 수 있는 전략인지, 어떻게 그의 충고가 기독교 운동을 소멸시키는 작용을 하는지 설득력 있는 근거를 제시하지 않는다. 그럼에도 불구하고, 독자반응비평으로 가말리엘 단락을 해석한 윤철원의 시도는 가말리엘 연구사에 있어 새로운 전기를 마련했다고 평가할 수 있겠다.

독자반응비평이 신비평으로 주목을 받고 있음에도, 독자반응비평은 한 가지 난처한 문제에 직면하게 된다. 바로 독자반응비평은 독자에게 과도한 권한을 부여한 나머지, 저자가 의도하고 있는 초점을 놓칠 위험이 있다. 비록 저자 자신조차도 인식하지 못한 본문의 새로운 의미를 독자가 발견하고 창출할 수 있다는 점에서 독자반응비평의 가치를 주시할 만하지만, 저자가 배제되고 무시되는 독자만의 자의적 성서 읽기가 성서주석

---

125 *Ibid.*
126 *Ibid.*, 667-668.

의 합리적 타당성과 객관성을 얼마나 확보할 수 있을지는 의문이다.

위에서 살펴보았듯이, 지금까지의 가말리엘에 대한 연구는 가말리엘의 긍정적 측면이나 부정적 측면 중 한 쪽에 과도한 관심을 기울이거나, 가말리엘 연설의 배경을 바리새적 가르침이나 구약에서 찾으려는 흐름을 가지고 있었다. 그것이 아니면 독자의 시각에서 가말리엘 연설 단락을 이해하거나 조직신학적 관점에서 분석하였다.

그러나 왜 누가가 이 단락에서 가말리엘, 그것도 다른 신약성경 기자들이 단 한 번도 언급한 적 없는 인물을 끌어들이는지에 대한 저자의 의도와 누가교회공동체의 정황을 연결시키는 포괄적인 시도가 많지 않았다. 또한 가말리엘 연설 단락의 배경을 이루는 누가교회공동체와 바리새적 유대교와 로마 제국의 삼각관계에 대한 함의(含意)에 큰 관심을 기울이지 않았다.

아울러 바리새적 유대교와 로마 제국을 향한 누가교회공동체의 변증과 견제라는 두 접근을 본격적으로 풀기 위한 실마리로 가말리엘 연설 단락에 주목하지 않았다.

따라서 본 연구는 위의 질문들에 답하며, 누가교회공동체에게 있어 선교와 성령이 어떤 기준의 준거틀을 누가교회공동체 구성원들에게 제시하는지, 누가교회공동체 구성원들은 어떻게 외부 세계에 반응하는지를 조망할 것이다. 그것과 더불어 사도행전 해당본문에서 드러나는 저자의 외침을 살펴볼 것이다.

제 2 장

누가교회공동체의 상황:
바리새적 유대교와 로마 제국의 관계

본 연구의 주요한 관심은 본문에서 암시되고 있는 누가교회공동체, 바리새적 유대교[1], 로마 제국의 삼각관계를 조망하는 것이다. 또한 이를 토대로 누가교회공동체의 정황을 추적하여, 사도행전 저자의 의도를 논구(論究)하는 데 있다.

누가가 제시하는 교회의 본령(本領)과 사명은 '선교'에 있다. 누가의 기록에서 여실히 드러나는 이방인도 유대인도 포기하지 않으려는 '누가의 이중적 초점' 내지는 '누가의 보편적 관심'은 '누가의 선교적 관심'으로 이해할 수 있다. 저자 누가는 보편주의로 끊임없이 나아간다. 저자 누가는 갈릴리에서 예루살렘으로, 예루살렘에서 로마로 복음이 확장되어져 감을 강조한다. 누가교회공동체 구성원들의 선교의 무대는 이스라엘의 변방 갈릴리에서 이스라엘의 중심 예루살렘으로, 제국의 변방 예루살렘에

---

1 A.D. 70년 이전에 팔레스틴 유대교는 통일된 하나의 유대교가 아니었다. 다시 말해, A.D. 70년 이후 바리새적 유대교 종파가 유대교의 주도권을 확보하기 전까지 다양한 유대교 종파들이 존재했다. 그러나 전후 얌니아에서 재건된 유대교는 종파주의를 철저하게 배격했고, 실상 유대교를 이끌 그룹으로는 바리새인외에 뚜렷한 대안이 없었다. 이에 대해서는 다음을 참고하라. N. T. Wright, *The New Testament and The People of God* (London: Society for Promoting Christian Knowledeg, 1992), 161-166; E. P. Sanders, "Palestinian Judaism 200 b.c.e - 200 c.e.," in *Paul and Palestine Judaism*, 419-428. 유대교 종파주의의 종언에 대한 연구로는, Shaye. J. D. Cohen, *From the Maccabees to the Mishnah*, 222-225를 참고하라. 샌더슨(E. P. Sanders)의 경우, 예루살렘 멸망 이전 유대교에는 다양한 종파들이 존재했을 지라도 이 종파들 사이에는 언약율법주의라는 일치성이 존재했다고 지속적으로 주장한다. 다음을 참고하라. E. P. Sanders, "Palestinian Judaism 200 b.c.e - 200 c.e.," in *Paul and Palestine Judaism*, 419-428. 그러나 이 같은 주장, 언약율법주의로 당시 유대교 종파들을 묶으려는 시도는 당시 유대교 종파들의 다양성을 희생하고서야 가능하다. 뉴스너(Jacob Neusner)가 비판했듯이 샌더스가 비교한 것은 전체적인 종교의 패턴이 아니라, 제한적인 종교의 구속론적 패턴이다. Jacob Neusner, "Comparing Judaism," *HR* 18 (1978), 177-191, 인용은 179. 샌더스 주장에 대한 또 다른 반박은 다음을 참고하라. Donald. A. Hagner, "Paul and Judaism: Testing the New Perspective," in *Revisiting Paul's Doctrine of Justification: A Challenge to the New Perspective*, ed by Peter Stuhlmacher (Downers Grove: IVP, 2001). 이 책에서는 언약율법주의와 기독교 교리의 관계가 아닌, 바리새인들과 기독교와의 관계에 집중하여 논의를 전개할 것이다.

서 제국의 수도 로마로 옮겨진다.

따라서 누가-행전의 저자는 누가교회공동체와 연관된 바리새적 유대교와 로마 제국을 동시에 바라본다. 누가-행전의 저자는 예루살렘과 로마에 독특한 관심을 기울인 성서저자이다. 누가가 그의 두 문서에서 사용한 예루살렘과 로마의 회수를 파악해보아도, 누가가 이 두 도시에 대해 갖는 관심의 강도를 쉽게 파악할 수 있다. 누가는 그의 두 문서에서 '예루살렘'을 90회 언급하는데, 이는 신약성경 전체에 예루살렘이 139회 사용된다는 것을 고려해볼 때 흥미로운 사실이다.

특별히 사도행전에는 59회에 걸쳐 예루살렘이라는 도시가 거명된다. '로마'의 경우, 누가는 사도행전에서 지명을 나타내는 의미로 6회 (행 2:10; 18:2; 19:21; 23:11; 28:14, 16), 로마 사람을 나타내는 의미로 11회 사용한다(행 16:21, 37, 38; 22:25, 26, 27, 29; 23:27; 25:16). 이는 신약성경 전체에 로마라는 용어가 22회 사용되는 점을 고려해볼 때, 그 사용된 횟수(17회)의 압도성에서 주목할 만한 특징이다.[2]

저자 누가의 필치 속에서, 그에게 예루살렘이 유대적 특수성의 상징으로 여겨졌다면, 로마는 세계주의적 보편성의 상징으로 인식되었음을 발견하게 된다. 누가의 시선은 예루살렘과 로마 두 도시 모두에 고정되어 있다. 즉 누가 안에 특수주의와 보편주의 둘 모두는 공존하고 있다. 그럼에도 누가는 끊임없이 보편주의를 향해 달려간다. 누가의 입장에서, 누가교회공동체의 예수운동은 유대 특수성의 상징인 예루살렘을 뛰어

---

2 사도행전을 제외하고 신약성경에서 로마라는 어휘를 사용하는 문서는 요한복음(2회)과 로마서(2회)와 디모데후서(1회)가 있다. 요한복음은 '로마'를 인종적 의미(요 11:48)와 언어적 의미(요 19:20)로 사용한다. 반면 로마서(롬 1:7, 15)와 디모데후서(딤후 1:17)는 '로마'를 지리적 의미로 사용한다.

넘어, 보편 개방의 중심인 제국의 수도 로마에 도달함으로 복음의 확장을 이룰 수 있을 것이다. 그렇다면 이제 누가 안에 있는 '특수주의와 보편주의 공존'과 '보편주의의 우위'를 고려하며 누가교회공동체의 상황을 파악해보자.

1. 적대적 유대인들의 박해와 로마 권력의 반응

사도행전에 기록된 어떤 사건과 기술에는 사도행전 내용이 전개되는 시대와 누가의 저술 시대의 두 가지 삽화가 중첩되어 담겨져 있다. 다시 말해 누가의 기록에는 '사도행전 내용이 전개되는 시대'가 반영되어 있고, '저술 시대에 따른 누가 자신의 일정한 전략' 또한 투사되어 있다. 이 점을 염두에 두면서, 이 책은 누가교회공동체의 상황이 어떠했는지를 살피기 위해, 공간적 삶의 자리(수신 지역)와 시간적 삶의 자리(저술 연대)를 검토할 것이다.

1) 누가교회공동체의 위치와 유대인 대적자들

누가 문서의 기록 장소와 누가 문서의 수신 교회가 어디에 위치해 있었는지에 대한 다양한 견해들이 있지만[3] 이 책은 누가교회공동체가 바울

---

3 퍼보(Richard. I. Pervo)는 누가의 조망과 전망이 에베소의 환경에서 바라본 것처럼 기술되는 점과 에베소가 바울 유산의 저장소로 바울 사역을 계승하는 지역으로 기술된다는 점(행 20:17-38)을 근거로, 에베소 관련설을 제시한다. Richard. I. Pervo, *A Commentary: Acts*, 5-6. 드실바(David A. deSilva)는 누가 문서가 도시적 배경으로 기록되었다

의 선교동선에 위치한 소아시아나 에게해 연안의 도시들에 위치했을 것이라고 대략적으로 추정할 것이다. 누가복음과 사도행전은 모두 서언에서 데오빌로라는 특정 수신자를 언급한다(눅 1:1-4; 행 1:1-5). 데오빌로는 저자가 포함된 누가교회공동체의 대표적 인물일 수도 있고, 그야말로 누가 문서의 수신(受信) 공동체의 유력한 자일 수도 있다. 중요한 것은 데오빌로로 대변되어지는 수신자들이 존재한다는 것이다.

여기서 누가의 글 배후의 수신 교회를 유대인들과 이방인들이 공존하던 공동체로 이해하는 것이, 유대인과 이방인 양자를 강조하는 누가의 보편지향과 어긋나지 않을 것이다. 유대인과 이방인이 공존하는 교회라면, 그 수신 교회의 위치를 유대적 특수성이 강한 팔레스틴 안이라고 설정하기보다는 팔레스틴 밖 바울의 선교동선에 있는 곳으로 추정하는 것이 좀 더 자연스러울 것이다.

이와 관련하여 고펠트(Leonhard Goppelt)의 경우, 이스라엘 내의 교회 외에도 유대 땅 바깥에서 꽤 이른 시기에 모세 율법을 지키지 않는 교회가 생겨났고, 그 첫 교회는 웅장한 헬레니즘 도시였던 시리아의 안디옥에서 출현하였다(행 11:19-21)고 주장한다.[4] 고펠트가 팔레스틴 밖의 교

고 추정한다. David. A. deSilva, *An Introduction to the New Testament* (Downers Grove: Inter Varsity Press, 2004/『신약개론』[CLC, 2013刊]), 298-299. 피츠마이어(Joseph. A. Fitzmyer)의 경우, 누가 문서가 다만 팔레스틴에서 기록되지 않았다는 것만 확실하다고 단정한다. Joseph. A. Fitzmyer, *The Anchor Bible: The Gospel According to Luke* (New York: Doubleday, 1981/『앵커바이블 누가복음ⅠⅡ』[CLC, 2015刊]), 57. 벅(Darrell. L. Bock)은 가이사랴, 로마, 안디옥, 혹은 헬라의 어떤 장소 등을 누가 문서의 기록 장소로 거론한다. Darrell. L. Bock, *Baker Exegetical Commentary on the New Testament: Luke I* (Grand Rapid: Baker Academic, 1994), 18.

4 Leonhard Goppelt, *Apostolic and Post-Apostolic Times*, trans. Robert A. Guelich (London: Adam & Charles Black, 1970[*Die apostolische und nachapostolische*, Göttingen: Vandenhoeck & Ruprecht, 1970]), 61.

회의 태동과 그 첫 교회로 시리아 안디옥 교회를 제안하는 것은 적절하지만, 시리아 안디옥 교회가 모세 율법을 무시하고 지키지 않았다는 그의 견해는 설득력 있는 논증이 아니다. 왜냐하면 시리아의 안디옥 교회가 모세의 율법을 철저하게 무시했는지 아니면 부분적으로 지키지 않았는지 정확히 단정할 수 없기 때문이다.

그러나 비록 이방적 교회라고 할지라도, 모세 율법의 주요한 부분을 지킬 가능성이 높다. 예루살렘 사도들은 이방 그리스도인들에게 '우상의 더러운 것'과 '음행'과 '목매어 죽인 것'과 '피'를 멀리하라고 규제하고, 바울과 바나바 그리고 바사바라 하는 유다와 실라를 시리아 지역에 파송한다(행 15:20-35). 또한 할례의 문제가 사도행전의 10% 이상의 분량에서 직간접적으로 다루어지고 있다[5]는 점도 이방 그리스도인들이 단순히 율법을 외면하고 교회 지도자들이 율법을 무시하라고 가르치지 않았음을, 즉 이방 그리스도인들에게 율법 준수 여부를 어디까지 요구할 것인가에 대한 논란이 있었음을 반증한다.

외부인들에게도 A.D. 40년쯤에 출현한 이 팔레스틴 밖의 신앙공동체는 회당과는 거리를 둔 교회로서 인식되어졌다. 사람들은 이 새로운 형태의 신앙공동체의 구성원들을 '그리스도인'으로 지칭하였다(행 11:26). 팔레스틴 밖의 교회들은 처음에는 시리아 안디옥에서 일어났고, 바울의 선교의 동선을 따라 에게해 연안에서 일어났고, 그것과 맞물리어서 제국의 수도 로마에서도 발생했음을 추정할 수 있다.[6]

---

[5] 다음을 참고하라. David Seccombe, "The New People of God," in *Witness To The Gospel*: *The Theology of Acts*, eds. I. Howard Marshall and David Peterson (Grand Rapids, Michigan: Wm. B. Eerdmans Publishing Company, 1988), 365-366.

[6] 팔레스틴 밖에 형성된 유대인과 이방인으로 구성된 교회의 기원에 대해서는 다음을 참고

여기서 만일 누가 문서의 수신 지역의 위치가 팔레스틴 밖에 위치하고 있다면, 즉 누가교회공동체의 위치가 사도 바울의 선교동선을 따라 소아시아 지역이나 에게해 연안의 도시에 위치하고 있다면, 과연 바리새적 유대교가 위협이 되고 도전이 되겠는가라는 문제가 발생한다. 이것은 "팔레스틴 밖에서 유대인들이 얼마나 영향력을 발휘하는가?"와 연결된 질문이고, "팔레스틴 밖에 위치한 바리새적 유대교가 얼마나 누가교회공동체에게 위협이 되겠는가?"와 직결된 질문이다. 여기서 누가 문서가 저술되던 시대와 그 공간의 배경, 그리고 누가 저술의 어떤 전략적 방향을 세세하게 밝히는 것은 한계가 있다.

저자 누가는 예수운동의 선교확장에 제동을 걸고 이의를 제기하는 '팔

하라. Leonhard Goppelt, *Apostolic and Post-Apostolic Times*, 61-107. 팔레스틴 밖 시리아 안디옥에서 기독교회가 시작되고 대략 10년 후, 클라우디우스 황제는 로마에서 유대인들이 크레스투스(Chrestus)에게 선동되어 소요를 일으킨다는 이유로 A.D. 49년 유대인 로마 추방령을 내린다(행 18:2). 수에톤(C. Suetonius)과 오로시우스(Paulus Orosius)의 기록을 참고하라. Suet. *Claud*. 25. 4; Orosius *Hist*. 8. 6. 5. 크레스투스가 누구를 지칭하는가에 대한 논쟁이 있지만, Chrestus를 그리스도인들과 연결시키는 견해는 다음을 참고하라. George Howard, "The Begining of Christianity in Rome: A Note on Suetonius Life of Claudius xxv. 4," *RQ* 24.3 (1981): 175-177; John Granger Cook, *Roman Attitudes toward the Christians: From Claudius to Hadrian* (Tübingen: Mohr Siebeck, 2010), 14. 역사가 디오 카시우스는 황제 클라우디우스가 유대인을 로마에서 추방하려고 했지만 그 수가 너무 많아 추방하지 못하고, 그 모임을 금지했다고 기록한다(Dio Cass. LX. 6. 6). 하워드(George Howard)는 디오 카시우스와 수에토니우스의 기록이 상반되지 않다고 본다. 그에 따르면, 황제 클라우디우스는 유대인 로마 추방령 이전에 유대인들의 모임을 금지하였다. 다음을 참고하라. George Howard, "The Begining of Christianity in Rome: A Note on Suetonius Life of Claudius xxv. 4," *RQ* 24.3 (1981): 175-177. Chrestus를 유대인 메시아 운동으로 연결시킬 것인가 아니면 "예수가 그리스도다"라고 선포한 기독교 선교사들로 이해할 것인가 하는 학자들 간 논쟁이 있다. 제국의 수도 로마에서 유대 메시아즘 무력투쟁을 벌인다면 제국의 군사력에 쉽게 장악될 것이고, 로마에서 유대인들이 메시아즘 무력투쟁을 벌인 역사적 전례가 없기 때문에, 크레스투스를 둘 중 후자로 이해하는 것이 자연스럽다. 또한 크레스투스 논쟁과 상관없이 바울이 자신이 가 본 적 없는 로마교회에 편지를 쓴 것을 감안하면, 이미 로마에 기독교회가 존재했음을 추정할 수 있다.

레스틴 밖의 적대적 유대인들'을 지속적으로 부각시키고, 그들의 존재를 분명하게 기록한다(행 13:44-52; 14:1-5, 19; 17:5-9, 13; 18:5-7, 12, 17; 19:8-9; 20:3). 적어도 이와 같은 누가의 서술은 누가교회공동체의 선교사들이 선교여정에 있어, 적대적 유대인들의 반대와 핍박이 상당했음을 반영하고, 예수운동에 대한 유대인들의 박해가 빈번히 일어났음을 시사한다.

누가는 한편에서 예수운동에 긍정적으로 반응하고 복음을 받아들인 유대인들을 드러내고, 다른 한편에서는 예수운동을 적대시하는 유대인들의 위협과 핍박을 감추지 않는다. 예를 들어 비시디아 안디옥의 유대인들은 바울과 바나바를 시기하며 반대하고, 그들을 핍박하고 추방시킨다. 여기서 비시디아 안디옥에서의 유대인 대적자들의 행태를 보여주는 단락을 먼저 살펴보자.

> 그 다음 안식일에는 거의 온 도시 사람들이 주의 말씀[7]을 들으려고 모여들었다(행 13:44).

> 유대인들이 그 무리를 보고 시기(ζῆλου)가 가득하여 바울이 말한 내용들을 비방하며(βλασφημοῦντες) 반박하여 말하였다(ἀντέλεγον)(행 13:45).

---

[7] 약간의 MSS 사본들(B* C E L Ψ 614. 1241. 1505 sy bo)은 '하나님의 말씀'을 지원한다. 은 '주의 말씀'으로 번역했다. 다음을 참고하라. Carl R. Holladay, *Acts: A Commentary* (Louisville, Kentucky: Westerminster John Knox Press, 2016), 280. 누가는 '주의 말씀'과 '하나님의 말씀'을 별 차별 없이 교차 사용하기 때문에, 둘 중 어느 것으로 번역해도 무리가 없을 것이다.

피츠마이어(Joshep A. Fitzmyer)는 "온 도시가 거의 다 하나님의 말씀을 듣고자 모였다"(행 13:44)는 표현을 '누가적 과장법'(Lukan hyperbole)[8]으로 제시한다. 그러나 다른 복음서 저자들에게서도 이런 과장법이 보여지기 때문에(막 1:33; 6:33; 마 8:34 등), 44절을 누가적 표현으로 보는 것은 설득력이 부족하다. 그럼에도 상당히 많은 수의 이방인들이 회당으로 몰려왔음을 고려할 수 있다. 주의 말씀이 두루 퍼졌고(행 13:49), 유대인들이 그들 스스로의 힘으로 하지 못하고 도시의 '귀부인들'과 '지도자들'을 동원하여 바울을 추방했다는 누가의 보도(행 13:50)에서 알 수 있듯이, 바울과 바나바의 가르침에 동조하는 자들이 상당수 발생했음은 추정 가능하다.

그렇다면 상당수 이방인들[9]이 회당으로 몰려온 이유는 무엇일까?

여러 가지 설명이 제안되는데, 키너의 경우, 바울의 급진적이고 드라마틱한 메시지 때문이라고 추정한다.[10] 키너에 따르면, 회당 주변의 하나님 경외자들에게 할례의 고통 없이, 그리고 자신들의 인종적 정체성을 포기하지 않고, 믿음만으로 신앙공동체의 첫 번째 등급에 해당하는 구성원(first class members)이 될 수 있다는 바울의 외침은 호소력 있게 다가왔을 것이다.[11] 물론 이런 추정 역시 많은 이방인들이 몰려온 것에 대한 확실한 원인을 설명하지 못한다. 왜냐하면 비시디아 안디옥에 있는 이방인들 가운데 유대교에 호의를 가지고 있는 '하나님 경외자들'[12]이 그 도

---

8   Joshep A. Fitzmyer, *The Acts of the Apostles* (New York: Doubleday, 1998), 520.
9   45절에서 유대인들이 이 무리들이 모이는 것을 보고 시기하였다는 표현을 통해, 45절의 회당에 몰려온 '온 도시 사람들'이, 인종구성상 주로 이방인들이었음을 짐작할 수 있다.
10 Craig. S. Keener, *Acts: An Exegetical Commentary: 3:1–14:28*, vol. II, 2093.
11 *Ibid.*, 2095.
12 사도 바울은 비시디아 안디옥 회당에서 자신의 청중들을 '이스라엘 사람들'과 '하나님 경외자들'로 호칭하며 그의 첫 설교를 시작한다(행 13:16). 이 책에서 행 13:16을 바울의 첫

시에 얼마나 많이 존재했는지, 그 수가 많았는지 적었는지 확실하게 가늠할 수 없기 때문이다. 물론 하나님 경외자들이 바울의 메시지에 심정적으로 동화될 가능성이 높다는 점에서 키너의 주석은 받아들일 만하지만, 바울의 메시지 때문에 많은 이방인들이 회당으로 몰려왔다는 제안은 자연스럽지 않다. 만일 그 도시에 존재하는 하나님 경외자의 수가 많다면 키너의 가설은 가능하지만, 하나님 경외자들의 수가 적다면 키너의 진술은 성립되지 않기 때문이다.

이 질문에 대한 다른 제안으로 '구속사에 관한 누가의 인식' 내지는 '복음 확장을 위한 신적 개입에 대한 누가의 확신' 등을 고려할 수 있다. 바울의 최초 설교와 그 반응이라는 누가의 기록에서 중요한 것은, "회당에 얼마나 많은 수의 이방인들이 모였는가 그렇지 않은가?" 내지는 "과연 비시디아 안디옥의 거의 모든 사람들이 모일 자리가 회당에 있겠는가?" 라는 그 수와 장소의 역사적 정확성을 강조하는 것이 아닐 수 있다.

이미 뤼데만(Gerd Lüdemann)이 지적했듯이 "회당에는 전체 도시민을 위한 자리가 부족하다는 사실에 대해 누가는 그다지 주의를 기울이지 않는다."[13] 그 수와 장소의 정확성보다 누가의 서술에서 강조하고자 하는 것은, '이방인의 사도로 작정된 바울을 통한 이방인 선교의 실행' 그리고 '이미 예정된(사 49:5-6; 눅 2:30-32) 이방인 선교를 위한 신적 개입'과 '분명한 열매 거둠'(행 13:48)일 수 있다. 누가는 바울과 바나바의 선교의 결과를 다음과 같이 진술한다.

번째 설교로 보는 이유에 대해서는 각주 17을 참고하라.
13 Gerd. Lüdemann, *Early Christianity According to The Traditions in Acts: A Commentary*, trans. John Bowden (London: SCM Press, 1989[*Das frühe Christentum nach den Traditionen der Apostelgeschichte*, Göttingen: Vandenhoeck & Ruprecht, 1987]), 156.

> 이방인들이 듣고 기뻐하며 주의 말씀을 찬송하고, '영생을 받도록 정하여진 자들은 누구나 다(ὅσοι ἦσαν τεταγμένοι εἰς ζωὴν αἰώνιον) 믿었다(행 13:48).

"영생을 받도록 정하여진 자들은 누구나 다 믿었다"라는 표현에는 신적 예정론이 전제되어 있다.[14] '영생을 받도록 정해진 자들'에 대한 보편적인 유대인들의 개념은 하나님의 생명책에 이름이 등재되어 있는 자들이다(출 32:32-33; 시 69:28; 단 12:1; 제1에녹서 47:3; 104:1; 108:3; 쥬빌리 30:19-20; 계 3:5; 13:8; 17:8; 20:12; 21:27).[15]

그런데 특별히 이 단락에서 누가는 유대인들의 급박한 태도 변화를 기록한다. 42절과 44절을 통해 알 수 있듯이, 바울 설교에 대한 유대인들의 반응이 시간적으로 다르다. 바울의 가르침을 듣고자 회당으로 몰려드는 무리들을 보고 유대인들은 시기심(젤롯[ζῆλος])이 일어났고, 그들은 바울이 말한 내용을 비방하고 반박했다(행 13:45).

바울의 첫 번째 설교[16]에 호의적이었던(행 13:42) 유대인들이 이렇게 돌변한 이유는 무엇이었을까?

또한 유대인들은 회당에 몰려드는 이방인들을 보고 시기가 가득한 이유가 무엇이었을까?

---

14 다음을 참고하라. Carl R. Holladay, *Acts: A Commentary*, 282.
15 *Ibid*.
16 물론 바울은 이미 다메섹 회당에서 설교했고(행 9:20-23), 시리아의 안디옥에서 일 년간 가르쳤다. 그때 제자들이 비로소 그리스도인이라고 세상 사람들로부터 일컬음을 받게 되었다(행 11:25-26). 이 책은 사도행전에서 바울의 설교가 구체적인 내용을 지닌 연설의 형태로 처음 나온다는 의미에서 행 13:14-41 단락을, 바울의 첫 번째 설교로 간주한다.

많은 이방인들이 회당에 관심을 가지는 것은 외부 세계와 유대 사회의 완충역할을 할 수 있는 '하나님 경외자'를 확보할 수 있기 때문에, 헨헨의 주장대로 회당으로 몰려들어오는 무리들 때문에 유대인들은 분노하거나 시기할 이유가 없다.[17]

그렇다면 왜 유대인들은 많은 이방인들이 회당으로 몰려 오는 것에 대해 경계하고, 시기하였을까?

거스리(Donald Guthrie)의 경우, 몰려드는 무리들을 보고 '유대인들' 전체가 시기한 것이 아니라, 바울을 못마땅히 여기는 '유대인 설교자들'이 분노한 것으로 이 문제를 처리한다.[18] 그러나 거스리의 추정은 누가가 사도행전 13장 45절에서 '유대인 설교자들'이라고 명시하지 않고 '유대인들'(호이 이우다이오이[οἱ Ἰουδαῖοι])이라는 집합명사를 사용하기 때문에 설득력이 떨어진다.

브루스의 견해에 따르면, 유대인들은 자신들이 용납할 수 없는 메시지에 호의적인 관심을 가지고 모여드는 이방인들 때문에 분노했다.[19] 그러나 이 같은 브루스의 주석을 받아들이기 어려운 이유는, 유대인들이 분노한 시점이 두 번째 바울의 메시지를 듣기 이전이기 때문이다. 또한 유대인들은 일주일 전 바울의 메시지를 용납하고 호의를 가졌음은 누가의 기록을 통해 명확하게 드러나기 때문이다(행 13:42-43). 그들은 일주일 전 안식일에, 바울의 설교에 호의를 가지고 바울에게 다음 안식일에도 말씀을 증거해 줄 것을 요청했다.

---

17 E. Haenchen, *The Acts of the Apostles*, 414.
18 Donald Guthrie, *The Apostles* (Grand Rapids, Michigan: Zondervan Publishing House, 1981), 101-103.
19 F. F. Bruce, *The Book of Act*, 265.

그렇다면 자신들이 일주일 전 호의를 가졌던 그 메시지를 그들이 반박한 이유는 무엇일까?

여러 추측들이 제시될 수 있는데, 그 7일 동안 바울과 바나바가 유대인들과 어떤 신학적 교리나 종교적 신념 등의 이유로 충돌했을 수도 있고, 아니면 할러데이(Carl R. Holladay)가 이 문제에 대한 해결책 중 하나로 제안하는 방식, 즉 사도행전 13장 42절을 후대의 첨가로 볼 수도 있다.[20] 그것도 아니면 바울이 전한 메시지가 특별히 율법이 아닌 믿음으로 의롭다 하심을 얻는다는 칭의의 선포(행 13:38-39)가 도시에 급속도록 퍼지고 하나님 경외자들이 이에 관심을 가지자, 유대인들이 위협을 느꼈을 수도 있다. 세 가지 가설 중, 바울과 바나바가 유대인들이 하나님 말씀을 거절함으로 이방인에게 간다라고 선포한 것(행 13:46)과 바울의 메시지를 이방인들이 듣고 기뻐하고 믿었다는 기록(행 13:47) 때문에, 세 번째 제안이 좀 더 자연스럽다.

아울러 여기서 사용된 단어 '시기심'(젤롯[ζῆλος])이 구약의 비느하스나 엘리야가 품었던 종교적 열정을 의미하고[21] 로마에 대한 무장항쟁 투쟁을 주장한 젤롯파의 어원의 근간이 된다는 점에서, 이들의 시기심은 헨헨이 추정하는 단순한 인간감정의 시기심 이상일 것이다. 구약 율법과 구약 전통을 고수하려는 열정에서 나오는 여타 다른 것들에 대한 강력한 배타심이 이 감정에 녹아있을 것이다.

다만 이러한 적대적 유대인들의 시기심은, 구약 율법과 전통에 대한 종교적 열정과 더불어, 헨헨이 누가 문서의 배경으로 추정하는 "회당 밖

---

20 Carl R. Holladay, *Acts: A Commentary*, 281.
21 다음을 참고하라. *TDNT*, 1974 ed., s.v. "ζῆλος," by A. Stumpff.

에 새로운 신앙공동체가 생겨나고 그들에게서 '하나님 경외자'를 빼앗겼을 때" 그들에게 일어났던 경쟁적 시기심의 전조로 이해해도 무리가 없을 것이다.[22] 다시 본문으로 돌아가, 이 단락에서 누가는 적대적 유대인들이 동원하고 있는 인물들을 밝히는데, 이들은 범인(凡人)들이 아니다.

> 그러나 유대인들이 경건한 귀부인들(τὰς σεβομένας γυναῖκας τὰς εὐσχήμονας)과 그 도시의 지도자들(τοὺς πρώτους τῆς πόλεως)을 선동하여 바울과 바나바를 핍박하고 그 지방에서 추방하였다(행 13:50).

적대적 유대인들이 예수운동을 박해하기 위해 선동한 사람들은 '경건한 귀부인들'과 '그 도시의 지도자들'이다. 여기서 등장하는 '경건한 귀부인들'은 당시 유대교에 동조하는 고위층에 있던 여인들로 추측된다. 이방 세계에서 유대교에 동조하는 고위층 귀부인들의 존재는 고고학적 발견으로 입증되고 있다. 예를 들어 안디옥 근처에 있는 브루기아 아크모니아에서, 지역 귀족 부인인 율리아 세베라(Julia Severa)가 유대인들을 위해 회당을 건축했다.[23] 북부 마케도니아에 위치한 사그디스의 회당과 오스티아의 회당의 비문에는 여인들이 회당의 의장직을 포함해서 다양한 직분을 맡고 있었음을 보여준다.[24]

경건한 귀부인들과 도시의 지도자들은 하나님 경외자들로 이해된다.

---

[22] E. Haenchen, *The Acts of the Apostles*, 414.
[23] 다음을 참고하라. Craig. S. Keener, *Acts : An Exegetical Commentary : 3:1–14:28*, vol. II, 2105.
[24] 다음을 참고하라. H. Koester, *Introduction to the New Testament : history, culture and religion of the Hellenistic age* (Berlin: Walter de Gruyter & Co., 1995), 388.

키너에 따르면, 고위직에 있던 하나님 경외자들은 도시에서 발생하는 여러 가지 사안에 대해서 유대교공동체를 대변하였다.[25] 사도행전 13장 50절에 나오는 지도자들도 그들의 한 부류로 이해되는데, 이 남성들은 도시의 참의원들로 추정된다.[26]

키너는 이 지역 엘리트인 도시 참의원은 원로원 의원 다음 신분인 기사 계급 아래에 위치하지만, 상당한 존경을 받았고, 자기 소유의 토지를 가진 부유한 자들이었으며, 라틴어를 구사할 수 있었고, 주로 상업에 종사했다고 진술한다.[27] 로마 역사가인 셜윈 화이트(A. N. Sherwin-White)에 따르면, 참의원들은 주로 행정관료나 사법재판관직을 수행했다 (New Dose 3:30 no. 6; Jos. *Life*. 169).[28] 그들의 수는 평균적으로 한 도시에 대략적으로 100명 정도 있었던 것으로 알려져 있고, 작은 도시였던 비시디아 안디옥에서는 그 수가 더 적었을 것으로 추측된다.[29]

비록 키너가 주장하는 대로 사도행전 13장 50절에 나오는 지도자들이 비시디아 안디옥 시의 참의원들이었는지 아닌지는 역사적 증거의 불충분으로 인하여 단정할 수는 없다. 왜냐하면 만일 '투스 프로투스 테스 폴레오스'(τοὺς πρώτους τῆς πόλεως)를 '그 도시의 첫 번째 계급에 속한 자들'로 직역한다면, 참의원보다 높은 기사계급이나 원로원 의원으로도

25　Craig. S. Keener, *Acts: An Exegetical Commentary: 3:1–14:28*, vol. II, 2103.
26　*Ibid*.
27　*Ibid*.
28　A. N. Sherwin-White, Arnold Hugh Martin Jones, and Tony Honoré, "Decuriones," *OCD* (2015), http://classics.oxfordre.com/search?q=decuriones&searchBtn=Search&isQuickSearch=true (Dec. 2015). 참의원의 자격은 25세 이상 성인남자로 부, 자유출생, 평판 등을 고려하여 선출되었다. *Ibid*.
29　Craig. S. Keener, *Acts: An Exegetical Commentary: 3:1–14:28*, vol. II, 2103.

설정할 수 있기 때문이다. 그럼에도 그들에게 바울과 바나바를 핍박하고 그 지역에서 추방할 힘이 있었음은 분명하다.

적대적 유대인들과 사회고위층 이방인들(귀부인들, 지도자들) 사이에 어떤 교류가 있었는지는 정확하지 않지만, 유대인들은 그들과 의견을 교류할 수 있는 통로를 확보하고 있었고, 이 이방인들이 하나님 경외자 내지는 유대교에 호의적인 사람들임을 짐작할 수 있다. 이를 통해 비시디아 안디옥에서 사회고위층과 연락할 수 있고 소통할 수 있는 적대적 유대인들의 영향력을 살필 수 있다.

이고니온의 적대적 유대인들도 '이방인'과 '그 도시의 관원들'에게 영향력을 발휘하여, 그들과 함께 바울과 바나바를 위협하고 돌로 쳐서 죽이려고 시도한다(행 14:1-5). 누가는 다음과 같이 서술한다.

> 이방인과 유대인과 그들의 관원들(τοῖς ἄρχουσιν αὐτῶν)이 충동이 일어나서(ὡς δὲ ἐγένετο ὁρμὴ) 두 사도를 모욕하고(ὑβρίσαι) 돌로 치려 하였다(행 14:5).

여기서 누가는 '충동'(호르메[ὁρμή])이 일어나서 '이방인과 유대인과 그들의 관원들이' 바울과 바나바를 핍박했다고 설명한다. 이 본문에서 적대적 유대인들이 '이방인'과 '그 도시의 관원들'을 움직여 함께 예수운동을 핍박함이 가감 없이 드러난다.

어떻게 관원들이 적법절차가 아닌 불법적 폭력 사태에 가담할 수 있겠는가?

여기서 '모욕하다'라는 휘브리조(ὑβρίζω)가 말로 모욕하는 것뿐만 아니라 '타격하다' 내지는 '수치스러운 징계를 가하다'라는 의미를 가지고 있음을 고려할 때[30], 폭력적이고 적대적인 분위기를 읽을 수 있다.

어떻게 적대적 유대인들은 법을 집행할 관리들까지도 선동하여 불법적 폭력을 자행하게 만들 수 있었을까?

누가는 적대적 유대인들이 이방인들의 마음을 선동하여 악한 감정을 품게 했기 때문이라고 밝히고 있지만(행 14:2), 이들의 행위는 적합한 합당성을 담보로 하는 사법집행이 아니다. 적대적 유대인들의 영향력을 저자 누가는 감추지 않는다. 그러나 역설적으로 그들의 영향력은 복음의 확장, 새로운 곳에서의 복음선포를 여는 동력이 된다. 즉 사도들은 그들의 박해를 피해 이동하면서, 한 곳에 정주하지 않는, 순례자적 복음전도자의 길을 갈 수밖에 없었다.

비록 바울과 바나바가 돌에 맞는 것을 피했지만, 비시디아 안디옥과 이고니온 출신의 적대적 유대인들은 바울과 바나바를 루스드라까지 추격한다. 그들의 집요한 반대와 추격과 핍박은 끝내 바울에게 돌을 던지는 불법적 폭력을 자행하며, 바울은 거의 죽을 뻔 한다. 비시디아와 이고니온에서 달려온 적대적 유대인들은 바울이 죽었다고 판단했을 때에서야 비로소 그들의 폭력을 멈추었다.

> 유대인들이 안디옥과 이고니온에서 와서 무리들을 설득하여 바울을 돌로 쳤고, 바울이 죽은 줄로 여기고 그를 도시 밖에 던졌다(행 14:19).

적대적 유대인들이 행한 이런 폭력행위는 당시의 로마의 사법 체계 아

---

[30] 다음을 참고하라. *TDNT*, 1974 ed., s.v. "ὑβρίζω," by G. Bertram.

래서는 불법일 것이다.[31] 그들은 어떤 사법적 절차를 통해서 예수운동의 선교사들을 처벌하지 않았고, 시기로(행 13:45) 혹은 충동(행 14:5)이 일어나서 예수운동의 선교사들을 공격한다. 이 단락에서 누가는 팔레스틴과 상당한 거리에 있는 비시디아 안디옥[32]과 이고니온과 루스드라에서 일어나고 있는, 적대적 유대인들의 불법적 폭력을 부각시킨다.

예수운동의 선교사들을 향한 이런 적대와 분노와 폭력은 데살로니가(행 17:1-9)와 베뢰아에서도(행 17:13) 반복되고, 고린도에서는 적법한 절차로 바울을 핍박하기 위해 그를 로마 사법 당국에 고소하기까지 한다(행 18:1-7, 12). 바울에 대한 고소가 기각되자, 적대적 유대인들은 격분하여 그리스도인으로 추정되는 회당장 소스데네[33]에게 불법적 폭력을 자행한다(행 18:17). 회당장은 디아스포라 유대 사회에서 중요한 위치를 점하는 인물임에도 불구하고, 적대적 유대인들에게 그것은 문제되지 않았고, 그들은 군중소요를 일으켜 소스데네에게 위해를 가한다. 이 같은 적대적 유대인들의 예수운동 반대는 에베소에서도 지속된다(행 19:9).

여기서 팔레스틴 밖의 유대인들 내지는 유대교의 영향력에 대한 키너의 연구는 고려할 만하다. 키너는 회당 기증자들 분석 연구를 토대로, 유대교에 동조하는 이방인 엘리트들이 있었고 그들이 다른 동양 종교들

---

31 다음을 참고하라. A. N. Sherwin-White, *Roman Society and Roman Law in the New Testament* (Oxford: Clarendon Press, 1963), 96-98. 만약 로마 총독에게 불법자로 보고되었다면, 그 불법자는 도시와 도시를 자유롭게 합법적으로 이동할 수 없다. 그러나 바울은 자유롭게 도시들을 이동했다. 다음을 참고하라. *Ibid.*, 97.
32 예루살렘에서 비시디아 안디옥까지 육로로 1500km 정도의 거리이다.
33 고전 1:1에서 사도 바울은 고린도 교회에 이렇게 문안한다. "하나님의 뜻을 따라 그리스도 예수의 사도로 부르심을 입은 바울과 소스데네는" 물론 행 18:17의 소스데네와 고전 1:1의 소스데네가 다른 인물일 가능성, 즉 동명이인일 가능성이 있다. 하지만 그 둘 모두 그리스도인 것만은 분명하다.

과 달리 유대교를 이국적으로 느끼며 매혹적으로 느꼈음을 지적한다.[34] 이 같은 유대교 동조자들은 제국의 수도 로마에도 존재했는데, 네로 황제의 부인 포파이아가 대표적인 예로 거론될 수 있다. 그녀는 유대교에 동조적 입장을 견지했다(Jos. Ant. 20. 195-196.)

또한 이집트의 알렉산드리아처럼 유대인 엘리트들과 유대인 거주자들이 많은 식민 도시라면[35] 유대인들이 지역 현안에 어느 정도 영향을 미칠 가능성도 배제할 수 없다. 과거 셀류쿠스 왕조의 수도였고, 로마 제국 제3의 도시였던 시리아의 안디옥에 교회가 출현한 시기, 유대인 인구수는 전체인구 30만의 10~15%에 해당하는 3~4만 명 정도로 추산(推算)된다.[36] 로마 제국의 도시들의 인구 비율에서 노예들이 거의 20%의 비율을 차지했음을 감안하여 시리아 안디옥의 인구의 20%를 노예로 생각한다면[37] 10~15%에 해당하는 유대인들의 인구 비율은 기독교 선교사

---

[34] Craig. S. Keener, *Acts: An Exegetical Commentary: 3:1-14:28*, vol. II, 2104.

[35] 대표적으로 필로의 가문을 들 수 있다. 필로의 형 알렉산더(Gaius Julius Alexander)는 알렉산드리아 고위직에 있었고, 그의 아들 디베리우스(Tiberius Julius Alexander)는 원로원 의원까지 올라간다. 다음을 참고하라. Jos. *Ant*. 20. 100.; 19. 276-277.; Euseb. *H.E.* 2. 42., 유태엽, "필로(Philo)를 통해 본 누가공동체의 삶의 정황에 대한 재고," 「신학과 세계」 74 (2012): 32-60.

[36] 물론 정확한 인구수를 알 수는 없다. B.C. 31 - A.D. 69년 당시 다우니(G. Downey)는 안디옥 유대인 인구를 3만명으로 추산한다. 아우구스투스 당시 안디옥 유대인 인구를 믹스-윌켄(Meeks-Wilken)은 2만명으로, 크랠링(Kraeling)은 4만 5000명으로 추계(推計)한다. 다음을 참고하라. Glanville Downey, *A History of Antioch in Syria: from Seleucus to the Arab Conquest* (Princeton: Princeton University, 1974), 163-201; R. E. Brown and J. P. Meier, *Antioch and Rome: New Testament Cradles of Catholic Christianity* (New York: Paulist Press), 31.

[37] 로마 제국의 노예수를 정확히 언급하는 것은 어렵다. 그러나 상당수의 노예들이 존재했다는 점에서 학자들의 견해는 일치한다. 퍼거슨(Everett Ferguson)의 경우 로마의 안정기 때 로마 시의 20% 인구가 노예였을 것이라 추측한다. 카트라이트(Mark Cartwright)는 이탈리아 반도 인구의 33%가 노예였고, 제국 전체 인구 비율로 보면 20% 정도가 노예였을 것이라고 파악한다. 다음을 참고하라. Everett Ferguson, *Backgrounds*

들을 조직적으로 핍박할 수 있는 규모임을 짐작할 수 있다. 또한 오랫동안 지역 터전을 닦아온 그들의 자치권[38]은 무시할 수 없는 영향력을 가지고 있었을 것이다.

위에서 다룬 해당 본문들에 드러나는, '적대적 유대인들의 박해'를 통해 두 가지 점을 유추할 수 있다.

첫 번째는 적대적 유대인들의 상당한 영향력이다. 그들은 이방인들을 선동할 정도로 해당 언어에 능통하며, 일정한 논리를 가진 자들이며, 에게해 연안 도시들의 귀부인들과 통치자들을 동원할 수 있는 결사체(結社體)를 유지하고 있었다. 이를 통해 그들은 조직적 소요를 일으키고 집단 폭력[39]을 예수운동의 선교사들에게 행사할 수 있었다.

두 번째는 불법적 폭력 사태를 처리해야 할 로마 권력 당국의 무개입과 묵인과 방관이다. 물론 로마 권력이 예수운동의 선교사들을 보호하기도 하지만, 그들을 향한 적대와 폭력을 간과할 수도 있다. 누가는 로마 제국이 제국의 통치 방향과 이익에 따라 움직일 뿐이지, 예수운동의 지속적인 후원자도 보호자도 될 수 없음을 분명히 한다. 이런 일련의 사태와 누가의 기술은, 로마 제국의 치안이 확보된 지역에서도 얼마든지

---

of Early Christianity (Grand Rapids, Mich.: William B. Eerdmans, 2003), 59; Mark Cartwright, "Slavery in the Roman World," *Ancient History Encyclopedia*, last modified November 01, 2013, http://www.ancient.eu/article/629/.

38   유대인들은 B.C. 300년부터 시리아 안디옥에 거주하였고, 안티오쿠스의 박해 때를 제외하면 평화롭고 번영스러운 생활을 하였다. 회당의 대표인 장로들의 모임인 원로회의가 시리아 안디옥 유대인들을 주관하였고, 요세푸스는 원로회의의 수장을 아르곤(ἄρχων)으로 불렀다(Jos. *War.* 7. 3. 3). 다음을 참고하라. R. E. Brown & J. P. Meier, *Antioch and Rome: New Testament Cradles of Catholic Christianity*, 30–31.

39   다음을 참고하라. A. N. Sherwin-White, *Roman Society and Roman Law in the New Testament*, 96–98.

적대적 유대인들의 불법적 폭력에 의해서 예수운동의 선교사들이 박해를 당하고 순교를 당할 수 있음을 시사한다.

누가는 바울과 바나바를 포함한 초기 기독교 선교사들의 활동이 '도시'와 '회당'을 중심으로 이루어졌음을 지속적으로 표현한다(행 13:5; 13:14; 14:4; 17:1, 17; 18:4, 19; 19:8). 누가가 묘사하는 선교사들은 살라미, 비시디아 안디옥, 이고니온, 데살로니가, 아테네, 고린도, 에베소 등의 도시를 선교의 주된 장소로 삼았고, 특별히 도시 속에 있는 유대교의 회당을 복음선교의 거점으로 활용하였다.

특별히 바울은 낯선 도시에 들어가면 다른 곳을 거치지 않고 곧장 회당으로 가서 유대인과 하나님 경외자들과 접촉하고 복음을 제시하였는데, 누가는 이를 '바울의 규칙'이라고 언급한다(행 17:2).[40] 그러나 스콤비의 지적대로, 누가는 우리에게 회당이 교회가 되거나, 회당이 교회가 되려했다는 것을 보여주지 않는다.[41] 이런 측면에서 회당과 교회의 분리는 점점 가속화되었음을 지적할 수 있다.

역사적 바울은 자신이 유대인들에게 40대에서 하나 감한 매를 5번이나 맞았다고 진술한다(고후 11:24). 바울이 비록 그의 선교여행 도중 태형을 어디에서 맞았는지 정확하게 기술하고 있지는 않지만, 바울이 태형

---

40 스콤비(David Seccombe)는 회당을 중심으로 하는 이 같은 선교를 '바울을 중심으로 전개되는 유대인-이방인 선교 패턴'으로 보았다. 바울의 패턴은 가능한 회당으로부터 시작되며 그것이 여의치 않을 경우에만 다른 방식으로 전개된다. 다음을 참고하라. David Seccombe, "The New People of God," in *Witness To The Gospel: The Theology of Acts*, 363-365. 회당에서의 선교가 유대인뿐만 아니라 이방인까지도 선교할 수 있는 기회를 제공할 수 있는 이유는 회당 주변의 이방인들, 즉 '하나님 경외자들' 때문일 것이다.

41 David Seccombe, "The New People of God," in *Witness To The Gospel: The Theology of Acts*, 363-365.

을 맞은 장소는 회당일 가능성 높다. 팔레스틴 밖에 위치한 디아스포라 유대인 공동체에 있어서, 회당은 종교와 교육과 사법적 기능을 동시에 수행했고[42] 특별히 회당의 관리들은 태형을 가할 권한까지 로마 당국으로부터 부여받았다.[43]

이를 통해서 유대교의 영향력이 '회당을 통해' 팔레스틴 밖에 있는 지역, 심지어 에게해 연안의 도시들에게까지 미치고 있음을 추론할 수 있다. 사도행전의 내용이 전개되는 시대의 적대적 유대인들의 영향력이, 30년 후 누가의 저술 시대에도 결코 소멸되지 않았을 것이다. 누가 교회공동체의 삶의 언저리에는 회당이 있었고, 이것은 회당을 중심으로 하는 바리새적 유대교의 위협이 여전함을 암시한다. 물론 누가 저술 시대의 고유 상황을 본문을 통해 낱낱이 밝히는 것은 한계가 있지만, 기독교 운동에 적대적인 유대인들의 반대를 우호로 바꿀 만한 어떤 결정적인 역사적 사건이 30년 동안 일어나지 않았음을 고려할 때, 사도행전의 내용전개 시대 유대인들의 적대와 박해와 고소는 누가의 저술 시대에도 지속되었음을 짐작할 수 있다.

누가는 예수운동의 선교사들을 반대하고 비방하고 고소하고 핍박하는, '팔레스틴 밖 적대적 유대인들의 위협'(행 13:42; 14:19; 17:1-9, 13; 18:1-7, 12; 19:8-22; 20:3)을 끊임없이 등장시키고 그들의 적대 행위를 비교적 상세히 기록한다. 예수운동의 반대자들은 비시디아 안디옥, 이고니온, 루스드라, 데살로니가, 베뢰아, 고린도, 에베소 에게해 연안 모

42　A.D. 70년 예루살렘 멸망 이후 유대교의 회당으로의 집중은 가중된다. 즉 유대교의 마지막 물적 토대로 남아있는 회당의 역할은 더욱 더 확대되고 강화된다.
43　이에 대한 자세한 논의는 〈제4장 바리새적 유대교와 누가의 가말리엘〉을 참고하라.

든 지역에서 지속적으로 끈질기게 예수운동을 박해한다.

2) 누가 문서의 저술 연대 추정

누가교회공동체의 삶의 자리는 누가 문서의 저작 연대를 살핌으로 구체화 될 것이다. 이에 본 연구는 누가 문서의 저술 연대를 판별하고 그 시점을 토대로 바리새적 유대교와 로마 제국의 관계, 누가교회공동체와 바리새적 유대교와의 관계, 누가교회공동체와 로마 제국과의 관계를 순차적으로 해명할 것이다.

누가 문서의 기록 연대를 파악함에 있어 주요한 논점(論點)은, 누가 문서가 "유대-로마 전쟁(A.D. 66-70년) 이전의 기록[44]인가? 아니면 이후의 기록[45]인가?"에 대한 것이다. 전후 유대교는 엄청난 정치적 격변을 통과하면서 바리새파가 주도하는 유대교로 변모하기 때문에, 만일 예루살렘 패

---

[44] 대표적인 학자로는 다음을 참고하라. A. Harnack, *The Date of the Acts and of the Synoptic Gospels* (London: Williams & Norgate, 1911), 124-125; Johannes Munck, *The Anchor Bible: The Acts of the Apostles* (New York: Doubleday, 1979), LIV; Darrell L. Bock, *Baker Exegetical Commentary on the New Testament: Luke*, 16-18; Walter L. Liefeld, David W. Pao, and N. L. Longenecker, *The Expositor's Bible Commentary: Luke-Acts* (Grand Rapids: Zondervan Publishing Houeses, 2007), 33-35, 700-701.

[45] 가장 최근의 학자로는 다음을 참고하라. John T. Carroll, *Luke: A Commentary* (Louisville: Westminster John Knox Press, 2012), 4. 그 외의 학자들은 다음을 참고하라. Joseph A. Fitzmyer, *The Anchor Bible: The Gospel According to Luke*, 53-59(『앵커바이블 누가복음』 CLC, 2015刊); I. Howard Marshall, *The New International Greek Testament Commentary: The Gospel of Luke* (Grand Rapids: W. B. Eerdmans Publishing Co., 1978), 33-35; Richard I. Pervo, *Acts: A Commentary*, 5-7; John Nolland, *Word Biblical Commentary: Luke* (Dallas: Word Books Publisher, 1989), xxxvii-xxxviii; H. Conzelmann, *Acts of the Apostles*, xxxiii; L. T. Johnson, *The Writings of the New Testament*, 246; N. Perrin and D. C. Duling, 『새로운 신약성서개론 하』, 456; R. E. Brown, 『신약개론』 김근순, 이은순 옮김 (서울: CLC, 2003), 401-402.

망 이후에 누가 문서가 산출된 것으로 받아들인다면, 누가교회공동체 앞에 서 있는 종교적 실체는 단일대오를 형성한 바리새적 유대교가 된다.

그러나 만일 패망 이전에 누가 문서가 기록된 것으로 인정하면, 누가교회공동체 앞에 있는 종교집단은 다양한 유대교 분파들이 된다. 아마도 누가교회공동체에게 있어서는, 자신들을 유대교의 한 분파로 내세울 수 있는 예루살렘 패망 이전의 삶의 자리가 더 좋은 환경이었을 것이다. 이 책은 20세기 후반 이래 대다수의 학자들이 멸망 이후 저작설을 지원하고 있는 상황에서, 다른 학자들이 주목하지 않은 두 구절을 근거로 멸망 이후설이 보다 설득력이 있음을 밝히겠다.

그렇다면 앞에서 설정한 논점을 인지하며 누가 문서의 저작 연대를 결정해보자. 누가 문서의 저작 연대에 대하여 다양한 견해가 있지만, 누가 문서의 저작 연대를 추적함에 있어 먼저 두 가지 확실한 사실에서 그 연대를 제한할 수 있다.

첫째, 사도행전에 등장하는 (비그리스도인의 두 번째 연설인) 아가야 총독 갈리오의 연설이다(행 18:12-16). 델피(Delphi)에서 발견된 비문은 A.D. 50-51년에 갈리오가 아가야 총독이었음을 밝힌다.[46] 따라서 누가–행전의 저술 연대는 A.D. 50년 이전으로 올라갈 수는 없다.

둘째, 순교자 저스틴(Justin Martyr)의 사도행전 인용이다. 저스틴은 자신의 저서에서 사도행전 *the Western text*의 표현으로 구약을 인용한다.[47]

---

46 L. T. Johnson, *The Writings of the New Testament*, 246. 이를 통해 존슨은 바울 선교의 상대적이 아닌 절대적인 연대를 추정할 수 있다고 단정한다. "사도행전은 바울 연대 추적을 위해 절대적으로 필요한 출발점이다." *Ibid*.

47 다음을 참고하라. C. K. Barrett, *A critical and Exegetical Commentary on The Acts of the Apostles* (Edinburgh: T & T Clark, 1994), 15.

저스틴이 순교한 해가 A.D. 165년임을 감안할 때, 누가-행전의 저술 연대는 A.D. 165년 이후로 내려 갈 수 없다. 따라서 누가 문서의 기록 연대는 A.D. 51년에서 A.D. 165년 사이로 일단 상정할 수 있다.

누가 문서 연대 추정에 있어서 이 책은 두 단어를 근거로 멸망 이후 저작설[48]을 지지한다.

첫 번째 단어는 마가복음 13:18에 나오는 '겨울'이라는 단어이다. 이와 관련하여 드실바(D. A. deSilva)의 연구는 주목할 만하다. 그에 따르면,

> 마가와 마태는 고난에 대한 일반적 예언을 하나 누가는 예루살렘에 대한 포위 및 그 후에 일어날 일들을 견디는 것을 구체적으로 기록한다. 누가가 "이 일이 겨울에 일어나지 않도록 기도하라"(막 13:18)는 내용을 생략한

---

[48] 일군의 학자들(캐롤, 페린, 덜링, 콘첼만, 브라운, 존슨)은 누가가 A.D. 70년 직후에 기록된 마가복음을 알고 있기 때문에, 누가 문서의 저작 연대를 예루살렘 멸망 이후로 보아야 타당하다고 주장한다. N. Perrin and D. C. Duling, 『새로운 신약성서개론 하』, 456; John T. Carroll, *Luke: A Commentary*, 4; H. Conzelmann, *Acts of the Apostles*, xxxiiii; R. E. Brown, 『신약개론』, 401; L. T. Johnson, *The Writings of the New Testament*, 214. 그러나 누가가 마가를 인용하고 있다는 것으로 누가 문서의 저작 연대를 멸망 이후로 보는 것은 무리가 있다. 왜냐하면 마가복음이 훨씬 이전에 쓰여진 것으로 누군가가 상정한다면, 누가-행전 저술 연대 역시 같이 앞당겨져야 하기 때문이다. 다시 말해, 마가복음의 저작 연대가 통일되지 않고 70년 이전설과 70년 이후설로 학자들의 견해가 양분되어 있기 때문에, 위에서 언급한 학자들이 제안하는 근거는 결정적이지 못하다. 트로크메(E. Trocmé), 타이센, 막센(W. Marxsen), 키이 등은 예루살렘 멸망 이전 저작설을 주장한다. G. Theissen, 『복음서의 교회정치학』, 33-35; W. Marxsen, *Mark the Evangelist* (Nashville: Abingdon Press, 1969), 111; H. C. Kee, *Community of the New Age: Studies in Mark's Gospel* (Philadelphia: The Westerminster Press, 1977), 101; E. Trocmé, *The Formation of the Gospel Tradition According to Mark*, 80. 반면 페린과 덜링, 브라운, 존슨, 켈버(W. H. Kelber), 브랜든(S. G. F. Brandon) 등은 예루살렘 멸망 이후 저작설을 지지한다. N. Perrin and D. C. Duling, 『새로운 신약성서개론 하』, 456; L. T. Johnson, *The Writings of the New Testament*, 214; W. H. Kelber, *The Kingdom in Mark* (Philadelphia: Fortress Press, 1971), 132; S. G. F. Brandon, "The Date of the Markan Gospel," *NTS* 7 (1960-1961): 126-141.

것도 A.D. 70년 여름에 실제로 발생한 예루살렘 멸망에 대해 알고 있는 것과 관련이 있다.[49]

베스파시안의 아들 디도는 A.D. 70년 8월 29일 예루살렘을 함락시켰다. 예루살렘 멸망이 겨울에 일어날 것 같다는 마가의 부정확한 보도를, 마태는 "겨울이나 안식일에 일어나지 않도록 기도하라"로 변경한 반면, 누가는 삭제한다. 이를 통해 누가가 예루살렘 멸망을 인지하고 있다고 추정할 수 있다.

연대 추정을 위해 고려해야 할 두 번째 단어는 사도행전 20장 17절의 '교회의 장로들'(토우스 프레스뷰테로스 테스 에클레시아스[τοὺς πρεσβυτέρους τῆς ἐκκλησίας])이다. '교회의 장로들'이라는 용어는 사복음서 저자 가운데, 누가만이 사용한 누가적 표현[50]이다. 바울의 목을 끌어안고 눈물 흘리는 사도행전의 교회의 장로들(행 20:37)은, 예수를 죽인 주체로 지목되고 있는 유대교의 장로들(눅 9:22; 20:1; 22:52)과 날카로운 대조를 이룬다. 누가복음에서 유대교의 장로들은 예수를 버린 자들로(눅 9:22), 예수의 권위를 의심하고 도전하는 자들로(눅 20:1-8), 예수를 체포하러 온 자들

---

49 D. A. deSilva, *An Introduction to the New Testament*, 308-309(『신약개론』 [CLC, 2013刊]).
50 신약성경 전체를 놓고 볼 때 사도행전과 야고보서(5:14)에 이 용어가 등장한다. 이 책에서 '누가적 표현'이라는 의미는 다른 복음서 저자들(마태, 마가, 요한)과 비교할 때 드러나는 누가의 독특성을 의미한다. 야고보서는 이미 확립된 혹은 교리화된 바울의 사상과 논쟁한다는 점에서 바울서신 이후의 저작으로 파악되고 있다. 이런 이유 때문에 야고보서의 기록 연대를 A.D. 1세기 말 교회의 제도화가 진척된 시기로 간주할 수 있다. 보라 이케(Bo Reicke)는 야고보서가 쓰여진 배경을 후기 사도 시대(the Post-Apostolic)로 고려한다. 다음을 참고하라. Bo Reicke, *The Anchor Bible: The Epistles of James, Peter and Jude*, XV-XXIX. A.D. 1세기 말 기록된 것으로 추정되는 야고보서에 '교회의 장로들'이 등장한다는 점에서, 누가의 표현 '교회의 장로들'은 누가교회공동체의 제도화를 보여줄 수 있다.

(눅 22:52)로 고발당한다. 유대교의 장로들에 대한 부정적 진술은 누가복음의 후속작 사도행전에서도 지속된다.

누가복음에서 부정 일변도로 기술되는 '유대교의 장로들'과 달리, 사도행전의 '교회의 장로들'은 긍정적으로 묘사되고 있고, 바울의 순교가 예견되고 있는 시점에서 바울의 사역을 계승할 자들로 부각되어 있다. 바울은 은혜의 말씀 사역을 '교회의 장로들'에게 위임한다(행 20:32). '교회의 장로들'이란 누가의 표현은 예루살렘 멸망 이후, 누가가 속한 혹은 누가의 영향을 받는 신앙공동체가 유대교와 스스로를 구별하고, 공동체를 이끌 장로들을 세울 정도로 제도화되었음을 보여준다. '유대교의 장로들'은 이미 유대교 안에서 활동했던 종교지도자들이기 때문에 예루살렘 멸망 이후 과거를 회상하는 누가의 글에 등장할 수 있다. 물론 에베소 교회의 지도자들이 바울을 방문했던 역사적 시기에, 사람들이 에베소 교회의 지도자들을 단순히 원로의 개념과 구별되는 '교회의 장로들'로 호칭했는지는 알 수 없다.

그러나 누가의 저술 시기에 누가가 교회의 지도자들을 원로개념 이상의 '교회의 장로들'로 호칭하고 있음은 고려할 수 있다. 따라서 누가가 속한 혹은 누가의 영향을 받는 신앙공동체 안에는 이미 바울과 같이, 은혜의 말씀을 가르칠 장로들이 세워져 있었다. 유대교와 구별되는 교회의 제도화는 예루살렘 멸망 이후 저작설에 유리하게 작용하는 단서가 된다. 따라서 누가가 사용한 '교회의 장로들'이라는 표현을 통해, 교회의 제도화가 진척된 상황을 추정할 수 있다. 교회의 제도화가 진척화 된 시기를 예루살렘 멸망 이전보다, 예루살렘 멸망 이후로 보는 것이 보다 설득력이 있다. 위와 같은 이유 때문에, 이 책은 누가 문서의 기록 연대를 예루살렘 멸망 이후인, A.D. 80년대로 상정한다.

누가 문서의 시간적 공간적 삶의 자리와 누가 문서에 기록된 유대인 대적자들 분석을 통해 이 책은 누가교회공동체의 정황을 추적했다.

이를 정리하자면 다음과 같다.

첫째, 누가 문서는 예루살렘 멸망(A.D. 70년) 이후 기록되었기 때문에, 누가교회공동체가 그들의 삶에서 맞이해야 하는 유대교는 유대-로마 전쟁 이전의 분파적 유대교가 아니라, 바리새파가 주도하는 일치된 유대교이다.

둘째, 누가 문서는 A.D. 80년대 중반에 기록되었기 때문에, 누가교회공동체는 회당 중심의 신앙공동체[51]에서 교회 중심의 신앙공동체로 변화된다. 누가는 독자들에게 회당이 자동적으로 교회가 되었거나, 회당이 그렇게 하려 했다는 어떤 경우도 보여줄 수 없었다. 전후 바리새적 유대교는 '율법준수'라는 사상과 '회당'이라는 물적 토대를 바탕으로, 자신들의 정체성을 선명하게 재규정하며, 여타 다른 종교집단과의 차별화를 시도하고 있었다. 라이트(N. T. Wright)는 얌니아에 재건된 유대교가 기

---

51 A.D. 80년 중반 바리새적 유대교는 공식적으로 회당에서 이단저주 기도문(*Birkath ha-Minim*)을 암송하였고, 그리스도인들을 이단으로 지목하고 배제하였다. 다음을 참고하라. R. E. Brown, *The Community of the Beloved Disciple* (New York; Ramsey; Toronto: Paulist Press, 1979), 13-24, 특히 22-24. 물론 A.D. 70-80년대 회당에서 그리스도인들이 환영받았고, 이단저주 기도문이 유대교와 기독교의 회복할 수 없는 결별을 이끈 단일한 칙서가 아니라는 키멜만(R. Kimelman)의 주장도 참고하라. R. Kimelman, "Birkat Ha-Minim and the Lack of Evidence for an Anti-Christian Jewish Prayer in Late Antiquity," in *Jewish and Christian Self-Definition Vol. 2: Aspects of Judaism in the Greco-Roman Period*, ed E. P. Sanders, A. I. Baumgarten, and Alan Mendelson (Philadelphia: Fortress Press, 1981), 226-244. 그러나 누가-행전에서 회당과 연관된 적대적 유대인들이 선교사들을 핍박하는 기록이 광범위하게 등장하고 있는 것(행 9:23; 13:44-52; 14:1-5; 17:1-9; 18:1-7; 19:8-10)은 키멜만의 주장이 누가 문서에서는 해당될 수 없음을 반증한다. 또한 키멜만은 A.D. 70-80년 회당에서 그리스도인들이 환영받았다는 결정적인 증거를 제시하지 않는다.

독교 운동을 어떻게 배제했는지를 다음과 같이 설명한다.

> 예루살렘과 성전의 멸망에 손실로 비통함과 슬픔으로 시작된 새로운 랍비운동은 얌니아에 대규모 종교회의를 조직하고, 그리스도인들을 효과적으로 배제하는 조치들을 도입하였다. 한창 젊었던 교회는 그의 힘을 과시하며 변증에 변증으로 맞섰다. 유대교에 대하여 심하게 적대적인 말씀들이 예수의 입속에 넣어졌는데, 이러한 말씀들은 사실 예수의 공생에 기간이나 교회의 제1세대가 아니라 A.D. 80년대와 90년대의 상황을 반영하는 것이다. 복음과 토라는 양립할 수 없다는 인식이 처음으로 싹트기 시작했다.[52]

어떤 설득력 있는 근거를 제시하지 않은 채 "한창 젊었던 교회가 그의 힘을 과시했다"는 라이트의 단정적인 견해는 의문이 간다. 또한 유대교에 적대적인 예수의 발언들을 A.D. 80-90년대의 첨가로 보는 그의 진술은 성급한 것이다.

그러나 '복음'으로 상징되는 기독교 예수운동과 '토라'로 표현되는 전후 유대교가 양립할 수 없다는 인식이 A.D. 80-90년대 발생했다는 그의 주장은, 유대교와 분리되어진 초기 기독교회의 모습을 부각시킨다. 얌니아에 재건된 유대교는 A.D. 70-135년 사이에 구약성경의 정경화 작업과 더불어서 기독교를 이단으로 정죄하는 작업 등을 진행한다.[53]

---

[52] N. T. Wright, *The New Testament and The People of God*, 161-162.
[53] 얌니아에 진행되었던 일에 대해서는 다음을 참고하라. 정연호, 『유대교의 역사적 과정: 바리새파의 재발견』, 131-142.

유대교와 교회의 분리에 대해서, 고펠트는 안디옥과 로마를 축으로 하는 에게해 연안의 이방적 기독교가 유대교로부터 우선적으로 분리되어져 나갔고, 팔레스타인 안의 유대적 기독교도 그들의 소망과는 달리 A.D. 70년 이후 유대인 공동체로부터 축출되었다고 진술한다.[54] 또한 그는 안디옥에서 에게해 연안을 거쳐 로마에 살고 있던 유대인 그리스도인들은 모세 율법에 따르는 생활을 버렸으나, 팔레스타인, 시리아, 이집트에 살던 유대인 그리스도인들은 모세 율법에 따르는 삶을 고수하려 했음을 지적한다.[55]

고펠트는 사도행전 21장 20-21절을 근거로 이방적 기독교와 유대적 기독교를 율법 준수 여부로 구분하는데, 이방적 기독교를 비율법주의적 기독교로 유대적 기독교를 율법주의적 기독교로 구분하는 그의 견해는 일방적인 측면이 있다. 물론 유대적 기독교를 율법주의적 기독교로 파악할 수 있겠지만, 이방적 기독교를 비율법주의 기독교로 이해하는 것은 납득하기 어렵다. 왜냐하면 이방적 기독교가 율법폐기론적 입장은 아니었고 어느 정도의 기본적 율법을 준수(행 15:20; 16:4)했음을 간과할 수 없기 때문이다. 그럼에도 유대교 회당으로부터의 교회의 분리를 시간순으로 즉, 먼저 이방적 기독교가 분리되고 그후에 유대적 기독교가 분리되었다고 파악하는 고펠트의 견해는 추측 가능하다.

사도행전의 바울은 도시 안에 위치한 회당을 중심으로 선교의 발걸음을 옮겼다(행 9:20; 13:5, 14-15, 43; 14:1; 17:1, 10, 17; 18:4, 7-8, 19, 26; 19:8; 24:12). 회당과 도시를 선교하는 사도행전의 바울의 묘사를 통해,

---

54 Leonhard Goppelt, *Apostolic and Post-Apostolic Times*, 81, 123.
55 *Ibid.*, 81

누가교회공동체에게 있어서 회당과 도시가 주요한 선교의 장(場)이었음을 추측할 수 있다. 회당의 상실은 누가교회공동체에게 주요한 선교의 장(場)의 상실을 의미하고, 이는 선교를 지향하는 누가교회공동체에게 큰 고민을 안겼을 것이다.

코헨(Shaye J. D. Cohen)의 경우 기독교 운동과 유대교의 분리를 '종파주의의 소멸'로 파악한다. 그에 따르면, A.D. 1세기 유대교에는 바리새파, 사두개파, 에세네파, 쿰란, 젤롯파, 시카리파, 기독교인, 사마리아인, 테라퓨타인 등 상당한 종파가 있었지만, A.D. 70년 이후 유대교에는 종파주의가 소멸되었다.[56] 이는 종파주의가 가능했던 성전의 파괴로 야기된 결과였다.[57] 유대교 안에서 종파주의가 소멸되었음은, 바리새인 주도의 유대교 외의 다른 분파들이 배제되었음을 의미한다. 이것은 이전에 기독교 교회들이 유대교 분파라는 명분으로 유대교 우산 아래에서 누렸던 합법종교(*religio licita*)의 권위 박탈이 현실화되었음을 의미한다.

로마 제국으로부터 부여된 합법종교의 권위 박탈은 곧바로 황제 숭배 제의에 강요당하는 현실을 이끈다. 보라이케가 지적하듯이 바리새적 유대교는 전후에 여전히 합법종교의 지위를 누렸고, 이는 결사의 자유와 종교의 자유가 보장됨을 의미한다.[58] 종교의 자유는 팔레스틴 유대인뿐만 아니라 디아스포라 유대인에게까지 보장되었는데, 도미티안 치하에서 동방의 유대인들은 그 지역에서 보편화된 황제의 초상 숭배조차도 면

---

56 Shaye. J. D. Cohen, *From the Maccabees to the Mishnah*, 212.
57 *Ibid*.
58 B. I. Reicke, 『신약성서 시대사』 번역실 옮김 (병천: 한국신학연구소, 1986), 301.

제받았다.⁵⁹ 그러나 누가교회공동체 구성원들은 이런 특권을 누릴 수가 없게 된다. 로제가 연구한대로, 로마 제국은 회당에서 그리스도인들이 배제되자마자 황제 숭배 제의를 강요했다.⁶⁰

누가 문서의 삶의 자리 파악은 누가교회공동체와 바리새적 유대교와의 관계가 '분리'되었음을 추정하게 하고, 누가교회공동체와 로마 제국의 관계 즉 '합법종교의 권위박탈'이라는 누가교회공동체의 상황을 추론하게 한다. 이 같은 누가교회공동체의 상황을 바라보면서, 이제 80년대 바리새적 유대교와 로마 제국의 관계를 고찰해보자. 바리새적 유대교와 로마 제국의 관계는 누가교회공동체에게 있어서 생존과 선교와 관련된 주요한 현안(懸案)이 된다.

2. 바리새적 유대교와 로마 제국의 상대적 우호관계

누가가 사도행전을 기록할 당시의 바리새적 유대교와 로마 제국의 관계는 어떠했을까?

당시의 상황과 기록들을 통해서, 유대-로마 전쟁 이후 '바리새적 유대교와 로마 제국의 관계'가 '기독교회들과 로마 제국의 관계'보다 더 우호적이었음을 제안할 수 있다. 이러한 바리새적 유대교와 로마 제국의 관계를 '상대적 우호관계'⁶¹로 표현 할 수 있을 것이다.

59　Jos. *Ant*. 2. 73.
60　E. Lohse, *Umwelt des Neuen Testaments* (Göttingen: Vandenhoeck & Ruprecht), 162-163.
61　A.D. 2세기 초부터 연이어 일어난 유대인들의 반란을 고려해볼 때, 로마 제국과 바리새

사실 평화를 추구한 바리새인들과 로마 제국 사이의 우호적 관계는 유대 로마 전쟁 이전부터 조심스럽게 때론 노골적으로 시도되었다. B.C. 37년 헤롯이 로마군을 이끌고 예루살렘에 진격할 때, 바리새파는 파르티안 군의 지원을 받는 안티고누스를 지지하지 않았다.[62] 당시 바리새파를 이끌고 있던 폴리요(Pollio)와 사메아스(Sameas)는 무가치하게 피를 흘리지 말고 예루살렘 성을 헤롯에게 넘기자고 주장한다.[63]

바리새인들은 안티고누스보다 헤롯이 정치적 안정과 종교적 자율권을 그들에게 보장해 줄 것이라고 판단했을 것이다. 이런 결정에는 부상하는 로마 제국이 파르티안 제국보다 정치적 평화와 종교적 자율을 보장해 줄 것이라는 바리새인들의 국제정세 인식이 어느 정도 영향을 미쳤을 것이다. 바리새인들은 A.D. 66-70년에도 같은 선택을 한다.

그렇다면, 여기서 A.D. 66-70년 바리새인들과 A.D. 132-135년 바리새인들의 입장은 크게 달라졌는가의 문제를 다루어보자. 우선 이 시기에 기록된 많은 랍비 문헌들이 놀라울 만큼의 동질성을 가지고 있음이

적 유대교와의 평화는 오랜 시간 지속되지는 않았을 것이다. A.D. 115-117년의 반란, A.D. 116년 이집트와 키프로스에서 발생하여 팔레스틴까지 퍼진 유대인들의 항쟁, 그리고 A.D. 132-135년, 바흐 코흐바 반란이 일어나는 것과 당시 영향력 있는 랍비 아키바의 로마에 대한 격렬한 저항을 고려하여서, 이 책은 바리새적 유대교와 로마 제국의 상대적 우호관계를 A.D. 1세기 말로 제한한다. 또한 누가-행전이 유대-로마 전쟁 이후 바리새적 유대교와 로마 제국 사이 일시적인 평화가 이루어졌던 A.D. 1세기 말에 기록되었다고 상정한다. 다음을 참고하라. 앤손 F. 레이니 · R. 스티븐 나틀리, 『성경 역사, 지리학, 고고학 아틀라스』 강성열 옮김 (서울: 이레서원, 2010[Anson F. Rainey and R. Steven Notley, Carta's Atlas of the Biblical World: The Sacred Bridge, Jerusalem: Carta]), 510-514.

62 Jos. Ant. 14. 9. 176; 15. 1. 3.
63 Ibid. 쉐퍼(J. Schaper)는 '폴리요'는 힐렐이고, '사메아스'는 샴마이라고 판단한다. J. Schaper, "Pharisees," CHJ vol. III, 417. 그러나 폴리요와 사메아스가 다른 사람일 가능성도 배제할 수 없다.

고려되어져야 한다.[64] 이 사안과 관련하여 또 한 가지 고려되어져야 하는 것은 A.D. 132-135년 바흐 코흐바를 '야곱의 별'로 호칭하며 반란을 지지하였던 랍비 아키바가 A.D. 116-117년 발생했던 유대인들의 반란에는 반대하며 평화적 해결을 촉구한 점이다. 반란이 시작되면서 랍비 아키바가 이끄는 반전 평화주의 그룹(the pacifist party)은 그 영향력을 상실한 반면, 급진주의자들의 주장은 점점 더 힘을 얻었다.[65]

그렇다면 A.D. 116-117년 반란에 가담하기를 거부했던 랍비 아키바와 그를 따르던 바리새인들이 A.D. 132-135년 격렬하게 항쟁에 참여한 원인은 무엇이었을까?

여러 가지 대답이 가능하겠지만, 무엇보다 바리새인들의 정치-종교적 태도를 지적할 수 있다. 바리새인들은 '정치적 안정'과 현실적 삶에 율법을 적용하고 경건을 실행할 수 있는 '종교적 자율'을 희구하였다. 이 같은 바리새인들의 경향은 A.D. 132-135년 반란 당시, 랍비 아키바를 포함한 상당수의 바리새인들이 바흐 코흐바를 지지했는지를 설명해 주는 단서를 제공한다. 바리새인들은 바흐 코흐바를 종교적 자율을 줄 수 있는 인물로 판단했을 것이다.

A.D. 132년 하드리안 황제는 예루살렘 성소의 자리에 쥬피터 신전을 건축하도록 명령하고, 할례를 금지시켰다.[66] A.D. 132년 바리새인들에게, 하드리안 황제의 명령은 종교적 자율을 침해하는 것으로, 성전 금고에서 17달란트를 강탈한 것을 포함한 로마 총독 플로루스(총독 재위 A.D.

---

64 다음을 참고하라. Shaye. J. D. Cohen, *From the Maccabees to the Mishnah*, 205-206.
65 다음을 참고하라. H. Koester, *Introduction to the New Testament : history, culture and religion of the Hellenistic age*, 389.
66 다음을 참고하라. E. Lohse, *Umwelt des Neuen Testaments*, 35-36.

64-66년)의 학정과는 비교할 수 없는 종교적 핍박으로 받아들여졌을 것이다. 이런 측면에서, 바리새인들의 어느 정도 일관된 태도를 '정치적 평화와 종교적 자율권에 대한 추구'로 추정하는 것이 가능하다. 따라서 정치적 평화와 종교적 자율권의 급격한 침해가 아닌 이상, 그들은 헤롯 정권이나 로마 정권의 지배를 묵인하는 경향을 보인다.

바리새파의 이 같은 정치적 태도에 대해서, 쾨스터(H. Koester)는 평화를 추구한 요하난 벤 자카이를 포함한 바리새인들이 1차 유대-로마 전쟁 초기부터 이 전쟁을 지지하지 않았고, 국가적 해방이라는 미명 아래 자행된 잔인한 행동들을 비판했음을 지적한다.[67] 그의 연구에 따르면, 요하난 벤 자카이와 그의 동료들은 그 재난을 이스라엘이 범한 죄에 대한 하나님의 형벌이라고 인정했고, 전쟁 중에도 베스파시안은 네로의 후계자 선정 문제가 여전히 논의되고 있는 로마의 상황 때문에 팔레스틴에 새롭고 온건한 유대 지도자를 세우는 일을 환영하고 추구했다.[68] 전후 요하난 벤 자카이가 얌니아에 율법학교를 세우고, 유대교의 재조직에 나설 때, 바리새적 유대교를 향한 로마 제국의 관대함을 쾨스터는 다음과 같이 지적한다.

> 로마 당국은 유대교의 재조직에 간섭하지 않았고, 유대인들을 박해하거나, 유대교 법정 재판의 집(*Beth-Din*)의 활동을 방해하지도 않았다[69]

---

[67] H. Koester, *Introduction to the New Testament : history, culture and religion of the Hellenistic age*, 385.
[68] Ibid., 385-386.
[69] Ibid., 387.

요하난 벤 자카이는 얌니아에서 전후 유대교를 바리새적 유대교로 재건한다. 요하난 벤 자카이는 힐렐 학파에 속한 바리새인이었다. 힐렐 학파는 샴마이 학파에 비해 대중성을 확보하고 있었다. 바리새적 유대교에 직접적이고 심대한 영향을 끼친 요하난 벤 자카이와 그의 후계자 가말리엘 2세 모두 힐렐 학파의 계승자들이었다. 가말리엘 2세는 18이단저주 기도문을 회당에서 공식화하는 데 앞장선다.

코헨의 경우, 바리새인들이 주도권을 잡은 '랍비 시대'(rabbinic period)가 유대-로마 전쟁 말기인 A.D. 70년부터 시작되었다고 규정한다.[70] 코헨은 유대-로마 전쟁(A.D. 66-70년) 당시뿐만 아니라 이후 바흐 코흐바 반란(A.D. 132-135년) 때에도, 일부 몇몇을 제외한 대다수의 바리새인들이 저항군을 지지하지 않았다고 주장한다.[71] 비록 유대-로마 전쟁 당시, 많은 바리새인들이 평화를 추구하고 로마와의 공존을 선택했다는 코헨의 주장은 설득력이 있으나, 바흐 코흐바 반란[72] 때에도 대다수 바리새인들이 로마에 대해서 우호적인 태도를 견지했다는 코헨의 주장은 무리가 있다.

왜냐하면, 당시에 가장 영향력 있는 랍비로 추앙받던 아키바와 그를 따르던 바리새인들이 분명히 로마와의 항쟁을 선택했기 때문이다. 그러

---

70 Shaye. J. D. Cohen, *From the Maccabees to the Mishnah*, 205.
71 다음을 참고하라. *Ibid.*, 205-223, 특히 208-210을 보라.
72 디오 카시우스(Dio Cassius)는 132년 발생한 유대 반란에 대해 전 국가적, 전 국민적인 반란으로 묘사한다. "처음 로마는 그들을 무시했다. 그러나 곧 모든 유대인들이 동요하기 시작했고, 동란의 조짐을 바라본 유대인들은 모든 곳에서 모이기 시작했고, 로마인에 대한 강렬한 적의를 표출시키며(giving evidence of) 때론 은밀히, 때론 공공연하게 이를 행동으로 옮겼다." 다음을 참고하라. Dio Cass., Ⅷ. LXIX. 그러나 디오 카시우스가 바흐 코흐바 반란을 적은 분량이 거의 2페이지에 달하고, 로마 중심적 시각에서 해석함도 인지하라.

나 코헨의 연구(바리새적 유대교의 평화추구와 로마와의 협력추구)를 바흐 코흐바 반란 이전 A.D. 1세기 말까지로 한정한다면 설득력이 있다. 특별히 코헨의 연구 가운데, 랍비들이 혁명주의자들을 어리석은 폭도나 사악한 죄인들로 미쉬나에서 묘사하는 대목이 많음을 제시한 점은 인용할 만하다.[73] 코헨은 랍비유대교의 근간이 된, 대다수의 바리새인들이 품었던 정치적 견해를 다음과 같이 정리한다.

> 만약에 적들이 하나님에 의해 통치권을 위임받은 자들이고 유대 적대자들이 죄인이라면, 적과 연대하는 것은 죄가 아니다(비록 어느 정도까지 로마와 협력할 수 있고, 협력해야 하는지에 대해 논쟁할 수 있어도, 협력해야 한다는 원칙은 명백하다).[74]

뉴스너 역시 바리새인들은 유대인들과 다른 민족 사이의 관계를 조종하고 통치할 로마의 권위를 허락하고, 세계적 평화를 이룬 제국의 체계 안에서 팔레스틴을 포함시킬 준비가 되어있었음을 지적한다.[75] 또한 뉴스너는 로마 제국이 70년 이후 바리새인들에게 정치에 참여할 기회를 주었고, 바리새파에게 중요한 내부의 문제들의 위임을 밝힌다.

> 70년 이후에 로마인들은 바리새인들에게 정치의 장에 다시 참여할 수 있는 기회를 허용하였다. … 바리새인들과 로마인들은 유대인들 스스로 나

73　Shaye. J. D. Cohen, *From the Maccabees to the Mishnah*, 208.
74　*Ibid*.
75　Jacob Neusner, "The Pharisees in History," in *From Politics to Piety: The Emergence of Pharisaic Judaism* (New York: Doubleday, 1979), 144-145.

라를 다스릴 수 있다는 점에 동의하게 되었다. 바리새파는 나라의 평화를 지켜야 했고, 로마인들은 바리새파에게 중요한 내부의 문제들을 위임해야 했다.[76]

살다리니(A. J. Saldarini)는 뉴스너보다 한 걸음 더 나아간다. 살다리니의 연구에 따르면, 바리새인 집단은 정치적인 이익집단의 기능을 했고, 그들은 사회를 향한 자신들의 목표를 가지고, 그것들을 성취하기 위해서 정치 활동에 지속적으로 참여하였다.[77] 그러나 이 같은 일시적인 평화는 바리새적 유대교와 로마 제국의 대등한 관계 속에 이루어진 것이 아닌, 생존을 담보로 바리새적 유대교가 로마의 권력에 영합한 형태의 평화였다.

일시적 평화 내지는 우호적 관계를 유추할 수 있는 주요한 근거를, 로마 제국이 바리새적 유대교에게 합법종교의 지위를 계속 부여했음에서도 찾아볼 수 있다. 바리새적 유대교는 회당을 그들의 물적 토대로 삼았고, 로마 제국은 이를 인정했다. 야거스마(H. Jagersma)는 유대-로마 전쟁 이후의 이러한 분위기를 다음과 같이 요약한다.

> 70년 이후 디아스포라뿐만 아니라 팔레스틴에서 모든 유대공동체에 점차로 일어난 상황은 각기 나름대로의 회당을 가졌다는 것이다… 이와 관련하여 한 가지 중요한 요소는 유대교가 로마 제국 전역에서 용인된 종

---

[76] Ibid., 146-147.
[77] 다음을 참고하라. A. J. Salarini, *Pharisees, Scribes, and Sadducees in Palestine Society: A Sociological Approach* (Grand Rapids, Mich.: W. B. Eerdmans 2001), 290-297.

교, 즉 **합법종교**(*religio licita*)의 **지위를 가졌다는 것이다. 이미 줄리우스 가이사에게 허락을 받은 이러한 지위는 세계 어디서든 유대인들이 그들 자신의 종교적인 율법과 규례에 따라서 자유롭게 사는 것을 의미하였다.**[78]

로마 제국은 바리새적 유대교에게 합법종교의 지위를 여전히 유지할 수 있게 허락했을 뿐만 아니라, 회당 자체의 회원들에 대한 회당의 판결권도 인정하였다.[79] 보라이케의 지적대로, 과거와 동일하게 바리새적 유대교는 결사의 자유와 종교의 자유를 보장받았고, 이것은 다신론적인 로마의 기풍을 진작시키려는 열정을 가졌던 황제 베스파시안과 도미티안 치하에서 매우 특기할 만한 일이었다.[80] 팔레스틴 안의 유대인들뿐만 아니라, 디아스포라 유대인들에게도 이런 특권이 인정되었다. 요세푸스의 지적대로, 동방에서 일반화된 황제의 초상 숭배조차 유대인들에게는 면제되었다.[81]

놀라운 것은 로마 제국이 전쟁 이전에도 이후에도 바리새적 유대교에게 황제 숭배 제의를 강요하지 않았다는 것이다.[82] 비록 유대인들이 전쟁 이전 예루살렘 성전이 건재할 때 황제를 위한 제사를 지내야 했을지라도, 황제 숭배 제의 면제는 유대교를 향한 로마 제국의 관대함이었다. 이와 관련하여, 로제(E. Lohse)는 전쟁 이후 황제 숭배 제의(*Der Kaiser-cult*)를

---

[78] H. Jagersma, 『신약 배경사』, 328.
[79] 다음을 참고하라. *Ibid.*, 328-329.
[80] B. I. Reicke, 『신약성서 시대사』, 301.
[81] 다음을 참고하라. *Ibid.*; Jos. *Ant.* 2. 73.
[82] 다음을 참고하라. B. I. Reicke, 『신약성서 시대사』, 299-302; E. Lohse, *Umwelt des Neuen Testaments*, 163.

놓고 펼쳐지는 로마 제국, 바리새적 유대교, 그리고 기독교의 삼자관계를 적절하게 통찰하였다.

그에 따르면, 전쟁 이후에도 바리새적 유대교는 합법종교의 지위 때문에 황제 숭배 제의를 강요당하지 않았지만, 기독교인들은 달랐다.[83] 로마 제국이 기독교를 유대종파로 인정할 때는 문제가 없었지만, 로마 제국은 전후 기독교인들이 회당으로부터 분리되자마자 그들에게 황제 숭배 제의를 강요했다.[84]

신약배경사의 통찰에 힘입어, 전후 일정 기간 동안 바리새적 유대교는 로마 제국의 박해의 대상이 아니라 협력의 대상으로 존립했음을 알 수 있다. 그러나 바리새적 유대교와 로마 제국과의 일시적 평화는, '이중박해'라는 누가교회공동체의 정황을 배태(胚胎)시킨다. '누가교회공동체와 바리새적 유대교의 갈등'은 예루살렘 산헤드린과의 1, 2, 3차 충돌 등[85]에 드러나는 '누가교회공동체를 향한 바리새적 유대교의 비우호'와 연관이 있다. '누가교회공동체를 향한 로마 제국의 박해'는 헤롯 대왕에 의한 야고보의 순교(행 12장) 등에서 발견되는 '누가교회공동체를 향한 로마 제국의 비우호'와 연결된다.

물론 로마 제국의 우호적 태도를 사도행전에서 감지할 수 있다.[86] 그럼에도 로마 제국은 기독교에 혹은 누가교회공동체에게 긍정과 부정을 동시에 가진 절대 권력으로 다가온다. 그러나 로마 제국의 태도가 우호적

---

83 *Ibid.*
84 다음을 참고하라. *Ibid.*, 162-163.
85 사도 바울과 예루살렘 산헤드린과의 충돌은 행 22:30 이후를 참고하라.
86 예를 들어 바울을 향한 베스도의 호의(행 25:1-12), 바울을 향한 아그립바의 무죄선언(행 26:30-32) 등을 참고하라.

이든 비우호적이든 로마 제국을 향한 호교론은 가능하다. 만일 로마 제국의 태도가 우호적일 때는 보다 더 긍정적인 기독교의 측면을 인지시키기 위한 호교론이 가능하며, 만일 로마 제국의 태도가 비우호적일 때는 그 같은 태도를 우호적으로 바꾸기 위한 호교론 또한 가능하다.

로마 제국의 경우처럼, 누가는 바리새인들이 주도하는 바리새적 유대교의 태도가 우호적이든 비우호적이든 그들을 향한 호교론을 시도할 수 있다. 만일 바리새적 유대교가 우호적일 때는 기독교의 순기능과 복음을 제시하며 선교를 시도할 수 있고, 만일 바리새적 유대교가 비우호적일 때는 그 같은 태도를 변화시키거나 누그러뜨릴 호교론을 제시할 수 있다. 이 책은 로마 제국과 바리새적 유대교가 비우호적으로 다가올 때를 대비하여 누가가 호교론을 펼친다고 상정한다.

제3장

역사적 가말리엘과 누가의 가말리엘

이 장에서는 역사적 가말리엘이 어떠했는지를 탐구하고, 누가가 그리고 있는 가말리엘의 특성을 살핌으로, 누가의 가말리엘 묘사의 함의를 살필 것이다. 이를 위해서 이 장에서는 바리새적 유대교와 로마 제국의 상대적 우호관계를 염두에 두고, 가말리엘 단락의 배경이 되는 '예루살렘 산헤드린'과 누가 문서에 녹아 있는 '보편과 특수의 공존과 보편의 우위'가 어떤 관련이 있는지를 탐색할 것이다. 또한 누가가 예루살렘 산헤드린을 어떻게 인식하는지, 누가가 어떻게 가말리엘을 등장시키고 묘사하는지, 이런 누가의 서술 전개가 어떤 의미가 있는지를 주석적으로 검토할 것이다.

누가 문서의 유대적 특수성 강조에 집중한 빈슨(R. B. Vinson)에 따르면, "누가는 기독교 신앙을 이스라엘의 최고 전통에 부합하고, 이스라엘의 하나님의 뜻과 일치하는 것으로 묘사하고자 전력을 다한다."[1] 그러나 빈슨의 견해와는 달리, 누가 문서에서 강조되고 있는 것은 '보편과 특수의 공존'[2]이고, 둘 가운데 보편주의에 더 무게를 두는 누가의 관점이다.

예를 들어 이제 복음이 유대(특수)를 넘어 이방과 땅끝(보편)으로 나아

---

1 R. B. Vinson, "The God of Luke-Acts," *Int* 68/4 (2014): 376-388, 인용은 388. 레갈라도(Ferdinand O. Regalado) 역시 유대적 배경으로 누가복음을 해석한다. 특별히 그는 부자와 나사로 비유는 유대적 배경으로만 이해될 수 있다고 주장한다. Ferdinand O. Regalado, "The Jewish Background of the Parable of the Rich Man and Lazarus," *AJT* 12 (2002): 341-348. 그러나 그가 유대적 요소로 제시한 매장, 가족의 유대, 음부의 개념은 유대인만이 갖는 특수성이 아니라 고대 근동에 퍼진 보편적 개념이다. 또한 아브라함의 품, 모세와 선지자 같은 개념들까지도 A.D. 1세기 초기 기독교 교회들의 보편적 인식으로 판단할 수 있다. 따라서 부자와 나사로 비유에는 유대-특수적 요소와 기독교-보편적 요소가 모두 스며들어 있다. 누가는 부자와 가난한 자 모두를 품으려는 보편성을 지닌다. 누가교회공동체에게 긍정적 모델로 제시되는 부자들도 있다(눅 19:1-10; 23:50-52; 행 9:36; 10:1-8; 16:14 등). 이에 대해서는 다음을 참고하라. 전병희, "부자와 나사로 비유와 누가의 통합시도," 「신약연구」 15/1 (3, 2016): 33-59.
2 다음을 참고하라. 유상현, 『바울의 제1차 선교여행』, 295.

가는 관문에 있는 고넬료 사건의 경우, '모든 나라'와 '이스라엘'이 베드로의 설교 속에 동시에 표현되고 있다. 또한 '이스라엘 자손에게 말씀을 보내신 하나님'[3]과 '만민의 주되신 예수 그리스도'가 동시에 등장하고 있다. 이것은 보편과 특수를 동시에 지향하는 누가 자신의 의도적인 표현이고 상징적인 표현이다. 그러나 누가는 이렇게 특수와 보편을 공존시키면서도, 이방인 고넬료 가정[4]에 임한 성령충만과 집단세례로(행 10:44-48) 이 단락의 결론을 맺는다.

여기서 이방인에게도 구원을 베풀며 성령충만을 가능케 하는 '만민의 주되신 예수 그리스도'가 재차 강조되고 있다. 이를 통해 누가의 신학적 전망, 즉 특수와 보편의 공존과 함께, 보편의 우위를 살필 수 있다. 유상현은 다음과 같이 진술한다.

> **특수성과 보편성이 고루 등장하여 그 공존의 양상이 지적될 수밖에 없다 해도, 작품의 전체적 기도는 어디까지나 보편주의임을 환기해야 한다.**[5]

누가 문서의 특징인 '특수와 보편의 양립, 그리고 보편의 강조'를 전제

---

[3] 행 10:34-36 단락 베드로 설교에서, 사람을 외모로 취하지 아니하시고, 하나님을 경외하며 의를 행하는 사람을 받으시고, 이스라엘 자손에게 말씀을 보내신 주체는 하나님이다. 대다수의 한글, 영어, 불어, 독어 번역본들(공동번역, 표준새번역, *KJV*, *NIV*, *NRSV*, *YLT*, *ASV*, *NASB*, *DBY*, *Webster*, *WEB*, *LSG*, *SCH*, *ELB*)도 이스라엘에게 말씀을 보내신 주체를 하나님으로 명시한다.

[4] 이방인 고넬료 개인에게만 성령이 임하는 것이 아니라, 고넬료 가정 전체에 성령이 임한다. 개인구원이 아니라 집단구원이다. 누가의 이런 집단구원 강조는 전편인 누가복음에서도 발견된다. 삭개오의 집에 유한 누가의 예수는 "삭개오 너는 구원에 이르렀다"라고 이야기하지 않고, "오늘 구원이 이 집에 이르렀다"(눅 19:9)라고 선포한다. 이것은 삭개오뿐 아니라 삭개오의 집에 속한 모든 사람들에게 구원이 이르렀다는 선언이다.

[5] 유상현, 『바울의 제1차 선교여행』, 296.

로 삼고 가말리엘 관련 단락을 본격적으로 주석해보자. 이 단락에서 흥미로운 점은 누가적 패턴[6]이 등장한다는 것이다. 사도행전 5장 33-42절 단락은 사도행전 1장 15-26절 단락과 사도행전 15장 5-35절 단락처럼 '문제'가 발생하고, '해결책'이 제시되고, 그 해결책이 '집행'되는 누가적 패턴을 살필 수 있다. 사도행전 5장 17-42절에서 문제의 발생을 일으키는 주체는 바로 유대교의 종교지도자들로 구성된 예루살렘 산헤드린이다.

누가는 지금 사도들을 예루살렘에 위치시킨다. 특별히 사도들은 예루살렘 산헤드린이라는 특정한 장소에 서 있다. 퍼보의 지적대로, 사도행전 5장 34-39절의 전체장면은 장소(예루살렘 산헤드린)에 기초하여 기술되는 누가 저작의 특성을 보여준다.[7] 사도들을 예루살렘 산헤드린과 위치시키며 예루살렘 산헤드린과의 충돌을 보도하는 누가의 붓끝에서 예루살렘 선교를 위해, 더 나아가 예루살렘 너머의 선교를 위해, 누가교회 공동체가 반드시 예루살렘 산헤드린을 뛰어넘어야 한다는 누가 저자의

---

6 탈버트(C. H. Talbert)는 누가적 패턴을 연구한다. 다음을 참고하라. C. H. Talbert, *Literary Patterns, Theological Themes, and The Genre of Luke–Acts* (Cambridge, Mass.: Society of Biblical Literature & Scholars Press, 1974), 35-39. 탈버트에 따르면, "누가행전의 처음부터, 우리는 일련의 인물들과 사건들이 다른 일련의 인물들과 사건들과 균형을 이룸을 발견한다." *Ibid.*, 35. 탈버트가 누가적 패턴을 파악한 것은 타당하나, 그가 어떤 한 구절과 병행되는 다른 구절을 찾아 누가의 패턴을 정리한 것은 자의적이라는 비판을 받을 수 있다. 예를 들어 탈버트는 행 1:12-26과 4:24-31a; 행 2:1-13과 4:31b; 행 2:14-41과 4:31c; 행 2:42-47과 4:32-35; 행 2:43a와 5:5b; 행 2:43b와 5:12a; 행 3:1-11과 5:13-16; 행 3:12-26과 5:12b; 행 4:1-7과 5:17-28; 행 4:8-12와 5:30-32; 행 4:13-17과 5:33-39; 행 4:18, 21-23과 5:40-42의 내용의 유사함을 주장한다. 이 같은 교차대구적 패턴으로 누가 문서를 파악하는 것은 자의적이다. 이 같은 교차대구적 패턴을 찾기보다, 그 내용을 중심으로 누가의 패턴을 찾는 것이 훨씬 설득적이다. '문제발생-해결책 제시-해결책 집행'이라는 누가적 패턴이 행 1:15-26; 5:17-42; 15:5-35 등에서 발견된다.

7 Richard I. Pervo, *Acts: A Commentary*, 146.

숨겨진 의도를 추정할 수 있다. 누가에게 있어 예루살렘 산헤드린은 특수적 가치에 집중하는 유대교 당국을 의미하기에, 보편적 선교지평을 위해 뛰어넘어야 할 대상이다. 그러나 예루살렘 종교지도자들은 몹시 분노하며 사도들을 죽이기를 원했다.

> 그러자 그들이 듣고 몹시 분노하였다(διεπρίοντο) 그리고 그들이 사도들을 죽이기를 원했다(ἐβούλοντο)[8] (행 5:33).

누가는 사도들의 발언에 대한 예루살렘 산헤드린 구성원들이 몹시 분노했다(디오프리온토[διεπρίοντο])[9]고 보도한다. 그렇다면 예루살렘의 지도자들(대제사장들, 사두개인들, 바리새인들, 율법학자들[10] 그리고 백성의 장로들)이 분노한 이유는 무엇일까?

분명한 것은 사도들과 예루살렘 산헤드린과의 1차 충돌 시 예루살렘의 지도자들이 분노하지 않았다는 점이다. 그들은 분노하는 대신 베드로와 요한이 기탄없이 말함을 보고 놀랐다(행 4:13, 에다우마존[ἐθαύμαζον]).

---

8 퍼보의 경우, 에볼론토(ἐβούλοντο. 그들이 원했다)라는 독법보다 에볼룬토(ἐβουλούντο, 그들이 결정했다)라는 독법을 택한다. *Ibid*. 그러나 이 책은 콘첼만의 제안을 받아들여 에볼론토라는 독법을 택한다. 콘첼만은 에볼론토로 기록된 사본(B, A)이 에볼룬토로 기록된 사본(ℵ, D)보다 더 원래적임을 밝힌다. H. Conzelmann, *Acts of the Apostles*, 42. 사본적인 차원뿐만 아니라, 33절은 아직 확실한 판결이 내려지지 않은 법정 분위기를 묘사하고 있기 때문에, "그들이 결정했다"라는 독법보다 "그들이 원했다"라는 독법이 더 적절하다.
9 헨헨의 주석을 참고하라. "엄격히 말하자면 그들은 이를 갈았다. 이 말은 칠십인역 대상 20:3에서도 이와 같은 의미로 사용되었다." E. Haenchen, *The Acts of the Apostles*, 251.
10 행 5:17-42단락을 통해 예루살렘 산헤드린의 구성원들을 추정할 수 있다. 여기서 바리새인들과 율법학자들은 구분되지만, 율법의 열심을 가졌던 바리새인들 중에 율법학자들이 다수 존재했다. 또한 역으로 율법학자들 가운데 바리새인이 된 경우도 많았다. 다음을 참고하라. E. Lohse, *Umwelt des Neuen Testaments*, 82-86.

캐시디(R. J. Cassidy)는 분노의 이유를, 초기 사도들은 산헤드린의 판결의 타당성에 반발하지 않았으나, 두 번째 충돌 시 사도들은 하나님의 법령과 인간의 법령의 잠재적 갈등을 언급하며 산헤드린의 판결의 타당성에 반발하였기 때문이라고 설명한다.[11] 그러나 이 같은 캐시디의 주장을 수용하기에는 무리가 있다. 왜냐하면 1차 충돌 시에도 사도들은 명확하게 산헤드린의 판결의 타당성에 반발하기 때문이다. 베드로와 요한은 너희의 말(산헤드린의 판결)보다 하나님의 말씀을 듣는 것이 옳다고 선언하며(행 4:19)[12] 산헤드린 판결의 타당성을 거부한다.

2차 충돌 시 사도들은 하나님이 예수를 왕(아르케고스[ἀρχηγός])과 구원자(소테르[σωτήρ])로 높이셨다고 선언한다(행 5:31). 여기서 아르케곤(ἀρχηγὸν)과 소테라(σωτῆρα) 둘[13] 모두 단수 형태로 쓰인 것에 주목할 필요가 있다. 다시 말해, 하나님이 예수를 한 통치자(a ruller)로 세우셨고, 하나님이 예수를 한 구원자(a savior)로 높이셨다. 예수를 한 분으로 존재하는 통치자와 구주로 고백하는 것은 유대교의 핵심 신조인 유일신론에 대한 공격으로 이해될 수 있다.

> 들으라, 이스라엘아 주 우리 하나님은 한 분이시다(신 6:4).

---

11 R. J. Cassidy, *Society and politics in the Acts of the Apostles* (Maryknoll, N.Y.: Orbis Books, 1987), 42-43.
12 행 4:19 본문에 말 혹은 말씀이라는 단어는 등장하지 않는다. 그러나 듣다라는 동사 아쿠에인(ἀκούειν) 때문에 '너희의 말 듣는 것보다 하나님 말씀 듣는 것'이라는 의역이 가능하다. 영어 번역본(*RSV*, *NRSV* 등)에서 listen to you more than listen to God이라는 독법을 택한다.
13 아르케곤(ἀρχηγὸν)과 소테라(σωτῆρα) 둘 모두 남성 목적 단수 명사이다. *KJV*는 a prince and a savior로 번역한다.

이 고백은 유대교의 주요한 신앙고백이었다. 유일신론에 대한 유대교의 신앙은 여호와 신정일치 사상(유대인의 왕-여호와, 유대인의 구원자-여호와)[14]으로 이어진다. 여호와 하나님이 아닌, 예수를 왕과 구원자로 선포하는 것은 유대인편에서 심각한 신성모독일 수 있다. 예레미아스 (J. Jeremias) 또한 산헤드린의 사도들에 대한 기소 이유가 신성모독이었음을 밝힌다.[15]

예레미아스와 달리, 콘첼만은 스데반이 신성모독으로 기소된 것이 본문에 드러나는 것과 달리 이 단락에서는 그런 증거가 드러나지 않는다고 주장한다.[16] 이 같은 콘첼만의 의견이 일견 타당해 보이지만 사도행전 5장 31절은 유대적 시각에서 보았을 때 신성모독의 분위기가 역력하고, 콘첼만이 스데반의 또 다른 기소 이유인 성전과 율법의 거부(행 6:13)에 대해서는 침묵하기 때문에 적절하지 못하다. 따라서 예루살렘 공의회에 모인 지도자들을 분노하게 만든 이유를 신성모독과 더불어 사도들이 예루살렘 산헤드린의 1차 판결(행 4:17-18)[17]을 어겼기 때문이라고 추정하

---

[14] 구원자이신 하나님께서 친히 이스라엘을 통치하고 다스리신다는 소위 신정통치(神政統治, theocracy)는 구약 전반에서 발견된다(출 15:18; 민 23:21; 신 33:1-6; 사 6:5; 43:15; 왕하 19:15; 렘 46:18; 시 5:2; 29:10; 44:4; 47:1-9; 68:24; 74:12; 84:3; 95:3; 96:10; 97:1; 99:1-4; 145:1, 11-13). 이와 관련된 자세한 논의는 〈제4장 바리새적 유대교와 누가의 가말리엘 1〉을 참고하라.

[15] H. Conzelmann, *Acts of the Apostles*, 41에서 재인용(Jeremias, "Quellen Problem," in *Abba*, 205-221).

[16] *Ibid*.

[17] 물론 공의회 회원들이 분노한 이유에 사도들의 탈옥에 기인한 것으로 여길 수 있으나, 이 또한 예루살렘 공회회의 판결을 어긴 것이라는 항목에 포함시킬 수 있다. 동일하게 스데반 단락에서도, 누가는 스데반의 기소 이유와 산헤드린의 분노 원인을 '신성모독'과 더불어 '산헤드린의 1차 판결(행 4:17-18)과 2차 판결(행 5:40)을 스데반이 어기고 예수를 증거한 것'(행 6:13-14)으로 진술한다.

는 것이 설득력이 있다.

격노하다는 동사 디아프리오(διαπρίω)는 신약성경에서 오직 사도들과 산헤드린 충돌 단락인, 사도행전 5장 33절과 7장 54절에서 사용된다. 누가교회공동체와 예루살렘 산헤드린과의 3차 충돌 시, 스데반은 격노한 사람들에 의해 순교한다. 퍼보 역시 이 격노가 스데반을 죽음으로 몰았다고 주석한다.[18] 2차 충돌에서도, 예루살렘 산헤드린에 모인 사람들은 사도들을 죽이기를 원했다.

그러나 격노한 종교지도자들에 의해 죽음에 처할 사도들의 운명은 가말리엘의 개입에 의해 새로운 국면을 맞이하게 된다. 누가의 기록에서 가말리엘은 그의 연설을 담고 있는 사도행전 5장 33-39절과 바울이 자기의 정체를 설명하는 사도행전 22장 3절[19]에 두 번 등장한다. 피츠마이어의 지적대로, 사도행전 5장 33-39절의 가말리엘의 연설은 사도행전에서 첫 번째 비그리스도인의 연설이라는 점에서 독특함을 지닌다.[20]

빈슨에 따르면, 누가-행전의 하나님은 어떤 계획을 가지고 계시고, 그 계획은 천사들의 방문을 통하여, 환상을 통하여, 그리고 특별히 성령충만한 사람들의 연설을 통하여 드러난다.[21] 이 같은 빈슨의 지적은 적절하나 빈슨은 성령충만하지 않은 사람들의 연설들까지도 하나님의 어떤 계획을 이루는 데 일조했음을 파악하지 못했다. 다시 말해, 누가-행

18　Richard I. Pervo, *Acts: A Commentary*, 145, 각주 60.
19　"나는 유대인으로 길리기아 다소에서 났고 이성에서 자라 가말리엘의 문하에서 우리 조상들의 율법의 엄한 교훈을 받았고 오늘 너희 모든 사람처럼 하나님께 대하여 열심하는 자라"(행 22:3)
20　다음을 참고하라. Joseph A. Fitzmyer, *The Acts of the Apostles*, 333.
21　Vinson, R. B. "The God of Luke-Acts," *Int* 68/4 (2014): 376-388, 인용은 376.

전의 연설은 그것이 성령충만한 그리스도인의 연설[22]이든, 성령충만하지 않은 비그리스도인의 연설이든 상관없이, 하나님의 어떤 계획[23]을 진전시키는 데 영향을 미치고 있다.

이런 맥락에서 누가-행전의 주요한 비그리스도인들의 4가지 연설을 재검토하는 일은 의의가 있을 뿐 아니라, 필요한 일이다. 누가-행전에서 성령충만하지 않은 비그리스도인의 연설은 가말리엘 연설(행 5:34-39), 총독 갈리오의 연설(행 18:14-16), 서기장의 연설(행 19:35-41), 변사

---

22 성령충만한 사가랴의 연설(눅 1:67-79), 성령충만한 시므온의 연설(눅 2:25-35), 성령충만하여 하나님의 큰 일을 말하는 사람들(행 2:11), 성령충만한 베드로와 11사도의 설교(행 2:14-41), 성령충만한 스데반의 연설(행 7:1-53), 성령충만한 아가보의 예언(행 21:11-12) 등을 고려할 수 있다. 스데반 연설의 독특성을 다룬 고전적 연구로는 다음을 참고하라. J. Julius Scott, "Stephen's Speech: A Possible Model for Luke's Historical Method?," *JETS* 17/2 (1974): 91-97. 스캇(J. Julius Scott)에 따르면, 스데반의 연설은 사도행전의 다른 연설과 차이가 난다. 스데반의 연설은 다른 것보다 길고 논쟁적이고, 복음적이기보다는 변증적이다. 다른 연설들이 기독론 중심적 선포(*Chistocentric Kerygma*)로 점철되어 구성되어 있지만, 스데반은 예수의 이름을 오직 그의 연설이 중단되고, 그의 청중들이 폭도로 돌변할 때 처음으로 언급한다. *Ibid*., 91. 그러나 스캇의 연구는 비그리스도인들의 연설을 배제했다는 점에서 제한적이다. 또한 스데반이 고의적으로 예수의 이름과 복음을 선포하지 않는 것이 아니라, 그야말로 폭도들에 의해서 그의 연설이 중단된 것이다. 그의 연설이 지속되었다면, 다른 그리스도인들의 연설처럼, 기독론적 복음을 그 또한 선포했을 것이다. 물론 개로웨이(Joshua D. Garroway)가 밝힌 대로, 모든 그리스도인의 연설이 놀라운 성공을 거두는 것은 아니다. Joshua D. Garroway, "Apostolic Irresistibility and the Interrupted Speeches in Acts," *CBQ* 74 (2012): 738-752, 인용은 752. 그럼에도 그들의 연설은 하나님의 어떤 계획을 이루는 재료가 된다. 누가의 예수는 그의 제자들이 대적자들 앞에서 그들이 반박할 수 없는 연설을 하고, 그들이 감당하지 못할 지혜를 말할 것이라고 예언한다(눅 21:12-15). 그러나 스데반의 연설에서처럼, 청중들이 폭도로 변하는 어려움을 겪게 될 때도 있다. 개로웨이는 누가가 예수의 예언과 제자들의 연설의 실패의 딜레마를 해결하고자 두 가지 서사 전략을 사용한다고 주장한다. 첫째는 그들의 할례 받지 못한 귀와 우둔한 마음이 그 지혜로운 메시지를 거절했다고 처리하는 것이고, 둘째는 권력의 달콤함에 취해 그 메시지를 거절했음을 고발하는 것이다. *Ibid*. 스데반 단락에서 흥미로운 점은 누가가 스데반을 피고가 아닌 원고로 묘사한다는 점이다. 스데반은 원고가 되어 예수를 거절하고 성전을 우상 시하는 유대인들을 고발한다.

23 이 책은 하나님의 어떤 계획을 구원과 연관된 계획으로 파악한다.

더둘로의 연설(행 24:3-9) 등이 있다.

첫째, 누가 문서에 나오는 첫 번째 비그리스도인의 연설은 가말리엘 연설이다.

가말리엘의 심중에 사도들을 도우려는 의도가 있건 없건 간에, 결과적으로 가말리엘의 개입으로 말미암아, 베드로와 사도들은 방면되고, 그들은 예루살렘 초대 교회에 헬라파 유대인 일곱 지도자를 세운다. 또한 "하나님의 말씀이 점점 왕성하여지고 예루살렘에 있는 제자의 수가 더 심히 많아지고 허다한 제사장의 무리도 이 믿음을 받아들인다(폴뤼스 테 오클로스 톤 히에레온 휘페쿠온 테 피스테이[πολύς τε ὄχλος τῶν ἱερέων ὑπήκουον τῇ πίστει] 행 6:7)."[24] 사도행전 6장 7b절의 동사 '받아들인다'(휘페쿠온[ὑπήκουον])가 미완료로 처리되고 있음은, 많은 무리의 제사장의 무리가 계속해서 복음을 믿고 있는 계속적 상황을 나타낸다. 만일 가말리엘 연설이 없었고 베드로와 사도들이 산헤드린 공의회에서 처형당했다면, 구속의 하나님의 계획도 멈추게 된다.

둘째, 누가 문서의 두 번째 비그리스도인의 연설은 아가야 총독 갈리오의 연설이다.

아가야 총독 갈리오는 바울을 죽이려는 유대인들의 극한 행동을 저지하고, 유대인들을 재판자리에서 쫓아내기(아펠라센[ἀπήλασεν])까지 한다. 총독 갈리오의 연설 혹은 판결의 결과와 바울의 방면 이후의 사건들을 사도행전 18장 18-28절은 자세히 보도한다. 바울은 브리스길라와 아굴라와 여러 날을 함께 유하고, 겐그레아에서 머리를 깎고, 가이사랴

---

[24] 개역성경은 테 피스테이(τῇ πίστει)를 '도'(道)로 번역했지만, 이 책은 원어의 1차적 의미 '믿음'으로 번역한다.

에 상륙하여 교회를 점검하고, 안디옥으로 내려가고, 갈라디아와 브르기아 땅을 차례로 다니면서 모든 제자를 든든히 세운다(행 18:18-23). 바울과 함께 유하며 가르침을 받은 브리스길라와 아굴라는 아볼로를 그리스도의 제자로 세우는 데 주요한 역할을 감당한다(행 18:24-28). 누가-행전의 독자들은 갈리오의 연설 혹은 판결의 결과, 즉 바울의 방면으로 하나님의 어떤 계획이 차질 없이 진행 되어감을 감지할 수 있다.

셋째, 누가 문서의 세 번째 비그리스도인의 연설은 서기장의 연설이다.

서기장의 연설(행 19:35-41)의 결과도 가말리엘과 총독 갈리오의 연설의 결과와 유사하다. 바울은 보호되고, 안전하게 방면된다. 그 결과 바울은 마게도냐를 거쳐, 드로아, 그리고 밀레도에 이르기까지 그의 선교의 여정을 진행하게 된다. 누가-행전의 독자들은, 바울의 이 선교여정을 통하여, 하나님의 어떤 계획이 지속되고 있음을 인식하게 된다.

넷째, 누가 문서의 네 번째 비그리스도인의 연설은 더둘로의 연설로 파악할 수 있다.

놀라운 것은 누가의 기록에서, 바울을 송사한 더둘로의 연설(행 24:2-9)까지도 하나님의 어떤 계획의 성취를 위해 사용된다는 점이다. 더둘로는 총독 벨릭스 앞에서 바울을 비판하고 고소한다. 더둘로의 연설 이후에, 바울의 변론이 시작되고, 바울은 총독 벨릭스 앞에서 복음을 전하게 된다. 이후에 벨릭스는 그 아내 드루실라와 함께 바울을 청하여 그리스도 예수에 관한 도를 묻고, 사도 바울은 '칭의와 절제와 앞으로 올 심판'을 강론한다(행 24:24-26). 비록 벨릭스가 돈을 바라는 탐욕으로 바울과 접촉하였다고 하더라도, 더둘로의 고발과 고소로 시작된 이 모든 과정을 통해, '예수의 이름을 이방인들과 왕들과 이스라엘 자손들 앞에 전하려는' 하나님의 계획(행 9:15)은 차질 없이 진행된다.

위에서 논의한 비그리스도인들의 연설을 탐구해볼 때, 사도행전에 나온 모든 연설은 그것이 그리스도인의 연설이든 비그리스도인의 연설이든 상관없이, 하나님의 어떤 계획과 구속의 역사를 진행시키고, 누가교회공동체의 선교의 진보와 확장에 일조하고 있음을 발견하게 된다. 이를 두고 '연설 자체의 긍정적 의미화(化)'라고 표현할 수 있을 것이다. 즉 저자 누가는 그의 문서에서 모든 연설이 누가교회공동체에게 도움이 되고 복음의 확장에 보탬이 되게 배치시키고 사용하고 기록해 나간다. 이를 '연설의 암시적 긍정화(化)'라고도 달리 표현할 수 있을 것이다.

그러나 '연설 자체의 긍정적 의미화'가 '비그리스도인 연설자들의 무조건적인 긍정화'를 뜻하지는 않는다. 더둘로는 바울을 고소하고, 바울을 비판하며 반기독적인 특성을 보인다. 가말리엘, 총독 갈리오, 서기장은 기독교에 우호적인 면을 가지고 있지만, 동시에 반기독적인 면을 드러낸다. 가말리엘은 사도들의 사형을 막았지만, 그는 예수 처형에 가담하였고, 산헤드린 1차 판결에서 예수 이름으로 전하거나 가르치는 것을 금하였고, 산헤드린 3차 판결에서 스데반의 처형에 동조하였다. 총독 갈리오의 경우, 그는 전도사 바울을 무죄방면[25] 하지만, 개종한 기독교인으로 추정되는 회당장 소스데네를 향한 군중들의 불법적 폭력을 방관한다. 서기장도 전도자 바울에 대한 고소를 취하하지만, 아데미 여신을 '우리

---

25 캐시디는 적대적 유대인들이 유대민족의 율법이 아닌 로마의 실정법을 어기고 많은 사람들을 충동하였다고 고소하였음에도(행 18:13), 총독 갈리오가 바울을 무죄방면했다고 판단한다. 그는 총독 갈리오가 바울을 무죄방면한 이유를 바울의 고발자들이 유대인들이었기 때문이라고 추정한다. 즉 갈리오가 가진 반유대적 감정과 그들에 대한 부정적 편견이 바울 재판에 유리하게 작용했다. 다음을 참고하라. Cassidy, *Society and politics in the Acts of the Apostles*, 91-93. 캐시디의 주장은 흥미롭지만, "오 유대인들아!"라는 갈리오의 발언이 유대인들에 대한 경멸을 나타낸다는 그의 가정은 설득력이 부족하다.

의 여신'(텐 데온 훼몬[τὴν θεὸν ὑμῶν])으로 표현하며, 자신이 우상 숭배자임을 분명히 한다(행 19:37).

위에서 언급한 비그리스도인 연설자들의 반기독교적인 특성은 당시 로마 정치 당국과 유대 종교 당국의 이중박해 아래 있던 누가교회공동체의 상황을 드러낸다면, 더둘로를 제외한 연설자들의 기독교 우호적인 태도에는 누가 자신의 호교론이 작용했음을 시사(示唆)한다. 누가가 최종적 판결권한 내지는 상당한 권력을 가진 그들의 존재를 분명히 하며 그들의 기독교 우호적 태도를 부각시키는 이유는, 그런 묘사가 의미 있다고 판단했기 때문이다. 그렇다고 한다면, 이제 비그리스도인의 첫 번째 연설로 누가가 배치시키고 있는 가말리엘에 관한 역사적 사실들을 검토해보고, 누가 묘사 속의 가말리엘 연설의 의미와 내용을 고찰해 보자.

1. 역사적 가말리엘의 역할과 영향력

사도행전 5장 34ab절은 역사적 가말리엘을 추적할 수 있는 단서를 제시한다.

> 그러나 공회 중에 가말리엘이라 이름(ὀνόματι)[26] 하는 어떤 바리새인이 일어났다(행 5:34a).

---

26 그의 이름의 뜻은 "하나님은 나의 보상이다." 가말리엘이라는 이름은 민 1:10; 2:20에도 등장한다. Joseph A. Fitzmyer, *The Acts of the Apostles*, 339.

> 그는 모든 백성의 존경을 받는 율법의 선생($\nu o\mu o\delta\iota\delta\acute{a}\sigma\kappa\alpha\lambda o\varsigma$)이었다.
> (행 5:34b)

사도행전 5장 34절에 등장하는 가말리엘은 백성들의 장로이고,[27] 혈통적으로 힐렐의 손자이며 가말리엘 2세의 할아버지이다.[28] 그의 아버지에 대해서 시몬으로 불렸졌다는 가설이 있으나 명확하지 않다(*Shab* 15a).[29] 존슨은 미쉬나의 문헌 조사(*Peth* 2:6; *Orlah* 2:12; *R. H.* 2:5; *Shek.* 6:1; *Yeb.* 16:7; *Sotah* 9:15)를 통해 사도행전에 등장하는 가말리엘을 '장로 라반 가말리엘 1세'라고 추정한다.[30] 그의 아들은 유대 전쟁을 겪은 'R. 시몬 벤 가말리엘'이고, 그의 손주는 전통적으로 '요하난 벤 자카이'의 계승자로 여겨지는 'R. 가말리엘 2세'이다.[31]

요세푸스에 따르면, 'R. 시몬 벤 가말리엘'은 예루살렘 귀족정치 가운데 중요한 역할을 담당했다(Jos. *Life*. 193). 요세푸스는 그와 정치적으로 반대 위치에 있었으나 그의 영향력을 언급한다. 키너는 'R. 시몬 벤 가말리엘이 귀족정치에서 발휘했던 영향력'(Jos. *Life*. 193)이 바리새파가 소수임에도 불구하고 가말리엘이 산헤드린에 영향력을 끼친 것을 설명해 줄 수 있다고 주석한다.[32] 당시 유대 사회 전체 인구가 80만 명에 불과했

27　B. R. Gaventa, *The Acts of the Apostles* (Nashville: Abingdon Press, 2003), 108.
28　다음을 참고하라. J. Bradley Chance, *Smyth & Helwys Bible Commentary: Acts* (Macon: Smyth & Helwys Publishing, 2007), 95; L. T. Johnson, *The Acts of the Apostles*, 99.
29　다음을 참고하라. H. L. Strack and G. Stemberger, *Introduction to the Talmud and Midrash*, 73.
30　L. T. Johnson, *The Acts of the Apostles*, 99.
31　*Ibid*.
32　Craig. S. Keener, *Acts: An Exegetical Commentary: 3:1–14:28*, vol. II, 1223.

기에, 6,000명의 바리새인들(Jos. *Ant.* 17. 2. 42)과 그들의 동조자들과 바리새파에 대한 백성들의 지지를 생각하면, 바리새인들의 영향력에 대한 요세푸스의 증언을 신뢰할 만한 것으로 판정할 수 있고, 키너의 가설도 수용할 만한다.

피츠마이어의 연구에 따르면 사도행전에 묘사된 가말리엘이 아마도 대제사장 예수(A.D. 63-65년)의 아버지일 것이다.[33] 가말리엘의 활약기는 A.D. 25년부터 50년 사이였으며, 그 기간 동안 가말리엘은 유대교 법정 '재판의 집'(*Beth-Din*)의 의장을 맡았다.[34] 유세비우스(Eusebius)에 따르면, 가말리엘은 산헤드린 의원으로 사도들과 관련된 재판에 참가한다.[35]

위에서 언급한 학자들의 연구를 토대로 가말리엘의 가계도와 그들과 관련된 역사적 사실들을 간략하게 정리해보면 다음과 같다.

이름	관계	역사적 사실
힐렐	선조	샴마이 학파에 비견(比肩)되는 힐렐 학파를 세움
시몬?	아버지	어떤 가설도 설득력을 얻고 있지 않음
라반 가말리엘 1세	본인	예루살렘 귀족 산헤드린 의원 유대교 법정 재판의 집 의장직 수행 (A.D. 25-50년)

---

33   Joseph A. Fitzmyer, *The Acts of the Apostles*, 339.
34   *Ibid.*, 339. 또한 재판의 집에 대해서는 다음을 참고하라. H. Jagersma, 『신약 배경사』 배용덕 옮김 (서울: 솔로몬, 2014[*A History of Israel from Alexander the Great to Bar Kochba*, Philadelphia: Fortress Press, 1986]), 325-326.
35   Euseb. *H.E.* 1. 11.

예수	아들	대제사장직 수행(A.D. 63-65년)
R. 시몬 벤 가말리엘 1세	아들	예루살렘 귀족정치 유대-로마 전쟁 겪음
R. 가말리엘 2세	손주	요하난 벤 자카이의 계승자 회당에서 이단저주기도문의 공식화 주도

바레트는 사도행전 5장 34b절의 '모든 백성에게 존경을 받는'(티미오스 판티 토 라오[τίμιος παντὶ τῷ λαῷ])이라는 누가의 표현이 요세푸스의 '토 데모 판스토스 카이 티미오스'(τω δεμω πιστος και τίμιος, Jos. War. 5. 527)라는 표현과 거의 일치함을 지적하며 누가가 요세푸스의 글을 인용했을 가능성을 내비친다.[36] 하지만 두 문장을 비교하면, '존경을 받는'(티미오스[τίμιος]) 이라는 표현 외에 일치하는 단어를 찾을 수 없기 때문에, 바레트의 주장은 그저 짐작수준의 가설을 넘어서지 못한다.

이런 약점에도 불구하고 바레트의 공헌이 있는데, 바레트는 '모든 백성에게 존경을 받는 율법의 선생'이라는 가말리엘에 대한 누가의 표현이 역사적 사실과 어느 정도 부합함을 입증했다.[37] 랍비 유대교의 미쉬나(Sotah 49b; Baba Kamma 83a)에 따르면, 가말리엘은 1,000명의 유대인 현자(賢者)들을 가르쳤고, 1,000명의 헬라 지혜자들을 육성했다.[38] 물론 1,000명이라는 숫자의 정확성 여부는 다시 판별해야 할 사안이지만,

---

36 C. K. Barrett, *A critical and Exegetical Commentary on The Acts of the Apostles*, 292. 만약 그렇다고 한다면, 사도행전의 기록 연대를 요세푸스의 『유대고대사』의 기록 연대(대략 A.D. 93년) 보다 늦게 잡아야 한다.

37 *Ibid*.

38 *Ibid*. 버드(Michael F. Bird)는 가말리엘이 가르친 유대인 현자 1000명 중에 사도 바울이 포함되어 있을 것이라고 가정한다. 다음을 참고하라. Michael F. Bird, "Reassessing a Rhetorical Approach to Paul's Letters," *ExpT* 119/8 (2007): 374-379.

미쉬나의 자료를 통해 가말리엘이 규모가 상당한 학파의 수장이었음을 미루어 짐작할 수 있다.

사도행전 5장 34a절의 언급대로 역사적 가말리엘은 바리새인일 뿐만 아니라 당대 영향력있는 학파의 수장이다. 전통적인 견해에서 가말리엘 학파와 바리새인 바울의 연관성은 확고하게 유지되어 왔다. 전통적인 견해에 서 있는 뭉크와 라이트와 키너는 역사적 가말리엘이 바울의 스승(행 22:3)이라고 주장한다.[39] 말리나와 플리크(J. J. Plich)도 이러한 입장에 동조하고 있다.[40]

말리나와 플리크에 따르며, 누가의 독자들은 바울이 가말리엘의 발 밑에서 공부한 것을 이미 인지하고 있기 때문에, 독자들은 베드로와 예수 그룹 또한 가말리엘의 가르침을 받을 것을 기대한다.[41] 그러나 이 같은 주장은 받아들이기 어렵다. 왜냐하면 존슨의 지적대로, 누가의 독자들은 이미 산헤드린의 지도자격인 가말리엘이 예수를 정죄한 재판(눅 22:66-71)에 연루되어 있고[42], 사도들을 고발한 재판(행 4:5-22)에 참여했음을 인지하고 있기 때문이다. 또한 역사적 가말리엘이 바울의 스승이라고 단언할 수도 없다.

칠튼(B. Chilton)과 뉴스너의 경우, 바울이 사도행전 5장 34절에 언급

---

[39] Munck, *The Anchor Bible Commentary: The Acts of The Apostles*, 48; N. T. Wright, *Acts for Everyone chapter 1-12* (London: Westminster John Knox Press, 2008), 90-95; J. Paul Sampley and N. T. Wright, *The New Interpreter's Bible: A Commentary X: Acts, Romans, 1 Corinthians* (Nashville: Abingdon Press, 2002), 107; Craig. S. Keener, *Acts: An Exegetical Commentary: 3:1-14:28*, vol. II, 1222.

[40] B. J. Malina and J. J. Plich, *Book of Acts* (Minneapolis: Fortress Press, 2008), 54.

[41] *Ibid*.

[42] 다음을 참고하라. L. T. Johnson, *The Acts of the Apostles*, 102.

된 가말리엘의 제자가 아니라고 주장한다.[43] 왜냐하면 그들의 연구에 따르면, 토라를 해석하는 데 있어 바울의 전통과 가말리엘이 계승한 족장 전통(the patriarchate)이 다르고, 두 전통의 신학적 구조가 다르기 때문이다.[44] 칠튼과 뉴스너가 광범위한 연구를 통해 바울의 토라해석과 족장 전통의 토라해석의 차이를 밝혀낸 것은 의미가 있다. 사도행전 5장 34절에 묘사된 역사적 가말리엘을 바울의 스승(키너, 뭉크, 라이트, 말리나, 플리크)으로 여기는 주장보다, 역사적 가말리엘이 바울의 스승이 아니라는 의견(칠튼, 뉴스너, 헨헨)이 더 설득력이 있다.

물론 온건파 스승 밑에 강건파 제자가 있거나 강경한 스승 밑에 온건한 제자가 있을 가능성도 있지만, 고대 세계로부터 내려온 학파 개념을 고려해 볼 때, 이는 받아들이기 힘들다. 왜냐하면 제자는 스승의 학풍을 따르든지 아니면 다른 학풍으로 옮기든지 양자택일해야 하는 것이 당대의 학문적 전통[45]이었기 때문이다. 스승을 절대시하는 당대 학풍은 유대 문헌에서도 확인할 수 있다. 유대 문헌 케투봇(*Ketuboth*, 96a)에서 랍비 죠슈아 벤 레비(Joshua ben Levi)는 이렇게 가르쳤다.

43　B. Chilton & Jacob Neusner, "Paul and Gamaliel," *RRJ* 8 (2005): 113-162, 특히 113-114.
44　*Ibid*., 특히 161-162.
45　강경파 스승 아키바와는 반대로 그의 제자 네후냐 벤 하카나는 온건한 길을 간다. 그러나 결과적으로 네후냐는 아키바의 학풍을 거절하고 아키바의 학풍을 떠나는 길을 선택한다. 다시 말해 네후냐는 정치와 경건의 결합을 강조했던 스승 아키바의 학풍을 거절한다. 랍비 네후냐는 토라에 대한 연구와 정치 권력에 대한 관심을 분리시키며 다음과 같이 진술한다. "율법의 멍에를 스스로 짊어지는 자에게서, 나라의 멍에와 세상 염려의 멍에가 벗겨질 것이다." 랍비 네후냐의 발언은 다음을 참고하라. N. T. Wright, *The New Testament and The People of God*, 199.

> 스승의 신발을 벗기는 것을 제외하고, 제자는 그의 스승을 위해 노예가 할 수 있는 어떤 일이든지 할 수 있어야 한다는 것을 명념하라.[46]

산헤드린의 가말리엘은 특별히 안식일, 결혼, 이혼 규정에 있어 자유롭고 온건한 해석을 내렸던 힐렐 학파에 속한다(*Gittin* 4:2-3). 예수 당시 힐렐과 샴마이는 율법학자들 가운데서 뛰어났고, 걸출한 두 학파를 이끌고 있었다.[47] 샴마이 학파가 강건하고 보수적 율법해석을 시도했다면, 힐렐 학파는 샴마이 학파에 비해 온건한 율법해석을 시도했다.[48]

그렇다면 여기서 많은 학자들에 의해 산헤드린의 가말리엘(행 5:33-39)과 동일시되고 있는 바울의 스승 가말리엘(행 22:3)에 대해 살펴보자. 유대 문헌에 배어있는 당대 학풍의 특성을 고려할 때, 바울의 스승 가말리엘은 바울에게 절대적인 영향을 끼쳤을 것으로 추정된다. 바울은 자신의 학문적 전통과 배경을 이렇게 설명한다.

> 나는 유대인이다. 나는 길리기아의 다소에서 태어났고 그 도시에서 자랐다. 나는 우리 조상들의 율법의 엄한 훈련(ἀκρίβειαν τοῦ πατρῴου νόμου)을 따라, 가말리엘 문하에서 가르침을 받았다. 나는 오늘날 너희 모두처럼 하나님에 대해서 열심(ζηλωτὴς ὑπάρχων τοῦ θεοῦ)이 있는 자이다(행 22:3).

---

46 C. K. Barrett, *A Critical and Exegetical Commentary on the Acts of the Apostle*, 639에서 재인용.
47 다음을 참고하라. E. Lohse, *Umwelt des Neuen Testaments*, 82-86.
48 *Ibid*.

사도 바울은 자신의 학풍과 자신의 특징을 두 가지로 기술한다.

첫째, 그는 조상들의 율법의 엄한 훈련을 따라서 가말리엘에게 가르침을 받았다. 바울은 가말리엘 발 앞에서 가르침을 받았다고 진술한다. 헹헨이 밝힌 것처럼, 당시의 랍비적 교수법은 랍비는 의자에 앉아 있고 그의 학생은 그 앞 땅에 앉아서 가르침을 받는 것이 보편적인 관례(慣例)였다.[49] 바리새적 학문 전통에서 스승의 권위와 가르침은 절대적이다.

그렇다면 바울이 가말리엘에게 배운 것은 무엇인가?

바로 '조상들의 율법의 엄한 훈련'(아크리베이안 투 파트로우 노무 [ἀκρίβειαν τοῦ πατρῴου νόμου])을 받았다. 바꾸어 말하면 가말리엘은 바울에게 율법의 엄한 훈련을 가르쳤다.

둘째, 바울은 자신에게 '하나님에 대한 열심'(젤로테스 휘파라곤 투 데우 [ζηλωτὴς ὑπάρχων τοῦ θεοῦ])이 있다고 강조한다. '열심'이라는 용어 젤로테스/젤롯(ζηλωτὴς/ζῆλος)이 율법에 대한 열심히 가득했던, 그래서 폭력적 혁명까지도 시도했던 젤롯파들과 연관된 용어임을 고려할 때, 바울의 스승 가말리엘이 사도행전 5장의 온건한 힐렐 학파의 가말리엘과 일치될 가능성은 적어진다. 라이트는 당대 유력한 학파 힐렐과 샴마이가 견지했던 입장을 자세히 설명한다. 그에 따르면,

> 샴마이는 정치나 율법의 적용에서나 늘 강경한 노선을 취했다. 모든 면에서 율법에 열심을 내야 하며, 그 열심 때문에 율법을 어기거나 율법에 의문을 갖는 사람에게는 폭력을 쓸 필요가 있다면 그래야 한다. 고대 성경

---

49   E. Haenchen, *The Acts of the Apostles*, 625.

에서 비느하스와 엘리야가 그러했던 것처럼(신 25장; 왕상 18장), 지금도 그렇게 행해야 한다. 반면 힐렐은 다른 노선을 취했다. 하나님이 원하시는 것은 율법을 지키는 것이다. 그런데 그것은 마음의 문제이기 때문에 그것을 확고히 하기 위해 사람들과 싸울 필요는 없다. 우리는 하나님의 율법을 따르겠지만, 다른 사람들은 자신이 옳다고 여기는 대로 행하게 내버려 둘 것이다. 각자의 방식을 존중하면 된다.[50]

강경하고 엄격한 샴마이적 학풍은 사도 바울에게 그대로 흘러간다. 사도 바울은 과거의 자신의 행적을 이렇게 회상한다.

> 참으로 나도 나사렛 예수의 이름을 대적하는 많은 일을 행해야 할 것으로 나 스스로 생각하였다. 그래서 내가 그런 일들을 예루살렘에서 행했다. 그리고 나는 대제사장으로부터 받은 권세를 가지고 많은 성도들을 감옥에 가두었다. 그리고 그들을 죽이는 것에 가하다고 투표를 하였다. 또 모든 회당들을 통해, 나는 그들을 벌하였고, 그들에게 예수를 모독하는 말을 하도록 강요하였고. 그리고 그들에게 격렬하게 격노하여 외국 도시들에까지 가서 내가 그들을 핍박하였다(행 26:9-10).

또한 사도행전 9장 1절을 통해서, 옛 바울이 가졌던 유대교 전통에 대한 열심과 예수운동에 대한 적의를 엿볼 수 있다.

---

50 N. T. Wright, *Acts for Everyone chapter 1-12*, 94-95.

> 사울이 주의 제자들을 향해서 여전히 위협과 살기로 가득차서(ἐμπνέων)
> (행 9:1).

여기서 사용된 엠프네온(ἐμπνέων) 때문에 '제자들을 향한 위협과 살기를 그 안에 모두 들이 마시며'로도 번역할 수 있다. 이런 표현을 통해, 누가가 묘사하는 옛 바울의 과격성을 살필 수 있다. 바울에게 있어서, 자신이 믿고 확신하는 바를 엄격하게 실천하고 그것[51]에 반대하는 사람들을 적대시하는 샴마이적 열정은 이후에 복음 전파의 열정으로 승화되었음을, 그의 선교의 여정을 통해서 감지할 수 있다. 바울은 저주받아 십자가에서 죽은 예수에게서 영광의 주 그리스도를 발견하고, 자신의 모든 신학과 사상을 재배열한다.

역사적 가말리엘(행 5:33-39)은 힐렐 계보에 속한다. 그러나 사도 바울은 힐렐 학파와는 전혀 다른 길을 걷기 때문에, 그를 가말리엘의 제자로 보는 견해는 스승을 절대시하는 당대 학풍에 비추어 설득력이 떨어진다. 따라서 산헤드린의 가말리엘(행 5:33-39)과 바울의 스승 가말리엘(행 22:3)을 동명이인으로 여기는 것이 보다 적절한 추론이다. 단순히 같은 이름을 지니고 있다고 두 대상을 동일시하는 것은 '성급한 일반화의 오류'일 것이다. 그러므로 이 책은 산헤드린의 가말리엘을 힐렐 학파의 가말리엘로, 바울의 스승 가말리엘은 샴마이 학파의 가말리엘로 상정한다.

힐렐 학파의 추종자였던 가말리엘은 이스라엘 백성들의 광범위한 지지와 존경을 받았다. 이스라엘 백성들은 가말리엘을 '나의 선생님'이라

---

51 특별히 율법의 준수와 유대교의 전통

는 의미를 지니는 '랍비'(Rabbi)라고 칭하는 대신 '우리의 선생님'이라는 '라반'(Rabban)이라고 호칭했다.[52] 라반이란 힐렐 학파를 계승한 몇몇 지도자들에게 경칭으로 붙여진 아람어 단어로서 좀 더 평범한 명칭인 랍비라는 호칭을 받는 사람들과 구별하기 위한 것이다.[53] 역사적으로 가말리엘은 당대에 주요한 율법학자였고[54] 탄나임 1세대였다. 탄나임(Tannaim)은 랍비적 현자들에 대한 호칭이다. 탄나임 시대는 A.D. 20-200년으로 추정되며, 그들의 견해는 A.D. 70-200년 사이 미쉬나로 기록되었다.[55] 위더링톤의 조사에 따르면, 미쉬나는 가말리엘을 율법의 매우 위대한 교사로 인식한다.[56] 미쉬나(Sotah 9:15)는 그의 죽음을 다음과 같이 기록한다.

> 라반 가말리엘 장로가 죽었을 때, 율법의 영광은 그쳤고 정결과 절제는 죽었다.[57]

정리하자면, 역사적 가말리엘은 백성들의 장로이고, 탄나임 1세대로

---

52 다음을 참고하라. B. R. Gaventa, *The Acts of the Apostles*, 108; F. F. Bruce, *The Book of the Acts*, 114-115; H. Jagersma, 『신약 배경사』, 323. "랍비 유대교의 중요한 지도자들은 나중에 라반, 즉 우리들의 선생님이라는 영예로운 칭호를 부여받았다. 랍비학자들에 대한 흔한 명칭은 지혜로운 사람이었다. 이러한 새로운 랍비집단 또는 현자들은 대부분 바리새파에서 나왔다." *Ibid*.

53 F. F. Bruce, *The Book of the Acts*, 114-115.

54 주요한 율법학자들의 계보를 구성해보면 다음과 같다.
  • 성전멸망 전: 힐렐/샴마이 - 라반 가말리엘(장로 가말리엘) - 랍비 엘리사 벤 아부야
  • 성전멸망 후: 라반 시몬 벤 가말리엘 - 라반 요하난 벤 자카이 - 랍비 예후다 벤 바바

55 탄나임 1세대 가말리엘에 대해서는 다음을 참고하라. C. K. Barrett, *A Critical and Exegetical Commentary on The Acts of the Apostles*, 292; C. K. Barrett, *The Acts of the Apostles* (London: T & T Clark, 2002), 79; L. T. Johnson, *The Acts of the Apostles*, 99.

56 B. Witherington Ⅲ, *The Acts of the Apostles*, 233.

57 *Ibid*.; Craig. S. Keener, *Acts: An Exegetical Commentary*: 3:1-14:28, vol. II, 1222.

파악되는 바리새인이며, 산헤드린 의원이었고, 그의 가문은 유대 사회에 지도자들을 지속적으로 배출한 유력한 명문 가문이었다. 힐렐의 전통을 잇는 그의 학파는 유대인 문하생뿐만 아니라 헬라인 문하생까지 받아들이는 개방성을 보였고, 그의 학문성에 이방인들까지도 감복했다. 이를 통해 역사적 가말리엘은 유대 사회에 엄청난 영향력을 끼치는 인물이었을 뿐만 아니라, 이방인들에게까지 명망 높은 존재로 인식되었음을 파악할 수 있다. 그렇다면 이제, 이런 역사적 가말리엘을 누가가 사도행전 속에서 어떻게 묘사하고 배치하고 등장시키는지를 살펴보자.

2. 누가의 가말리엘 묘사

누가는 가말리엘을 다음과 같이 등장시킨다.

> 그러나 공회 중에 가말리엘이라 이름 하는 어떤 바리새인이 일어났다 모든 백성에게 존경을 받는 율법의 선생인 그는 그 사람들을 잠시 밖에 내보내도록 명령했다(행 5:34ab).

누가가 그리는 가말리엘을 고찰해 보자.

첫째, 누가가 그리는 가말리엘은 영향력 있는 인물이다. 누가는 가말리엘을 '모든 백성에게 존경을 받는 율법의 선생'으로 묘사함으로서 유대교에 있어 매우 핵심적 존재였음을 그리고 그가 가진 영향력을 명시적으로 알린다. 가벤타(B. R. Gaventa)는 '모든 백성에게 존경을 받는'이라는 표현은 공회에 참석한 자들이 그를 따를 것임을 암시한다고 제시한다.[58] 왜냐하면 산헤드린 회원들은 가말리엘의 지혜를 존경하기 때문이요, 백성들의 의견을 반영해야 하기 때문이다.[59]

가말리엘의 영향력은 사도행전 5장 34b절에서도 발견된다. 여기서 가말리엘은 사도들에게 잠시 밖에 나가라고 명령한다. 가말리엘이 유대교 당국의 상징적 인물임이, 71명의 산헤드린 구성원 중에서 유일하게 사도들에게 명령을 내리는 가말리엘에 대한 누가의 묘사 속에 투영되어 있다.

둘째, 누가의 필치에서 가말리엘은 예루살렘 산헤드린 구성원들과 어느 정도 구별되는 인물로 묘사된다. 퍼보는 가말리엘이 비록 영향력 있는 산헤드린 구성원이지만, 그가 산헤드린 멤버들과 구별된다고 지적한다.[60] 누가의 가말리엘은 그의 동료들을 '너희'로 호칭한다(행 5:35, 38, 39).[61] '우리'로 지칭하는 것이 적합할 것 같은데, 그의 동료들을 '너희'로 호칭하며 그들과 선을 긋는다.

셋째, 누가가 필치를 통해 제시되는 바리새인 가말리엘은 양면적(兩面的) 인물이다. 즉 독자들에게 긍정적 상과 더불어 부정적 상이 중첩되어 나타나는 인물이다. 누가의 기록 속에 가말리엘은 예루살렘 산헤드린의 바리새인이다.

그렇다면 여기서 바리새인들이 어떠했는지에 대한 연구를 살펴보자.

---

58 B. R. Gaventa, *The Acts of the Apostles*, 108–109.
59 *Ibid.*
60 Richard I. Pervo, *Acts: A Commentary*, 148.
61 *Ibid.*

시버스(J. Sievers)는 성서와 요세푸스의 기록을 토대로 스스로 바리새인이라고 했거나 아니면 다른 사람들에 의해 바리새인으로 규정되었던 12명의 개인들의 정체성에 대해 연구하고 다음과 같은 결론을 내린다.

> 요세푸스에 언급되어지는 모든 바리새인들은 (니고데모를 포함해서) 정치적으로 활동했으나 대부분 소수파였으며 다른 이들의 권위를 받아들여야만 하는 위치에 있었다. 바울을 제외한 모든 사람들은 유대로부터 왔거나 유대 안에서 활동했다. 가말리엘과 그의 아들 시몬은 유일하게 바리새인으로 알려진 자들 중 한 가문에 한 명 이상의 멤버가 있는 경우이다. 바리새인으로 불리워진 여자는 없었다.[62]

시버스는 적어도 요세푸스에 언급되었던 모든 바리새인들이 정치적 활동을 했음을 지적한다. 슈바르쯔(D. R. Schwartz)도 유사하게 요세푸스의 기록을 토대로 바리새인들의 정치적 활동에 연루된 것을 언급하는데, 그에 따르면 바리새인들의 정치활동은 특별히 헤롯 대왕 치하에서 활발하게 일어났고 그의 권력과 연루되었다.[63]

래시(D. R. Lacey)의 경우, 다른 유대교 종파와 구별되는 바리새인의 특성을 거룩함으로 규정한다. 그에 따르면, 바리새인의 존재 이유는 최고

---

[62] J. Sievers, "Who were the Pharisees?," in : J. H. Charlesworth and L. L. Johns eds., *Hillel and Jesus: Comparative Studies of Two Major Religious Leaders*, 153-155.

[63] Daniel R. Schwartz, "Josephus and Nicolaus on the Pharisees," *JSJ* 14.2 (1983): 157-171, 인용은 170.

의 거룩함을 향한 노력에 있다.[64] 그러나 A.D. 70년 이전에 에세네파[65]를 포함한 유대교 종파들이 거룩함을 추구하려고 한 노력들을 망각하고, 거룩함에 대한 추구를 바리새인의 독특성으로만 한정 짓는 것은 무리가 있다. 이런 연구를 통해, 바리새인들이 수도적 영성을 추구하기보다는, 현실정치에 민감하게 반응했음을 추정할 수 있다.

그렇다면 누가-행전의 바리새인들은 어떻게 등장하고, 기독교인들과는 어떤 관계를 유지하고 있었을까?

헨헨은 누가가 바리새파 사람들이 기독교인들 편에 서는 것으로 묘사한다.[66] 바레트(C. K. Barrett)도 헨헨과 비슷한 입장에서 다음과 같이 주장한다.

> 누가는 바리새인들을 사두개인들보다 기독교인에 우호적으로 묘사한다. 아마도 그것은 바리새인들과 기독교인들의 부활에 관한 신념 때문일 것이다.[67]

콘첼만도 같은 연장선상에서 바리새인들을 해석한다. 그는 사도행

---

64 D. R. Lacey, "In Search of a Pharisee," *TB* 43 (1992): 353-372.
65 에세네파에 대한 쉬러(E. Schürer)의 연구에 따르면, 에세네인들의 일상은 엄격하게 규정되어 있었다. 기도로 시작되고, 그 후에는 지도자들에 의해 일하도록 보내졌다. 정결식을 위해 다시 모이고, 공동의 식사를 하고, 식사 후 일로 돌아가고, 저녁에 식사를 위해 다시 모였다. 또한 매 식사 전에는 찬물에 목욕을 했다. 자연의 요구에 부흥할 때(화장실 사용 후)도 같은 것을 한다. 외부인과 접촉, 낮은 등급과의 접촉도 목욕으로 정화해야 했음을 밝힌다. 그들의 정결 추구는 다음을 참고하라. E. Schürer, "The Essens I," in *History of the Jewish People*, vol 2 (Peabody: Hendrickson Publishers, 1993), 555-574.
66 헨헨은 바리새인 가말리엘이 없으면 사도들이 스데반처럼 순교당했을 것이라고 지적한다. E. Haenchen, *The Acts of the Apostles*, 251.
67 C. K. Barrett, *The Acts of the Apostles*, 79

전 23장 6-10절을 근거로 누가가 특별히 바리새인들을 부활 신념의 변호자로 표현하고 있으며 따라서 바리새인들을 기독교인들과 가깝다고 진술한다.[68] 뤼데만(G. Lüdemann)은 누가가 바리새인들을 기독교인들과 유사하게 만든다고 주장한다.[69] 왜냐하면 바리새인들과 기독교인들 모두 사두개인들에게 반대하고, 죽은 자의 부활을 가르치기 때문이다 (행 23:6-9).[70] 위더링톤의 경우, 메시아, 부활, 사후 세계, 악마, 천사를 인정하고 믿었던 바리새인들은 사두개인들이나 제사장들보다 기독교인들의 견해에 보다 더 동조적일 것이라고 간주한다.[71]

콘첼만과 뤼데만과 위더링톤은 누가-행전에 나오는 바리새인들이 긍정적으로 제시된다고 판단한다. 그러나 사도행전의 일부 구절을 근거로 긍정적 바리새인상을 재구성하는 이들의 주장은 온당하지 못하다. 왜냐하면 누가복음과 사도행전의 연장을 무시하기 때문이다. 사도행전에서만 발견되는 바리새인들의 기술만을 근거로 전체 누가 문서의 혹은 누가의 바리새인상을 추적하는 것은 설득력이 없다. 누가복음과 사도행전에서 드러나는 바리새인들의 모습을 통해 누가 문서 전체의 혹은 누가의 바리새인상을 정의내리는 것이 보다 타당하다.

아브라미(L. M. Abrami)의 경우, 마가가 바리새인 전체를 '위선자'로 경멸한 것(막 7:6)과 마태가 바리새인 전체를 '독사의 자식들'(마 12:34a)이나 '위선자'(마 23:13)로 7번이나 저주한 것에 주목한다.[72] 그에 따르면, 누가

---

68   H. Conzelmann, *Acts of the Apostles*, 42.
69   Gerd. Lüdemann, *Early Christianity According to The Traditions in Acts*, 70.
70   *Ibid*.
71   B. Witherington Ⅲ, *The Acts of the Apostles*, 233.
72   L. M. Abrami, "Were All The Pharisees Hypocrites?," *JES* 47/3 (2012): 427-435, 인

는 마가와 마태와 달리 바리새인 전체를 비난하지 않는다.[73] 가말리엘 같은 선한 바리새인도 있다.

그러나 누가가 바리새인 전체를 비난하지 않았다는 아브라미의 견해는 누가의 예수가 바리새인 전체를 향한 비난의 저주 "화가 너희들 바리새인들에게 있을 것이다"(우아이 휘민 토이스 파리사이오이스[οὐαὶ ὑμῖν τοῖς Φαρισαίοις])라는 명백한 본문(눅 11:42-44)을 희생하고서야 성립한다. 더군다나 이 비난의 저주가 연속해서 세 번이나 반복되는 점에서, 바리새인 전체를 향한 예수의 적대감을 살필 수 있다.

탠힐(R. C. Tannehill)은 누가복음에서 부정적인 바리새인들이 사도행전에서 긍정적으로 변화한다는 견해를 진술한다.[74] 그에 따르면, 누가복음에서 종종 예수의 적대자였던 바리새인들은 사도행전에서는 기독교인들을 향해 열린 태도를 가지거나 실제적으로 기독교의 메시지를 수용하는 모습을 보인다(행 15:5; 23:6-9; 26:5).[75]

이 같은 탠힐의 제안은 '누가의 변화하는 바리새인상'이라는 새로운 시각을 제시하나, 수용하기에는 무리가 있다. 왜냐하면 사도행전에서 바리새인들은 비록 소수일지라도 산헤드린의 구성원이기 때문이다. 누가 문서 전체에서 산헤드린에 대한 부정적 분위기는 역력하다. 누가복음에서 산헤드린은 예수를 정죄하는 모임이고(눅 22:66-71), 사도행전에서 산헤드린은 예수 이름의 선포를 원칙적으로 금지하는(행 4:17-18,

---

용은 427-428.
73 Ibid., 인용은 428.
74 R. C. Tannehill, *The Narrative Unity of Luke-Acts*, 67.
75 Ibid.

21; 5:40), 다시 말해, 복음의 확장에 제동을 거는 제도적 기구이기 때문이다. 더군다나 산헤드린은 누가 문서의 첫 순교자인 스데반을 죽인 주체(행 6:8-7:60)이다.

그러나 누가가 모든 산헤드린 공의원들을 부정적으로 기술하지는 않는다. 산헤드린에 속해 있던 아리마대 요셉은 긍정적으로 묘사되고(눅 23:49-52), 가말리엘은 부분 긍정적으로 묘사된다.[76] 따라서 아리마대 요셉을 제외한 산헤드린 공의원들을 긍정 일변도로 파악하는 것은 무리가 있다.

위에서 언급한 학자들과 달리, 존슨은 기독교인들은 바리새인들과 죽은 자에 대한 부활의 신념을 공유하지만, 그것이 개개인 바리새인들을 온화하게 보는 것을 의미하지 않는다고 상정한다.[77] 이 같은 존슨의 견해는 신선한다. 존슨에 따르면, 바리새인들은 예수의 부활을 인식하지 못함으로 자신들의 신념을 따르는 데 실패한 인물들로 그려진다.[78]

누가의 바리새인상은 긍정적(바레트, 헨헨, 콘첼만, 뤼데만, 위더링톤)인가?

아니면 부정적(존슨)인가?

그것도 아니면 부정에서 긍정(탠힐)으로 나아가는가?

단순하게 누가의 바리새인상을 긍정이나 부정 양단으로 모는 것은 적절

---

76 물론 아리마대 요셉은 누가교회공동체 구성원으로 인식되고(눅 23:50-52), 예수의 장례를 치른 후 산헤드린 공의원 자격을 박탈당했거나 아니면 스스로 산헤드린 공회에서 나왔을 가능성이 높기 때문에, 가말리엘과는 본질적인 차이가 있다. 이에 대해서는 〈제3장 3. 가말리엘의 양면성과 그 의미〉를 참고하라.

77 L. T. Johnson, *The Acts of the Apostles*, 99.

78 *Ibid*.

하지 않다. 또한 누가의 바리새인상이 부정에서 긍정으로 나아간다고 판단하는 것도 온당하지 못하다. 오히려 누가의 바리새인상에는 긍정적인 것과 부정적인 것이 함께 공유된다고 보는 것이 설득력이 있을 것이다.

바리새인들은 사도행전에서 존슨이 언급한 대로 예수의 부활을 믿지 않음으로 부활에 대한 그들의 신념을 온전히 지키지 못한 존재로 등장한다.[79] 또한 바리새인들은 율법사와 서기관들과 함께 예수를 곤경에 빠뜨리게 하기 위해 논쟁을 시도한다(눅 5:17-26, 27-32, 33-39; 6:1-5, 6-11; 11:53-54; 14:1-5). 더군다나 바리새인들은 예수의 행위를 비판하며(눅 6:36-50), 예수는 바리새인들의 위선을 책망한다(눅 11:37-44). 이런 누가의 보도들은 바리새인의 부정적 묘사를 나타낸다.

그러나 바리새인들은 예수에게 헤롯의 위협을 알리기도 한다(눅 13:31). 또한 바리새인 가말리엘은 예루살렘 공의회에서 사도들의 즉각적 처형에 반대하기도 하며(행 5:33-39), 바리새인들은 바울을 변호하기도 한다(행 23:9). 이 같은 보도들은 바리새인들에 대한 누가 문서의 긍정적 묘사이다. 누가의 구도에서, 바리새인들은 긍정적 역할과 부정적 역할을 동시에 감당하는 존재로 그려진다. 누가는 바리새인에 대한 양면적 모티프를 가말리엘에게도 동일하게 적용시킨다.

누가는 가말리엘을 영향력 있는 인물이자 산헤드린 회원들과 어느 정도 구별되는 인물로 그리면서, 바리새인이었던 그의 양면성을 은연중에 나타낸다. 그렇다면 이제 바리새인 가말리엘의 양면성을 살펴보자. 누가의 바리새인상에 관한 논쟁처럼, 사도행전의 가말리엘에 대한 견해도

---

[79] *Ibid.*

긍정적으로 보는 학자들과 부정적으로 보는 학자들로 나누어진다.

오리겐은 가말리엘을 기독교 교리를 이단으로 가정하지 않은 현명한 유대 교사의 모델이며 열린 마음과 지혜의 모범이라고 평가한다.[80] 클레멘트는 오리겐보다 더 나가서, 가말리엘을 기독교 스파이 혹은 변호자로 공의회에 남아 있는 기독교 비밀신자로 간주한다.[81]

페리스(T. P. Ferris)에 따르면, 가말리엘은 장로 정치가의 화신이며, 그의 충고는 현명한 자제를 보여주고, 그는 재판관들의 마음에 온화한 영향을 미치는 완벽한 실례이다.[82]

위더링톤에 따르면, 가말리엘은 과거 예수처럼 죽음의 위기에 처한 사도들에게 다가온 "뜻밖의 동지"(a surprising ally)이고, 그의 연설은 깊이가 있을 뿐만 아니라 유대교 당국이 초기 기독교를 향해 가지길 원하는 누가의 견해를 대변한다.[83] 따라서 누가는 가말리엘을 긍정적으로 묘사한다.[84]

탠힐은 비록 가말리엘이 기독교인이 아니지만 그는 통찰력과 이성을 지닌 인물이며 암시된 저자의 대변자로서의 역할을 감당한다고 주장한다.[85] 또한 탠힐에 따르면, 누가 자신의 시대에 이상적인 인물로 묘사된 가말리엘은 유대 기독교인과 이방 기독교인들 모두에게 평화적이고

---

80 Origen *Cels*. I. 57.
81 Clem. Alex. *Reco*. I. 65–71.
82 T. P. Ferris, *Interpreter's Bible Commentary Acts* (Nashville: Abingdon Press, 1954), 86.
83 B. Witherington Ⅲ, *The Acts of the Apostles*, 228–233, 인용은 228.
84 *Ibid*., 233.
85 R. C. Tannehill, *The Narrative Unity of Luke–Acts*, 66–67.

개방적이고 동정적인 인물이다.[86]

롱에네커(Richard N. Longenecker) 역시 가말리엘의 온화함을 강조한다.[87] 롱에네커에 따르면, 누가가 가말리엘을 등장시키는 명백한 목적은 바리새인의 중요한 대표인 가말리엘의 온화함을 통해 사두개인의 적개심을 누그러뜨리기 위함이다.[88] 롱에네커의 주석이 최근의 주석임에도 불구하고, 위에서 언급한 학자들의 해석의 방향 즉 가말리엘의 온화함이나, 지성, 혹은 균형감각을 강조하는 흐름을 되풀이한다는 점은 안타깝다. 그는 가말리엘을 긍정 일변도로 바라보는 전통적 견해에서 한발자국도 나아가지 못하고 있고, 새로운 관점이나 통찰을 제시하지도 않는다.

반면 카이퍼(A. Kuyper)와 존슨 등의 학자들은 가말리엘 연설의 부정적 측면을 강조한다.[89] 가말리엘에 대한 전환기적 해석(가말리엘에 대한 부정적 측면 부각)이 조직신학자인 카이퍼에 의해 제기되었다는 점은 흥미롭다. 카이퍼는 하나님은 그로부터 나오지 않은 운동일지라도 즉각적으로 파괴하지 않으시고, 믿는 자들의 모든 노력이 즉각적으로 결실을 맺는 것은 사실이 아니기 때문에 가말리엘의 충고는 실상 나쁜 것이라고 평가한다.[90]

또한 카이퍼는 갈릴리 유다가 압제당하는 자, 착취당하는 자, 억압당하는 자를 위해 일어섰기 때문에, 그를 부정적으로 진술하는 가말리엘의 발언은 옳지 않다고 강조한다.[91] 하나님이 그로부터 나오지 않은 운동

---

86 다음을 참고하라. *Ibid*., 67.
87 Richard N. Longenecker, *The Expositor's Bible Commentary 10: Luke-Acts*, 795.
88 *Ibid*.
89 A. Kuyper, *Revisie der revisie-legende*, 19-20; L. T. Johnson, *The Acts of the Apostles*, 103.
90 A. Kuyper, *Revisie der revisie-legende*, 19-20
91 *Ibid*.

을 즉각적으로 파괴시키는가 파괴시키지 않는가의 신학적 문제와 갈릴리 유다에 대한 카이퍼의 평가가 논란의 여지가 있지만, 가말리엘에 우호적인 전통적 견해를 뛰어넘어 새로운 전망을 제시했다는 점에서 그의 주석은 가치가 있다.

존슨은 누가의 가말리엘상이 우호적이지 않다고 지속적으로 주장하는 학자이다. 존슨에 따르면 가말리엘이 산헤드린의 지도자 중 한 사람으로 이전에 예수를 정죄하는 역할을 감당했고(눅 22:66-71), 사도 베드로와 요한과 대결한다(행 4:13-14).[92] 또한 존슨은 사도행전 22장 3절에서 바울이 가말리엘을 그의 스승으로 언급하나, 그때 바울이 교회의 핍박자였음으로 바울의 스승이라는 항목도 가말리엘의 우호적 상을 지지할 수 없다고 간주한다.[93]

더 나아가, 존슨은 가말리엘 발언 또한 기독교에 우호적이지 않다고 주장한다.[94] 가말리엘은 스스로 예언자나 왕으로 주장하는 자들의 형상으로 예수를 격하시키기 때문이다.[95] 존슨의 이 같은 해석은 가말리엘 발언을 긍정 일변도로 보는 견해와 달리 부정적으로 볼 수 있는 전망을 제시했다는 점에서 의미가 있으나, 자의적이라는 비판을 받을 수 있다. 왜냐하면 가말리엘 연설에서 드다와 갈릴리 유다의 격하가 암시되지만, 예수를 향한 직접적인 격하는 드러나지 않기 때문이다. 또한 가말리엘 연설에서 새로운 예수운동은 드다 혹은 갈릴리 유다의 옛 운동과 달리

---

92 L. T. Johnson, *The Acts of the Apostles*, 102-103.
93 *Ibid.*, 99.
94 *Ibid.*, 102.
95 *Ibid.*, 103.

진술되기 때문이다.[96]

　아울러 가말리엘이 단순히 산헤드린에 속해 있기 때문에 그를 부정적으로 볼 수만은 없다. 누가가 또 다른 산헤드린 공의원으로 등장시키는 아리마대 요셉의 경우, 그는 예수를 정죄하는 판결에 반대한다. 누가복음 23장 50-52절에서 아리마대 요셉은 하나님의 나라를 기다리는 자로, 또한 예수의 장례를 주관한 자로 등장하기에, 그가 후에 누가교회공동체의 구성원이 되었음을 추측할 수 있다. 그럼에도 누가는 가말리엘이 (아리마대 요셉과 달리) 예수를 정죄하는 결의에 반대했다는 어떤 기록도 남기지 않는다. 따라서 누가의 가말리엘이 긍정 일변도로 진술된다고 판정할 수 없다.

　가말리엘 혹은 가말리엘 연설을 긍정적으로 보는 것(오리겐, 클레멘스, 페리스, 위더링톤, 롱에네커)이 타당한가?

　아니면 부정적으로 보는 것(카이퍼, 존슨)이 설득력이 있는가?

　누가의 보도에 있어, 가말리엘은 한편에서는 부정적으로도 그려지고 다른 한편에서는 긍정적으로 묘사되는 양면적 존재이다. 가말리엘은 예수운동에 대한 산헤드린 1차 판결에서 예루살렘 공회원들과 함께 베드로와 요한을 대적할 말을 찾았으나 찾지 못하고(행 4:13-14),[97] 산헤드린 3차 판결에서 스데반의 고소와 처형에 관여한다(행 6:8-7:60). 그러나 산헤드린 2차 판결에서는 그의 연설로 말미암아 사형의 위기에 있던 사도들이 풀려나고(행 5:33-40), 이 같은 가말리엘의 개입은 복음 확장에 실

96　드다 혹은 갈릴리 유다의 운동과 달리 표현되는 예수의 운동에 대해서는, 〈제5장 로마 제국과 누가의 가말리엘〉을 참고하라.

97　그들이 반박할 것이 아무것도 없었다(우덴 에이콘 안테이페인[οὐδὲν εἶχον ἀντειπεῖν]).

질적인 도움을 준다(행 5:42).

박해의 정황에서도 바리새적 유대교와의 불필요한 갈등을 줄이고 오해를 피하기 위한 호교론이 가능하다. 즉 누가는 유대 종교 당국을 대표하는 듯한 인상을 주는 가말리엘을 긍정적으로 묘사[98]할 수 있다. 이와 반대로 누가는 가말리엘의 부정적 묘사를 통해 유대 종교 당국을 견제하려는 자기 주장을 전개할 수 있다. 그렇다면 이제 이 같은 가말리엘의 양면성과 그 의미를 좀 더 논구해 보자.

3. 가말리엘의 양면성과 그 의미

양면성의 사전적 의미는 '한 가지 사물이 가지고 있는 서로 맞서는 두 가지 성질'[99]을 의미한다. 사도행전에 묘사되는 가말리엘의 양면성은 세 가지 양상(樣相)에서 드러난다.

가말리엘의 첫 번째 양면성은, 그를 한쪽에서는 부정적 인물로 전제하고 다른 한쪽에서는 긍정적 인물로 묘사하는 누가의 서술 방식에서 찾을 수 있다.

가말리엘을 긍정과 부정이 서로 맞서는 양 측면을 지닌 중의적 존재로 내세우는 누가의 필치는, 누가 문서에 등장하는 또 다른 산헤드린 공의회 의원 아리마대 요셉과의 비교를 통해서도 여실히 드러난다. 누가-행전에서 산헤드린 공의회 의원 개인을 구체적으로 소개하는 경우는 오직 두 곳에서 발견되는데, 바로 아리마대 요셉의 경우(눅 23:50-54)와 가말

---

[98] 기독교 운동에 대해 적대적이지 않고 기독교 운동을 변호하는 듯한 묘사이다.
[99] 민중서림 편집국 편,『민중엣센스 국어사전』(서울: 민중서림, 1996).

리엘(행 5:33-40)의 경우가 그것이다. 따라서 산헤드린 공의원 가말리엘과 아리마대 요셉은 비교될 수 있다. 논의의 진전을 위해 누가복음의 산헤드린 공의원 아리마대 요셉이 등장하는 단락을 살펴보자. 누가는 아리마대 요셉을 이렇게 기술한다.

> 그리고 예수를 아는 자들과 갈릴리로부터 그를 따라온 여자들, 모두가 멀리 서서 이것들을 보고 있었다. 그런데 보라! 산헤드린 공의회에 속하는 요셉이라 이름하는 남자가 있는데, 그는 선하고 의로운 사람이고, 이 사람은 그들(산헤드린)의 결정과 행동에 찬성하지 않는 사람이다. 그는 유대 성읍 아리마대 출신으로 하나님 나라를 기다리는 자이다. 이 사람이 빌라도에게 가서 예수의 시체를 달라고 요청하였다(눅 23:49-52).

누가는 먼저 "그런데 보라!"(카이 이두[Καὶ ἰδου])라는 표현을 써서 예수의 죽음을 "멀리 서서"(아포 마크로덴[ἀπὸ μακρόθεν]) 바라보고 있는, "예수를 아는 자들"과 "갈릴리에서부터 그를 따르던 여자들"로부터 "아리마대 요셉"을 구별시키고 이 사람에게 이목을 집중시킨다. 누가의 독자들은 "예수를 아는 자들"(오이 그노스토이[οἱ γνωστοὶ])[100]과 "예수를 따르던 자들"(하이 쉬나콜루두사이 아우토[αἱ συνακολουθοῦσαι αὐτῷ])이 그 어휘에서 알 수 있듯이 예수의 제자들이나 그 구성원들임을 금새 인식할

---

[100] 여기서 사용된 형용사 그노스토스(γνωστός)가 단순히 "알다"라는 의미 외에 "잘 알고 있는 지인"(acquaintance)이나 "친구"를 의미하기에 더더욱 그들을 예수의 제자들이나 그 구성원으로 추론할 수 있다. 호이 그노스토이(οἱ γνωστοὶ)를 대다수의 영어번역본 (*LSG, KJV, KJVS, NKJV, ASV, NASB, NRSV, YLT, Webster*)이 "그의 지인들"로 번역하고, 일부 번역본(*NLT, BBE*)의 경우에는 "그의 친구들"로 번역한다.

것이다. 아리마대 요셉은 예수의 죽음을 단지 멀리서 바라보면서 어떤 행동도 하지 못하는 그들과 다르다. 산헤드린 의원 아리마대 요셉에 대하여 누가는 다섯 가지를 이야기한다.

첫째, 그는 선한 사람이다.

둘째, 그는 의로운 사람이다.

셋째, 그는 과거 예수를 정죄한 산헤드린 공회의 결정과 행동에 반대한 사람이다.

넷째, 그는 하나님 나라를 기다리는 자다.

다섯째, 그는 빌라도에게 예수의 시체를 요구하고 예수의 장례를 치른 사람이다.

첫 번째와 두 번째는 아리마대 요셉의 개인적 성품이라면, 세 번째는 그의 정치적 성향 내지는 종교적 성향을 나타내고, 네 번째는 그의 신앙의 모습을 보여주고, 다섯 번째는 그의 헌신을 드러낸다. 여기서 중요한 것은 누가의 세 번째 기술인데, 비록 아리마대 요셉은 산헤드린에 속해 있지만, 그는 산헤드린의 결정과 행동에 반대[101]한다.

사도행전의 저자는 이렇게 진술함으로 산헤드린의 부정적 투사(投射)가 아리마대 요셉에게 덧씌워지는 것을 차단한다. 그는 가말리엘과 다르다. 또한 아리마대 요셉은 자신의 정치적 지위와 사회적 명성 모든 것을 걸고 예수의 시체를 요구하고 장례를 감행하는데, 그는 이러한 행동들이 그에게 초래할 정치적 타격과 사회적 위치의 박탈을 전혀 개의치

---

[101] 예수의 장례를 치른 후 아리마대 요셉은 산헤드린 공의원 자격을 박탈당했거나 스스로 공의회에서 나왔을 가능성을 추측할 수 있다. 그것도 아니면 산헤드린 안에서 예수운동을 변호했을 가능성도 있지만, 누가의 기록에서 이 점이 명확히 드러나지 않기에 단정할 수 없다.

않는다. 요약하자면 아리마대 요셉과 가말리엘은 다르고, 아리마대 요셉에 대한 우호적 기술이 누가 문서에 드러난다. 반면 누가는 누가 문서에 소개되는 두 번째 산헤드린 공의원 가말리엘을 묘사함에 있어서는 사뭇 다른 태도를 보인다.

> 그러나 공회 중에 가말리엘이라 이름하는 바리새인이 일어났다, 모든 백성에게 존경을 받는(τίμιος παντὶ τῷ λαῷ) 율법의 스승(νομοδιδάσκαλος)인 그는 그 사람들을 잠시 밖에 내보내도록 명령했다(행 5:34ab).

누가는 가말리엘에 대해서는 세 가지로 설명한다(행 5:34).
첫째, 그는 산헤드린에 속한 바리새인이다.
둘째, 그는 모든 백성의 존경을 받았다.
셋째, 그는 율법의 선생이다.

누가뿐만 아니라, 누가의 독자들에게 가말리엘의 첫 번째 묘사는 부정과 긍정 두 가지 색체로 다가온다. 바리새인은 누가가 그의 저작에서 긍정적으로도 부정적으로도 묘사하기 때문에 가말리엘 또한 긍정적으로도 부정적으로도 누가의 독자들에게 받아들여질 수 있다.

두 번째 묘사 또한 가말리엘의 양면적 측면을 드러낸다. '모든 백성에게 존경을 받는' 가말리엘은 심지어 바리새적 유대교의 구성원들뿐만 아니라, 누가교회공동체의 구성원들에게까지 존경을 받는 인상을 남긴다. 그런데 여기서 "과연 누가교회공동체의 구성원들이 가말리엘을 존경했을까?"라는 질문이 제기 될 수 있다. 역사적 가말리엘이 유대교에 있어서 십일조와 윤년에 대한 할라카를 선포하고, 유대력을 조정하여 반포하고, 약자인 여성을 보호하기 위한 이혼과 결혼에 대한 할라카(*Gittin*

4:2-3)를 제안했지만, 그가 기독교를 우호적으로 보았다든지 나사렛파에 대한 실질적 도움을 주었다는 역사적 기록은 어느 곳에서도 발견되지 않는다.[102]

거스리의 지적대로 비록 가말리엘이 사도행전 5장 38-39절에서 "건전한 충고를 주었음에도 불구하고, 가말리엘은 기독교 운동에 대하여 어떤 감명도 받지 못했을 것이다."[103] 거스리는 가말리엘의 충고가 산헤드린 안에서의 권력분점을 위한 다분히 정치적 의도가 내포된 발언으로 제시한다.[104] 그러나 거스리는 어떤 정치적 의도인지에 대해서 구체적으로 밝히지 않음으로 추론 수준의 주장을 제시했다는 비판을 받을 수 있다. 그럼에도, 가말리엘이 기독교 운동에 대해 감동을 받지 못한 것은 분명해 보인다. 그러므로 실제 가말리엘이 누가교회공동체 구성원들에게 존경을 받지 않았다고 고려하는 것이 훨씬 자연스러울 것이다. 그러나 누가는 누가교회공동체 구성원들을 포함한 온 백성의 존경을 받는 듯이 진술한다.

세 번째 묘사 '율법의 스승'(노모디다스칼로스[νομοδιδάσκαλος])이라는 표현 역시 앞의 두 표현과 마찬가지로, 가말리엘의 양면적 특성을 부각시킨다. 다른 복음서에서는 한 번도 쓰이지 않은 독특한 단어, '율법

---

[102] 다음을 참고하라. H. Koester, *Introduction to the New Testament : history, culture and religion of the Hellenistic age*, 381; Craig. S. Keener, *Acts: An Exegetical Commentary*: *3:1-14:28*, vol. II, 1222-1223; H. L. Strack and G. Stemberger, *Introduction to the Talmud and Midrash*, 73; L. Finkelstein, "Pharisaic Leadership after the Great Synagogue (170 BCE-CE 135)," *CHJ* vol. II, 245-277.

[103] Donald Guthrie, *The Apostles*, 53-54.

[104] *Ibid*.

의 스승'[105]이라는 표현은 사복음서 가운데 오직 누가의 저작(눅 5:17; 행 5:34)에만 등장한다. 율법의 스승(노모디다스칼로스[νομοδιδάσκαλος])은 '율법'(노모스[νόμος])과 '스승'(디다칼로스[διδάσκαλος])의 합성어이다.

누가는 자신의 복음서에서, 유대교 종교지도자들이 예수의 중풍병자 치유에 대해 논쟁을 거는 장면을 보도한다(눅 5:17-26). 누가는 유대교 종교지도자들을 바리새인들과 율법의 스승들과 서기관들로 표현한다. 그런데 누가는 이 단락을 두 개의 장면으로 나누어서 진술한다. 누가복음 5장 17-20절 단락에서 바리새인들과 율법의 스승들이 예수에게 접근하고, 누가복음 5장 21-26절 단락에서는 서기관들과 바리새인들이 예수의 치유권세와 속죄권세를 부정한다. 다음과 같이 해당 구절들을 살펴보자.

> **하루는 예수가 가르치실 때에**(Καὶ ἐγένετο ἐν μιᾷ τῶν ἡμερῶν καὶ αὐτὸς ἦν διδάσκων), 갈릴리 각 마을과 유대와 예루살렘에서 나아온 바리새인들과 율법의 스승들(νομοδιδάσκαλοι)이 예수와 함께 앉아 있었다. 그때 병을 고치는 주의 능력이 예수에게 나타났다(눅 5:17).
>
> 그러자 서기관들과 바리새인들이 의논하기 시작하였고 이렇게 말한다. 신성모독을 말하는 이 자가 누구냐? 오직 하나님 외에 어느 누가 죄를 용서할 수 있겠느냐(눅 5:21).

---

105 신약전체로 볼 때는 누가 문서 외에 딤전 1:7에서 사용된다.

> 모든 사람들(ἅπαντας)이 놀라고 하나님께 영광을 돌리며, 두려움에 가득
> 차서 우리가 오늘 놀라운 일들을 보았다고 말한다(눅 5:26).

누가는 예수의 속죄권세와 치유권세를 부정하며 예수를 적대시하는 명단(서기관들과 바리새인들)에서 '율법의 스승들'을 제외시킨다. 또한 누가는 그들을 중풍병자의 치유에 놀라고 하나님께 영광을 돌리는 '모든 사람들'(하판타스[ἅπαντας])에 포함시킨다. 물론 바리새인들과 서기관들도 이 모든 사람들에 포함되지만, 그들은 바로 이어지는 뒷 단락(눅 5:29-32)에서 세리들과 죄인들과 함께 식사하는 예수와 그의 제자들을 다시 비판함으로 교정 불가능한 인물들로 처리된다.

이 같이 예수를 적대시하는 서기관들과 바리새인들의 공격과 시도는 여기서 멈추어지지 않고 이어지는 단락에서 반복되어진다(눅 6:1-5; 6-11; 15:1-2). 그들은 예수를 법정에 고소할 증거를 찾으려 시도하고(눅 6:7), 예수를 향하여 분노가 가득하여 예수를 어떻게 죽일까를 논의한다(눅 6:11). 반면, 누가가 묘사하는 율법의 스승들은 예수의 치유권세와 속죄권세를 부인하는 바리새인들과 서기관들과 함께 예수를 적대시하지 않는다. 따라서 '율법의 스승'에 대한 전(前)이해를 가진 누가의 독자들에게, '율법의 스승' 가말리엘은 바리새인들과 서기관들과는 다른 존재로 받아들여짐을 유추할 수 있다.

그러나 누가는 율법의 스승들의 약점도 드러낸다. 주의 말씀을 가르치며 중풍병자를 치유하는 예수의 능력과 종교지도자로 활동하였으나 유대 백성들을 치유할 능력이 없는 율법의 스승들의 무능력은 대조된다. 또한 율법의 스승들은 율법에 대한 지식을 가졌으나 율법이 메시아로 지목하고 있는 예수(눅 24:44)를 인지하지 못하고, 율법을 가르칠 기술은 있지만

예수의 능력 있는 가르침과 그 권세(눅 4:31-32)에는 범접하지 못한다.

누가가 '율법의 스승들'(노모디다스칼로이[νομοδιδάσκαλοι])이 예수께 나아 온 때를 '예수가 가르치실 때'(에게네토 엔 ~ 엔 디다스콘[ἐγένετο ἐν ~ ἦν διδάσκων])[106]라고 명시한 이유도, 그들보다 뛰어난 예수의 가르침을 강조하려는 누가의 의도와 관련이 있을 것이다. 누가가 묘사하는 율법의 스승은 긍정적 이미지와 부정적 이미지 둘 모두를 가지고 있다. 이 또한 율법의 스승 가말리엘의 양면성을 보여준다.

가말리엘의 두 번째 양면성은 이와 같이 그의 이중대표성에서 발견된다.

독자가 누가 문서를 읽고 있는 A.D. 80년의 정황에서, 누가는 가말리엘을 바리새적 유대교 종교 당국의 최고의결기구 산헤드린의 대표인 듯 묘사하면서, 동시에 누가교회공동체의 입장을 대변하는 인물로 사용한다. 누가의 가말리엘상에는 이렇게 서로 맞서는 두 가지 성격이 동시에 녹아져 있다.

그렇다면 가말리엘을 산헤드린 당국의 대표자인듯 내세우면서 동시에 마치 누가교회공동체의 대변자처럼 등장시키는 누가의 담론방식의 의미는 무엇인가?

또한 가말리엘을 한편에서는 긍정적으로 다른 한편에서는 부정적으로 보도하는 누가의 의도는 무엇인가?

---

[106] 놀랜드(John Nolland)는 눅 5:1-6:16 단락에서 예수에게 개인적으로 응답하는 개인들이 중요해진다고 지적하고, 이 단락을 7가지 에피소드로 구분한다. John. Nolland, *Word Biblical Commentary: Luke*, 226-227. 놀랜드에 따르면 처음 세 개의 에피소드는 누가의 관용표현인 ἐγένετο ἐν ("그것이 ~ 할 때에 ~ 일어났다") + καὶ + 정형동사(눅 5:1, 12, 17) 로 시작된다는 특징이 있고, 마지막 세 개의 에피소드는 ἐγένετο ἐν ("그것이 ~ 할 때에 ~ 일어났다") + καὶ + 부정형동사(눅 6:1, 6, 12)로 시작되는 특징이 있다고 밝힌다. *Ibid.*

산헤드린의 주요 인물 가말리엘에 대한 부정적 묘사에는, A.D. 80년 바리새적 유대교와의 관계에서 단절[107]을 취함으로 새로운 운동의 시작을 확보하려는 누가의 기도(企圖)가 반영되어 있다. 이러한 누가의 의도는 바리새적 유대교와 대립하고 있던 누가의 정황을 배경으로 하며, 바리새적 유대교를 향한 누가의 견제와 연결되어진다. 이런 연장선상에서, 사도행전의 저자는 가말리엘을 마치 산헤드린의 대표인듯 표현함으로 바리새적 유대교를 반박하고 견제한다.

그러나 산헤드린의 주요 인물 가말리엘에 대한 긍정적 묘사는 바리새적 유대교를 향한 호교론과 연결되어 있다. 누가는 가말리엘을 마치 누가교회공동체의 입장을 대변하는 인물로 그려낸다. 인간으로부터 유래한 운동은 무너지지만, 하나님으로부터 시작된 운동은 그 누구도 막을 수 없다는 가말리엘 연설의 핵심은, 이미 누가의 예수가 자신의 권위를 의심하며 대적해 오는 유대교 종교지도자들에게 던진 반문(反問)에 담겨져 있다(눅 20:4). 유대 종교지도자들은 예수를 대적하며 다음과 같은 질문을 던진다.

> 그들이 그에게 질문했다. 당신이 무슨 권세로 이런 일을 하는지?
> 이 권세를 당신에게 준 이가 누군인지?
> 우리에게 말하라(눅 20:2).

---

[107] 전면적 단절이 아닌 '연장의 성격을 가지는 단절'이며 '계승적 측면을 지닌 부분적 단절'을 의미한다.

이때 누가의 예수는 그들의 물음에 답하지 않고 되받아서 다음과 같이 질문한다.

요한의 세례는 하늘로부터 온 것이냐?
아니면 인간으로부터 온 것이냐?(눅 20:4).

누가의 예수는 세례 요한의 사역에 자신의 사역을 빗대어, 하늘로부터 유래한 자신의 운동의 정당성을 명확히 밝힌다. 누가복음의 예수가 했던 이 발언은 사도행전에 등장하는 가말리엘에게서 반복되어진다. 결국 저자 누가는 가말리엘을 통해 누가교회공동체의 예수운동의 정당성을 선언하고 있다.

가말리엘의 세 번째 양면성은 그의 연설에서 드러난다.

가말리엘은 드다와 유다의 운동이 실패한 것을 강조하며, 그들의 운동을 인간으로부터 유래한 운동으로 평가절하한다. 로마 제국에 대한 드다와 유다의 반란을 반대하는 그의 언급은, 그의 친로마적 성향을 표출시킨다. 반면 누가의 독자들은 '하나님 대적자'(데오마코이[θεομάχοι]) 개념을 진술하는 가말리엘의 발언을 통해, 그의 반로마적 성향을 포착할 수 있다. 왜냐하면 누가의 독자들은 '하나님 대적자' 개념을 듣거나 읽을 때, 인간이면서 신성불가침적 존재로 숭배 받는 '로마 황제'를 떠올릴 것이기 때문이다.

정리하자면, 사도행전의 가말리엘은 긍정적으로 묘사되는듯 하면서도 부정적으로 묘사되고, 산헤드린 대표의 역할을 하는 것처럼, 또한 누가교회공동체의 대변자 역할을 하는 것처럼 읽혀진다. 그리고 그의 연설에는 친로마적 발언과 반로마적 발언이 혼합되어 있다. 이러한 누가의 논리 전개 구조는 양자택일(either/or)이나 양자부정(neither/nor)이라기보다는 양자가능(both/and)[108]에 가깝고, 가말리엘의 양면성은 이를 보여준다.

   A.D. 80년대 바리새적 유대교와 로마 제국의 상대적 우호관계 내지는 상호 간의 평화추구는 누가교회공동체에게 '이중박해'로 다가왔을 것이다. 바리새적 유대교의 박해와 로마 제국의 박해에 직면한 상황에서, 누가는 가말리엘에 양면성을 부여하면서 바리새적 유대교와 로마 제국을 향한 이중호교론과 이중견제론을 펼친다.

---

[108] 양자가능(both/and) 균형에 대한 논리적 통찰은 다음을 참고하라. Byeng Hee Jeon, "The Wesleyan Balance," *KJCS* 84 (2012): 149-167, 특히 163-165.

제 4 장

바리새적 유대교와 누가의 가말리엘

누가교회공동체에 대한 바리새적 유대교의 핍박을 암시하거나 표출시키는 단락은 누가-행전 52장 전반에 걸쳐서 나타난다(눅 12:11-12; 21:12; 행 4:1-4, 17-18; 7:54-60; 17:1-5, 13; 18:5-6, 12-13; 21:27-31). 그 가운데에서도 특별히 누가복음 21장 12절은 바리새적 유대교와 로마 제국의 이중박해의 정황을 보여준다.

물론 이 단락은 누가복음의 예수가 예루살렘 멸망과 마지막 날의 징조에 대하여 예언하는 장면에 속한다. 이 책은 앞선 논의를 통해서, 누가의 저술 연대를 A.D. 80년대로 상정하였다. 그러나 누가가 예수의 예언을 기록하면서 예루살렘 멸망을 알고 있었건(사후 예언) 그렇지 않았건(사전 예언) 간에 이 구절에 드러나는 종교적 박해와 정치적 박해를 쉽게 유추할 수 있다. 누가의 예수가 예언한 핍박은 분명 미래의 시점이지만, 누가의 독자에게는 현재의 시점으로 받아들여진다. 예수의 이름을 위하여 박해를 받는 것은 그들에게 이상한 일이 아니다. 누가의 예수가 언급한 박해는 다음과 같다.

> 이 모든 것들에 앞서 나의 이름 때문에, 그들이 너희에게 손을 대고 회당들과 감옥들에 넘겨주며 핍박할 것이고(διώξουσιν), 너희는 왕들과 총독들 앞에 끌려갈 것이다(ἀπαγομένους)(눅 21:12).[1]

---

[1] 보봉(François Bovon)은 이 구절이 속한 눅 21:5-19 단락의 묵시론적 재앙을 두 가지로 나누어 파악한다. 눅 21:5-11은 모든 사람에게 임하는 묵시론적 재앙이라면, 눅 21:12-19은 예수의 추종자들인 '너희 위에'(에프 휘마스[ἐφ' ὑμᾶς]) 임하는 재앙이다. 여기서 너희는 기독교공동체를 의미한다. 다음을 참고하라. François Bovon, *A Commentary on the Gospel of Luke 19:28-24:53*, trans. James Crouch (Minneapolis: Fortress Press, 2012[*L'Évangile selon Saint Luc 19:28-24:53*, Genève: Labor et Fides, 2009]), 111-112.

이 단락을 주석하면서, 보봉(François Bovon)은 A.D. 1세기 기독교인들의 받는 고난을 사회적 소외, 관료들의 핍박, 로마 당국의 고발, 법정에 서는 일, 매질 당하는 일 등 여러 가지로 추정한다.[2] 보봉에 따르면, A.D. 1세기 기독교인들이 당하는 고난이 어떤 형태이든지 간에, 누가복음 21장 12절은 초기 기독교 문서들이 증언하는 박해의 현장을 표현하고, 이 구절은 최소한 핍박받는 기독교인들에게 내려지고 유죄판결을 전제한다.[3]

누가복음 21장 12절을 통해, 보봉이 A.D. 1세기 기독교인들에게 가해지는 다양한 박해를 추정한 것과 유죄판결의 분위기를 읽은 것은 적절한 견해라 할 수 있다. 그러나 보봉은 핍박하는 주체에 대해서는 분명히 밝히지 못하는 아쉬움을 남긴다. 이런 측면에서 핍박자를 익명자로 처리하는 보봉의 해석보다, 핍박자를 '회당들'과 '총독들'로 한정하여 제시하는 놀랜드의 주석이 더 구체적이다.[4]

누가의 예수는 자신의 추종자들이 당할 환란을 두 가지로 분리해서 이야기한다. 바꾸어 말하면, 예수의 추종자들을 핍박하는 두 주체를 언급한다. 핍박의 주체를 두 단어 디욱수신(διώξουσιν)과 아파고메누스(ἀπαγομένους)를 통해 알 수 있다. 디욱수신은 미래능동 3인칭 복수로 '그들이' 핍박할 것임을 나타내고, 아파고메누스는 수동태 2인칭 복수로, 너희가 '왕들과 총독들' 앞에 끌려갈 것임을 나타낸다. 여기서 손을 대고 핍박하고 회당들과 감옥들에 넘기는 것은 종교적 박해로, 왕들과 통치

---

2 *Ibid.*, 111.
3 *Ibid.*
4 John Nolland, *Word Biblical Commentary 35c: Luke*, 996.

자들 앞에 끌려가는 것을 정치적 박해로 이해할 수 있기 때문에, 박해의 두 주체를 '종교 당국'과 '정치 당국'으로 파악할 수 있다.

정치적 박해를 나타낼 때 사용된 단어 아파고메누스(ἀπαγομένους)의 어원 아파구(ἀπάγω)가 단순히 "끌고 간다"는 의미도 있지만, 누가 문서에서 "사형집행을 위해 끌고 간다"는 의미로 사용된 것(눅 23:26)[5]과 "죽이다"라는 의미로 사용된 것(행 12:19)[6]을 고려할 때, 왕들과 총독들 앞에 끌려가는 핍박의 강도를 예측할 수 있다. 종교적 박해를 표현할 때 쓰인 단어 디옥수신(διώξουσιν)을 통해 3인칭 복수 '그들이' 핍박을 가함을 알 수 있다. 예수의 추종자들에게 손을 대어 때리고 핍박하는 주체 '그들은' 누가 문서를 읽고 있는 A.D. 80년 독자의 입장에서 바리새적 유대교로 인식될 것이다.

그런데 누가의 예수는 '그들이' 예수의 추종자들을 회당들과 감옥들에 넘길 것임을 언급한다. "회당들과 감옥들에 넘겨주며 핍박할 것이다"라는 표현은 누가교회공동체가 이미 회당을 떠난 상태일 때만 가능한 발언이다. 만일 누가교회공동체 구성원들이 회당 안에 머무르고 있다고 한다면, 다시 말해 회당의 구성원들이라고 한다면, 회당으로 넘겨져서 재판을 받는 일을 고려할 수 없다. 마르그라는 누가 문서의 저술 시기와 맞물려 있는 초기 기독교 구성원들의 회당에서의 쫓겨남을 다음과 같이 설명한다.

---

5 Καὶ ὡς ἀπήγαγον αὐτόν, ἐπιλαβόμενοι Σίμωνά τινα Κυρηναῖον ἐρχόμενον ἀπ' ἀγροῦ ἐπέθηκαν αὐτῷ τὸν σταυρὸν φέρειν ὄπισθεν τοῦ Ἰησοῦ(그들이 예수를 끌고 갈 때, 시골에서 오는 구레네 사람 시몬을 잡아 그에게 십자가를 지게 하고, 예수를 따르게 하였다).

6 Ἡρῴδης δὲ ἐπιζητήσας αὐτὸν καὶ μὴ εὑρών, ἀνακρίνας τοὺς φύλακας ἐκέλευσεν ἀπαχθῆναι(헤롯이 그를 찾아도 그를 보지 못하였다. 헤롯이 경비병들을 죽이라고 명령했다).

A.D. 30년에서 60년 사이, 즉 사도행전에 의해 하나 하나 열거되고 있는 이야기의 주 무대가 되는 시기의, 기독교와 유대교는 신학적으로나 사회학적으로나 확실히 구별되는 두 개의 실체로 존속하지 않았다. 기독교는 기껏해야 유대교의 변형이었고, 사두개파나 바리새파와 유사하게 유대교의 다양성 안에 있는 한 종파로 인식되어졌다(행 24:4, 14; 28:22)... 그러나 이야기가 쓰여 지고 있는 누가의 시기, 즉 A.D. 80년대 기독교는 유대인들의 회당에서 쫓겨난 자들로 구성되어졌다.[7]

마르그라의 연구와 누가복음 21장 12절을 통해, A.D. 80년대 바리새적 유대교가 예수 추종자들을 회당에서 쫓아냈을 뿐만 아니라 박해했음을 알 수 있다.

그렇다면 '그들이' 도대체 누구길래 유죄판결을 내릴 사법적 권한까지 가진 걸까?

트로크메(E. Trocmé)는 A.D. 1세기 바리새적 유대교의 중심 회당의 역할과 권한을 밝힌다. 그에 따르면, 회당은 유대인 집단의 결속을 공고히 하는 데 지대한 공헌을 했다.[8] 또한 회당은 하나의 제도로 지역 정치 당국에 대해 유대공동체를 대표하는 임무를 수행했을 뿐만 아니라 교육과 사법적 역할까지도 동시에 수행했다.[9] 마샬 역시 회당의 법정 기능을 진술하는데, 회당의 관리들은 범법자에게 태형을 가할 수 있었다.[10] 회당의

---

[7] D. Marguerat, *The First Christian Historian*, 130.
[8] E. Trocmé, 『초기 기독교의 형성』 유상현 옮김 (서울: 대한기독교서회, 2010), 16.
[9] Ibid.
[10] I. Howard. Marshall, *The New International Greek Testament Commentary*: *The Gospel of Luke*, 767.

관리들이 태형을 가할 수 있는 권리는 로마의 사법 체제 하에서 백부장이 누리는 권력과 맞먹는 것이었다. 기번(Edward Gibbon)의 연구에 따르면, 천부장은 사형선고권을 가지고 있었고, 백부장은 태형의 권한을 가지고 있었다.[11]

따라서 A.D. 1세기 유대교가 누렸던 사법권한들을 고려할 때, 그들이 예수의 추종자들을 회당에 넘기고, 회당을 통해 핍박하는 상황을 충분히 인지할 수 있다. 즉 회당은 권력을 가지고 있었다. 이것은 로마 제국이 유대교를 합법종교로 인정했고, 그들에게 권한을 위임했기 때문에 가능한 일이었다. 이를 통해, 로마 제국은 예루살렘 멸망 이전에도 이후에도 유대교에게 합법종교의 권한을 허락했고, 유대교는 멸망 이전에도 이후에도 예수운동을 통제하고 억압했음을 추측할 수 있다. 특별히 예루살렘 멸망 이전, 유대교가 가한 예수운동에 대한 박해의 상황을 바울의 회상을 통해 감지할 수 있는데, 누가가 묘사하는 바울은 다음과 같이 진술[12]한다.

---

11   Edward Gibbon, *The History of the Decline and Fall of the Roman Empire* (New York: Dell, 1963), 34.
12   챈스(J. Bradley Chance)는 행 29:1-29 단락을 설득의 수사학 형태를 띠는 바울의 법정 변호로 해석한다. J. Bradley Chance, *Smyth & Helwys Bible Commentary: Acts* (Macon: Smyth & Helwys Publishing, 2007), 475, 478-479. 그러나 챈스에 따르면, 바울의 진술은 일반적인 법정진술, 즉 변호 내지는 방어 일변도의 법정진술과 다르다. 바울은 그 자신에게 언도되고 부과된 법적 책임을 경감시키려고 노력하지 않는다. 그 대신 바울은 '철학적인 희랍 세계'(the sophisticated Greek World)를 대표하는 당당한 청중들에게, 복음의 메시지 그 자체를 이야기하며 기독교 사상을 변증한다. 다음을 참고하라. *Ibid*., 475. 또한 챈스는 바울의 변증이 유대교를 향한다고 지적한다. "바울은 지금 유대교의 희망을 배반한 반역자가 아니라는 것을 밝히기 위해 서 있다. 이것은 은연중에 유대교를 향한 기독교의 변증이 된다." 다음을 참고하라. *Ibid*. 기독교 변증으로 바울의 법적 진술의 목적을 이해하는 챈스의 본문해석은 적절하나, 바울의 청중들로 본문이 지목하고 있는 베스도 총독, 아그립바 왕 2세, 그리고 그의 누이 버니게를 철학적 희랍 세계의 대표자로 보

> 참으로 나도 나사렛 예수의 이름을 대적하는 많은 일을 해야 한다고 나 스스로 생각하고(행 26:9).

> 그것을 행하였고, 대제사장들로부터 받은 권세를 가지고 많은 성도들을 감옥에 가두었고, 그들을 죽이는 것을 찬성하였고(행 26:10).

> 또 모든 회당들을 통해 나는 그들을 벌하며 그들에게 예수를 모독하는 말을 하도록 강요하였고. 그리고 그들에게 격렬하게 격노하여 외국 도시들에까지 가서 내가 그들을 핍박하였다(행 26:11).

사도행전의 옛 바울은 예수운동의 박해자이자 그들의 심판자 역할을 자청했다. 바울의 발언을 통해 강경하고 극단적이고 바울의 예전 모습을 추론할 수 있고, 예수운동에 대한 유대교의 심각한 반발과 억압을 추측할 수 있다. 어쩌면 저자 누가 자신의 입장에서, 바울의 이 발언은 박해에 대한 공포로 다가올 것이다.

는 그의 견해는 온당하지 못하다. 오히려 윌리먼(William H. Willimon)의 해석 방향대로 바울의 청중들은 '유대인 적대자들'과 어리둥절해 하고 있는 '제국의 대표자들'로 바라보는 것이 본문의 흐름에 일치한다. 다음을 참고하라. William H. Willimon, *Interpretation*: *A Bible Commentary Acts* (Louisville: Westminster John Knox Press, 2010), 176. 왜냐하면 베스도 총독과 아그립바 왕 2세는 희랍세계의 대표자라기보다는 로마 제국의 대표자로 보는 것이 적절하고, 또 베스도와 아그립바 왕 2세와 버니게가 철학적인지 철학적이지 않은지 본문을 통해 추론하는 것은 무리가 있기 때문이다. 로마의 통치자들이 모두다 철학적인 것은 아니다. 아울러 행 29:1-32의 바울의 변증에서, 아테네의 철학자들을 향한 아레오바고의 연설(행 17:16-34)의 그것과 비견될 만한 철학적인 것이 뚜렷이 발견되지 않는다. 따라서 행 29:1-29에 등장하는 바울의 변증을, 챈스가 규정한 대로 헬라 세계와 유대교를 향한 이중변증으로 보기보다는, 로마 제국과 유대교를 향한 이중변증으로 보는 것이 설득력이 있다.

사도행전 26장 9-11절은 상당히 긴 헬라어 문장으로 구성된다. 여기서 옛 바울 사울은 주의 교회와 예수운동의 추종자들을 핍박하는데, 저자 누가는 교회와 예수의 제자들을 핍박하는 것을 "예수의 이름을 대적하여 행하였다"고 표현한다. 특이한 점은 누가는 바울이 '대제사장들'(톤 아르키에레온[ἀρχιερέων])의 권세를 위임받아 이 일을 행했다고 기록한다. 사도행전이 보여주는 시점(초대 교회 설립 이후의 시점)에서, 현직 대제사장은 가야바 한 명이다. 그런데 누가는 바울이 대제사장들의 권세를 위임받아 예수의 이름을 핍박하고 있다고 기록한다.

누가가 '대제사장'이란 단수를 쓰지 않고, '대제사장들'이라는 복수를 사용한 이유는 무엇일까?

누가가 가야바의 장인이자 전직 대제사장이었던 안나스를 고려한 것일 수도 있지만, 예수와 예수운동을 핍박하는 주체로 누가가 그의 문서에서 '대제사장들'이라는 표현을 지속적으로 사용한 것을 감안해볼 때(눅 9:22; 행 9:14; 26:10, 12), 유대교의 박해가 전방위적으로 이루어지고 있음도 짐작할 수 있다. 다시 말해, 누가는 단수의 대제사장이 아닌 복수의 대제사장들[13]을 핍박의 주체로 고발하고 지목하고 있다.

누가는 유대교의 권세를 위임받은 바울의 박해를 5가지 동사로 표현한다(행 26:9-11). 이를 정리하면 다음과 같다.

① 에포이에사(ἐποίησα): 내가 예수의 이름을 대적하여 행하였다.

---

13 누가-행전이 전개되는 시기의 대제사장들의 계보는 다음과 같다. 예수(B.C. 3년) - 요아사르(A.D. 6년) - 안나스(A.D. 6-15년) - 이스마엘(A.D. 15-16년) - 엘르아살(A.D. 16-17년) - 시몬(A.D. 17-18년) - 가야바(A.D. 18-36년) - 요나단(A.D. 36-37년)

② 카테클레이사(κατέκλεισα): 내가 그들을 감옥에 가두었다.

③ 카테넹카(κατήνεγκα): 내가 그들을 죽이는 것을 찬성하였다.

④ 에낭카존(ἠνάγκαζον): 내가 그들에게 예수를 모독하는 말을 강요하였다.

⑤ 에디오콘(ἐδίωκον): 내가 외국의 도시에까지 가서도 그들을 핍박하였다.

사도행전의 바울은 자신의 과거 행적을 5가지 동사를 취택(取擇)하여 설명하는데, 논란이 되는 동사는 10절의 카테넹카(κατήνεγκα)이다. "아나이루메논 테 아우톤 카테넹카 프세폰"(ἀναιρουμένων τε αὐτῶν κατήνεγκα ψῆφον)을 문자 그대로 번역하면 "내가 그들을 죽이는 것에 조약돌을 던져 찬성하였다"이다.

그렇다면 이것의 의미는 무엇인가?

또 과연 유대교는 사형을 집행할 권한을 로마 제국으로부터 부여받았는가?

위에서 제기한 첫 번째 질문에 답해보자.

사도행전이 기록될 당대에 투표용지 대신 색깔이 있는 조약돌을 넌짐으로 의사를 표현하였기 때문에(Phi. *Deus.* 75.; Jos. *Ant.* 2. 163.) 프세포스(ψῆφος)는 "투표하다"를 의미하는 환유어이다.[14] 뭉크는 유대인들이 로마 제국으로부터 그리스도인들을 사형시킬 권한을 허락받았는지 의심스럽고, 바울의 진술은 암살자들에 의해 행해졌던 불법적 처형에 바울

---

14 다음을 참고하라. Richard I. Pervo, *Acts: A Commentary*, 630; Barret, *The Acts of the Apostles*, 387; E. Haenchen, *The Acts of Apostles*, 684.

이 찬성했음을 의미한다고 주석적 입장을 밝힌다.[15] 그러나 그의 가정에 정당성을 부여할 수 없는 이유는 로마 제국이 특별히 최고의 의결기구로 인정받은 산헤드린에게 부분적 사형권을 허락했기 때문이다. 단 한 가지 경우, 로마 제국은 산헤드린에게 사형권을 허락했다. 누군가 성전 지성소의 신성함을 더럽혔을 때, 산헤드린은 총독과 상의하지 않고 그에게 사형을 가할 권한이 있었다.[16]

산헤드린 공회는 이 죄목으로 스데반을 고소하고(행 6:9-15) 사형을 집행(행 7:54-60)했을 것이다. 스데반이 기소된 이유는 그가 '이 거룩한 곳'과 '율법'을 거스렸기 때문이다(행 6:13). 본문에서 '이 거룩한 곳'(투 하기우 투투[τοῦ ἁγίου τούτου])은 성전의 지성소를 암시할 것이다. 물론 이 제한적 사형권은 예루살렘 멸망과 함께 폐지되었지만, 로마 제국이 유대교에게 허락하고 부여한 권한이 여타의 다른 민족들과 종교들에 비해 컸음을 짐작할 수 있다.

요약하자면, 누가의 저술 시기에 누가교회공동체는 회당으로부터 분리되어 바리새적 유대교와 결별한 상태에 있었다. 위에서 다룬 연구들을 통해, 바리새적 유대교가 선교적 확장을 추구하는 예수운동의 추종자들을, 그들이 산헤드린 영역 안에 있을 때는 얌니아에 재건된 산헤드린[17]에 넘겨 박해했고, 그들이 그 밖의 영역에 있을 때는 디아스포라 유

---

15 Johannes Munck, *The Anchor Bible Commentary: The Acts of The Apostles*, 241.
16 다음을 참고하라. F. F. Bruce, *The Book of the Acts*, 464.
17 산헤드린은 예루살렘 멸망과 함께 폐지되었다가 얌니아에서 재건되었다. 물론 얌니아에서 재소집된 산헤드린은 이전의 권한을 모두 행사할 수는 없었다. 그럼에도 유대 최고 사법기능을 수행했다. 로마 제국은 바흐 코흐바 반란 이후에도 산헤드린에게 권한을 부여했다. 로마 당국은 산헤드린을 팔레스틴 족장정치의 핵심으로 인정했을 뿐만 아니라, 유대인들의 종교 사안을 다루는 최고 권위로 인식하였다. 산헤드린은 A.D. 4세기 초 콘스

대인의 회당에 넘겨 박해했음을 추측할 수 있다. 이런 박해의 정황 가운데 누가는 바리새적 유대교를 향한 호교론을 펼치는데, 이를 위해 바리새적 유대교에게 범례적(範例的) 답변을 줄 수 있는 인물 가말리엘을 내세운다. 동시에 누가는 가말리엘의 특성을 활용하여 바리새적 유대교를 향한 견제론을 시작한다.

1. 바리새적 유대교의 정통성과 누가의 견제론

저자 누가는 바리새적 유대교를 견제하기 위해, 가말리엘의 부정적 특성을 드러낸다. 바리새적 유대교는 누가교회공동체를 핍박하는 대상이요, 예수를 대적하고 예수를 죽음으로 몬 배후로 지목되고 있는 바리새인들(눅 5:21, 30; 6:7; 7:31, 39; 11:42-43, 53)이 이끄는 공동체이다. 바리새적 유대교는 사실 예루살렘 멸망 이후 세워진 얌니아 당국으로 이해될 수 있는데, 얌니아 당국은 그들의 율법의 해석과 적용으로, 팔레스틴 유대인들의 삶뿐만 아니라 디아스포라 유대인들의 삶에도 영향을 미쳤다. 바리새적 유대교의 영향력에 맞서, 누가는 바리새적 유대교의 정

탄티누스 황제가 기독교를 국교로 공인한 이후에도 건재했다. 산헤드린은 A.D. 5세기 초반까지 명맥을 이어오다가 로마 제국 황제들의 반대와 기독교의 확장의 영향력으로 해체된다. 산헤드린 마지막 의장은 가말리엘 6세였다. 다음을 참고하라. ABD, 1992 ed., s.v. "Sanhedrin," by Anthony J. Saldarini; Shmuel Safrai, *A History of the Jewish People*, ed. H. H. Ben-Sasson (Cambridge: Harvard University Press, 1985), 307-356. 신약에 나타나는 산헤드린과 헬라-로마 세계에서 있었던 산헤드린(Synedrion)에 대한 논의는 다음을 참고하라. H. C. Kee, "Central Authority in Second-Temple Judaism and Subsequently: from Synedrion to Sanhedrin," *ARJ* 2/1 (1999): 51-63.

통성을 견제하고 반박한다.

전후 바리새적 유대교는 로마 제국으로부터 합법종교의 인정을 받는 동시에 일반백성들에 대한 영향력을 확대해 갔다. 브루스는 누가를 첫 번째 기독교 변증가로 본다.[18] 그에 따르면, 1세대 기독교 변증가인 누가는 2세대 기독교 변증가들에게 기독교 변증의 '원형'(prototypes)을 제시해 주었다.

> 기독교 변증의 절정은 A.D. 2세기였다. A.D. 2세기 기독교 변증가들은 주요한 세 가지 유형의 변증을 시도했는데, 그것은 A.D. 1세기 변증가 누가가 제공한 원형을 따른 것이다.
>
> ① 이방 종교를 향한 변증(기독교는 참이고 이방 종교는 거짓이다)
> ② 유대교를 향한 변증(기독교는 진정한 유대교의 완성이다)
> ③ 정치적 고소에 대한 변증(기독교는 로마법을 위반하는 어떤 잘못도 저지르지 않았다)[19]

18　F. F. Bruce, *Acts of the Apostles: Greek Text with the Introduction and Commentary* (Grand Rapids: Wm. B. Eerdmans Publishing Company, 1990), 22.

19　*Ibid*. 기독교만 로마 제국을 향한 변증을 펼친 것이 아니다. 스스로를 바리새인으로 칭했던 요세푸스는 『유대고대사』(*The Antiquities of the Jews*)를 통해 로마 세계를 향해, 바리새적 유대교와 유대인들의 정당성을 변증했다. 요세푸스는 『유대고대사』 서문(*Ant*. Preface 2)에서 자신이 『유대전쟁사』를 기술한 이유를 "진정한 유대인들이 누구인가를 설명하기 위해서"라고 분명히 밝힌다. 다음을 참고하라. F. Josephus, The Antiquities of the Jews, trans H. St. J. Thackeray (Cambridge: Harvard University Press, 1965). 요세푸스는 유대인들을 소개하면서, "우리는 매우 오래 되었다"(We are very old)를 강조한다. 악트마이어(P. J. Achtemeier)는 헬레니즘적인 유대 역사가들의 진술을 소개한다. "유대교는 아브라함 때문이라도 어느 정도 고려되어야만 하는 세력이었다. 왜냐하면 아브라함으로부터 페니키아의 점성학, 갈대아의 과학 그리고 심지어 알파벳의 발견까지 유래하였기 때문이다. 그는 고귀하게 출생한 경건한 사람이었다." P. J. Achtemeier, J. B.

부르스가 누가의 변증을 구체적으로 구분하고, 누가의 변증의 영향이 후대에까지 미쳤음을 지적한 것은 적절하나, 브루스는 누가의 변증이 외부적으로만 향했다는 지적은 그의 연구의 한계를 드러낸다. 누가교회공동체는 선교의 지평 속에는 여전히 유대인들이 선교의 주요한 대상으로 설정되어 있다. 바리새적 유대교가 전후 유대인들의 삶에 영향을 미치고 있는 정황 속에서, 바리새적 유대교를 향한 호교론은 곧 유대인들을 향한 기독교에 대한 변호, 혹은 기독교에 대한 설명이 될 수 있다. 이런 측면에서 누가 문서에 녹아 있는 바리새적 유대교를 향한 호교론을 살펴 볼 수 있다.

그럼에도 불구하고 누가의 변증은 항상 먼저 내부로 향하는데, 왜냐하면 누가 문서의 1차 독자는 누가교회공동체의 구성원이기 때문이다. 브루스가 간과한 것은 바로 누가 변증의 '내부적 방향성'이다. A.D. 70년 이후, 재건된 바리새적 유대교가 정통성을 확보해 가고 있고, 유대인들과 로마 제국에게 인정받는 상황에서, 오히려 누가는 누가교회공동체의 정통성을 우선적으로 내부 구성원에게 강조하고 있다고 보는 것이 자연스럽다. 다시 말해, 누가는 누가교회공동체가 유대교의 진정한 완성이요 구약 예언의 성취임을 일차적으로 내부자를 향해 변증하고 있다.

Green and M. M. Thomson, *Introducing The New Testament* (Grand Rapids, Mich.: W. B. Eerdmans, 2001), 152-153, 인용은 153. 임성욱의 경우, 요세푸스가 제2성전 멸망의 정황에서 유대인의 정체성을 사마리아인과의 포괄적 관계 내지는 배타적 관계를 통해 세운다고 주장한다. 이때 요세푸스는 유대인과 사마리아인의 유사함이나 다름을 이분법적으로 나누는 것이 아닌, 연결시키는 방식으로 이 작업을 진행한다. 그의 글에서 사마리아인은 유대인을 돋보이게 한다. 다음을 참고하라. Sung Uk Lim, "Josephus constructs the Samari(t)ans: a strategic construction of Judaean/Jewish identity through the rhetoric of inclusion and exclusion," *JTS* 64.1 (2013): 404-431.

그러나 누가의 호교론은 내부 공동체 구성원에게만 머무르지 않고, 바리새적 유대교를 향해 나아간다. 물론 바리새적 유대교의 입장에서 "기독교가 유대교의 진정한 완성이다"라는 진술은 기독교에 대한 이해와 설명이 아니라, 자신들의 기득권과 정통성에 대한 반발과 도전으로 여겨질 수 있을 것이다. 그러므로 누가교회공동체의 자기 변증과 자기 설명이, 바리새적 유대교의 정통성을 공격하는 것으로 충분히 바뀔 수 있다.

누가는 바리새적 유대교의 정통성 내지는 정당성에 반발하는데, 이는 가말리엘의 부정적 특성과 연결된다. 이 가말리엘의 부정적 특성은 두 가지로 부각된다.

첫째, 그가 산헤드린공의회의 대표격인 존재로 묘사된다는 것이다.

둘째, 그가 바리새인으로 등장한다는 것이다.

사도행전의 가말리엘은 산헤드린[20]의 대표격인 인물로 묘사된다. 산헤드린은 예수를 정죄한 모임이며(눅 22:66-73), '예수의 죽음과 부활' 그리고 '예수를 통한 구원'을 선포한 베드로와 요한의 설교를 비판할 말을 찾는 모임이다(행 4:14). 이후 산헤드린은 예수 이름 선포를 원천적으로 금지시키는 기구로 등장하고(행 4:17-18, 21; 5:40), 산헤드린은 복음의 확장을 가로막는다. 더군다나 산헤드린은 누가-행전의 첫 번째 순교자 스데반에게 처형판결을 내린 주체이다(행 6:8-7:60).

누가가 묘사하는 가말리엘은 산헤드린의 중요한 인물일뿐만 아니라,

---

20 물론 누가 문서에서 산헤드린 공의원 모두가 부정 일변도로 기술되지 않는다. 누가교회공동체 구성원으로 추정되는 아리마대 요셉 같은 공의원도 있다. 그는 선한 자이며 하나님의 나라를 기다리는 자로 예수를 정죄한 산헤드린의 판결과 처형에 반대했다(눅 23:50-52). 예수의 장례를 치른 후 공의원직을 박탈당했거나, 스스로 공의원직을 포기했을 가능성이 높다. 이에 대해서는 〈제3장 3. 가말리엘의 양면성과 그 의미〉를 참고하라.

바리새인이다. 누가 문서의 바리새인들은 예수의 부활을 믿지 않음으로, 자신들의 부활 신념을 지키지 못한 존재로 등장한다.[21] 바리새인들은 예수를 넘어뜨리고 곤경에 빠뜨리기 위하여 논쟁을 거는 집단이고 (눅 5:17-26, 27-32, 33-39; 6:1-5, 6-11; 11:53-54; 14:1-6), 예수는 바리새인들의 위선을 책망한다(눅 11:37-44). 이 단락에서 세 번이나 반복되는 저주 구문 "화가 너희들 바리새인들에게 있을 것이다"를 통해, 바리새인들을 향한 예수의 분노와 책망의 강도를 짐작할 수 있다.

그렇다면 이 같은 누가의 부정적 가말리엘상은 어떻게 바리새적 유대교의 정통성을 견제하고 반박하는 데 사용될 수 있을까?

1) 구약 부활 신앙의 계승 실패

이 책이 다루는 사도행전 5장 33-39절 단락은 누가교회공동체와 산헤드린과의 2차 충돌 단락(행 5:17-42)에 속해있다. 대제사장이 사도들을 심문하는데, 이 단락에 사도들의 기소이유가 담겨 있다.

> 그래서 그들이 사도들을 끌고 와서 공회 중에 세웠다. 그리고 대제사장이 사도들을 심문하였다(행 5:27).

> 대제사장이 말한다. 우리가 너희에게 이 사람의 이름으로 가르치지 말라고 엄히 명령하지 않았느냐?

---

21   다음을 참고하라. L. T. Johnson, *The Acts of the Apostles*, 99.

> 그런데 보라 너희가 너희의 가르침으로 예루살렘을 가득하게 하였다. 그리고 너희가 이 사람의 피를 우리에게 돌리려고 한다(행 5:28).

산헤드린이 베드로와 사도들을 기소한 이유는 "이 사람의 이름에 대한 '너희의 가르침'(테스 디다케스 휘몬[τῆς διδαχῆς ὑμῶν])으로 예루살렘을 가득하게 만든 것"과 "이 사람의 피를 '우리'(휘마스[ἡμᾶς])에게 돌린 것" 두 가지이다. "누군가의 피를 누군가에게 돌리다"는 표현은 존슨에 따르면 "누군가에게 사형에 해당하는 저주를 내린다"는 의미가 있다(창 4:10-11; 삼하 1:16; 호 12:14; 겔 18:13; 33:2-4; 마 27:25; 눅 11:50-51).[22]

헨헨도 유사하게, "누군가에게 돌리다"는 동사 에파고(ἐπάγω)가 70인역 성경(LXX)에서 인간을 초월해서 인간을 벌하시는 하나님을 묘사할 때 사용되었다고 밝힌다.[23] 이를 통해, 사도행전의 저자는 예수 죽음의 책임이 로마 정치 당국뿐만 아니라 유대 종교 당국에도 있음을 전제하고 있음을 추론할 수 있다.[24]

여기서 산헤드린의 기소 내용을 살펴보면, '예수'라는 이름이 언급되지 않고 다만 '이 사람'(안드로포우 투투[ἀνθρώπου τούτου])로 지칭되고 있다. 산헤드린에서 사용되는 호칭은 '예수'가 아니라 '이 사람'이다.

그런데 왜 산헤드린은 예수라는 이름을 사용하지 않는 것일까?

브루스에 따르면, 이 본문은 유대교 당국이 예수라는 이름을 거명하기

22　*Ibid.*, 97-98.
23　E. Haenchen, *The Acts of the Apostles*, 251.
24　이런 태도는 여러 본문(행 3:13-14, 17; 4:26-27)에서도 드러난다.

를 꺼려했다는 흥미로운 증거를 보여준다.[25] 다시 말해 역사적 인물 나사렛 예수의 이름을 언급하기를 꺼려하는 유대교의 전통이 이 본문에 반영되어 있다는 것이다.

그렇다면 왜 유대교 당국은 역사적 예수의 이름을 거명하는 것을 꺼려하는 것일까?

브루스의 주석은 이 질문까지 다루지는 않는다. '예수의 이름을 익명으로 처리하는' 산헤드린의 태도는 '예수의 이름으로 가르친 사도들의 가르침'과 관련이 있다. 사도들은 예수의 부활을 확신했고, 사도들의 선포의 핵심에는 예수의 부활이 자리 잡고 있다. 그러나 산헤드린은 이 예수의 부활을 믿지도 않고, 외면하고 있다. 예수의 이름이 거론될 때마다 예수의 부활도 이야기될 것이다. 이런 이유 때문에 산헤드린은 예수의 이름을 앞세우지 않을 가능성이 높다. 이 산헤드린 앞에서, 베드로와 사도들은 다음과 같이 선언한다.

> 그러자 베드로와 사도들이 대답하여 말하였다. 사람 보다 먼저 하나님께 순종하는 것이 마땅하다. 우리 조상들의 하나님(ὁ θεὸς τῶν πατέρων ἡμῶν)께서 너희가 나무에 매달아 죽인 예수를 일으키셨다. 하나님께서 이 사람을 그의 오른 손으로 높이사 왕과 구원자(ἀρχηγὸν καὶ σωτῆρα)[26]

---

25   F. F. Bruce, *The Book of Acts*, 112.
26   블롬버그(C. L. Blomberg)에 따르면, 예수에게 구원자라는 호칭을 붙이는 것은 예수에 대한 가장 독특한 명칭이다. 구원 혹은 구원을 의미하는 헬라어(소테르[σωτήρ], 소테리아[σωτρία], 소테리온[σωτήριον])는 누가복음에 8번, 사도행전에 9번 등장하지만, 다른 공관복음서에는 전혀 나타나지 않는다. 다음을 참고하라. C. L. Blomberg, *Jesus and the Gospels* (Nashville: Broadman & Holman Publishers, 1997), 146. 그러나 블롬버그는 자신의 신학적 상상력을 본문에 강요한다는 비판을 받을 수 있다. 구원자라는 표현이 누

로 삼으셨다. 그리하여 이스라엘에게 회개와 죄사함을 얻게 하셨다. 우리가 이 일들의 증인들이고 성령은 하나님이 순종하신 자들에게 주신 분 (ἔδωκεν ὁ θεὸς) 성령도 이 일들의 증인이다(행 5:29-32).

사도들의 증언은 크게 세 가지로 정리될 수 있다.
첫째, '우리 조상의 하나님'이 예수를 일으키셨음을 강조한다.
둘째, 부활한 예수를 하나님께서 친히 '왕과 구원자'로 높이셨다.
셋째, 하나님께서 순종하는 자들에게 성령을 주신다.

누가가 사도들의 입을 통해, 구약성경에 나오는 믿음의 선조들의 하나님이 친히 예수가 부활했음을 명확히 한다. 그리고 누가는 "우리가 이 일들의 증인들이다"(헤메이스 에스멘 마르튀레스 톤 레마톤 투톤[ἡμεῖς ἐσμεν μάρτυρες τῶν ῥημάτων τούτων])라는 표현을 통해, 누가교회 공동체(우리, 헤메이스[ἡμεῖς])가 이 부활을 확신하고 증언하고 있음을 명시한다. 구약 곳곳에서 부활 신앙을 확인할 수 있다. 모세는 가시떨기에 임한 하나님의 불을 체험하면서 하나님을 '아브라함의 하나님, 이삭의

가적 표현이라는 블롬버그의 주장은 너무 단정적이다. 비록 마태와 마가가 구원자라는 표현을 사용하지 않았다고 해도, 구원자라는 표현을 요한 문서(요 4:42; 요일 4:14)와 바울관련 문서(딤전 1:1; 2:3; 4:10; 딤후 1:10; 딛 1:3, 4; 2:10; 3:4; 엡 5:23; 빌 3:20)와 다른 신약 문서(벧후 1:1, 11; 2:20; 3:2, 18)에서 너무 쉽게 찾아볼 수 있기 때문이다. 예수에게 붙여진 구원자라는 칭호는 구원론에 대한 신학이 정립되어 가면서 초기 기독교 공동체들에게 광범위하게 채택되어진 칭호라고 간주하는 것이, 구원자를 누가적 표현으로 제한하는 블롬버그의 주장보다 설득력이 있다. 벅은 '구원자'와 더불어 누가가 예수에게 사용한 호칭 '주'(큐리오스[κύριος]) 개념이 상호연결되어 있음에 집중한다. 즉 그에 따르면, 구원을 나타내는 단락에서 예수의 '주'되심이 강조된다(행 2:21, 32-39; 5:14; 9:42; 10:34-43; 11:20-21; 15:11; 16:30-31; 18:8; 20:21). Darrll L. Bock, "Jesus as Lord in Acts and in the Gospel Message," *BS* (1986): 146-154, 특히 150. 그러나 그의 희망과는 달리 사도행전에서 예수의 주되심은 구원을 포함하여 모든 단락에서 발견되는 호칭이다(행 1:6, 21, 24; 3:20; 4:33; 7:59; 8:16 등).

하나님, 야곱의 하나님'으로 고백하는데, 누가가 본 예수는 이것을 모세의 부활 신앙이라고 진술한다(눅 20:37).

누가의 예수에 의하면, 모세는 죽은 자가 살아나는 부활을 가시나무떨기에 관한 글에서 증언하고 있다. 엘리야는 사르밧 과부의 아들을 살려낸다(왕상 17:17-24). 구약의 대표적인 두 인물 모세와 엘리야 모두 부활 신앙을 가지고 있었다. 엘리야의 후계자인 엘리사 또한 수넴 여인의 죽은 아들을 살려낸다(왕하 4:18-37). 이외에도 구약의 부활 신앙을 다양한 본문(사 26:19; 시 16:10; 호 6:2; 13:14; 단 12:2)에서 찾아볼 수 있다.

모세오경만을 경전으로 인정했던 사두개인들과 달리, 바리새인들은 전후 얌니아에서 구약 37권을 경전으로 확정했다. 바리새인들은 예수의 부활을 믿지 않음으로, 자신들이 확정한 경전의 부활 신앙을 믿지 못하는 자들이 된다. 바리새인들은 예수의 부활을 믿지 않음으로, 자신들의 부활 신앙을 지키지 못할 뿐만 아니라, 구약에 나오는 부활 신앙도 거절하는 자들로 전락한다.

가말리엘 역시 이 바리새인 집단에 속해있다. 또한 가말리엘은 예수의 죽음과 부활을 선포한 사도들(행 4:10-12)에게 반박할 말(행 4:14)을 찾는 산헤드린에 속해있는 인물이다. 저자 누가는 이 같은 바리새인 혹은 산헤드린 주요 인물 가말리엘의 부정적 특성을 통해, 바리새적 유대교의 정통성을 반박한다. 바리새적 유대교는 구약의 부활 신앙 계승에 실패하였지만, 누가교회공동체는 예수의 부활을 통해 그 부활을 체험하고 인식하고 소망하고 있다.

2) 구약의 신정일치 신앙 계승 실패

사도들은 부활한 예수를 하나님이 '왕(아르케고스[ἀρχηγός])과 구원자(소테르[σωτήρ])'로 높이셨다라고 증언다. 누가교회공동체에게 있어 예수는 '왕과 구원자'이다. 구원자는 기독교 용어가 아닌 이방 용어였다. 알렉산더 대왕 사후, 프톨레미 왕에게 구원자라는 칭호가 붙여졌다. 또한 구원자는 로마 황제에게도 붙여졌던 칭호였다. 로마의 초대 황제 카이사르 아우구스투스가 원로원으로부터 '온 세상의 구원자'라는 칭호를 수여받은 이후, 카이사르의 뒤를 이은 로마 황제들은 이 칭호를 자신들에게만 독점하려고 하였다.[27]

누가의 저술 기간에 제위 했던(A.D. 81-96년) 도미티안 황제는 제국의 비문에 자신을 구원자로 기록하게 했고,[28] 이 칭호를 누군가에게 사용하는 것은 로마 제국의 통치 아래에서 반역으로까지 여겨질 수 있었다.[29] 도미티안 황제의 신하들은 심지어 도미티안을 '주와 하나님'(*dominus et deus*)으로 호칭했는데, 도미티안은 이렇게 칭송받은 첫 번째 황제였다.[30]

이런 상황에서, 누가교회공동체가 예수에게 구원자라는 용어를 채택하는 것의 의미가 있다. 기독교 신앙은 세상이 접근할 수 있고 이해할 수 있는 언어로 설명되어야 했다. 세상이 접근할 수 있고 이해할 수 있는 언

---

27 이에 대해서는 다음을 참고하라. M. J. Borg and J. D. Crossan, *The First Christmas: What the Gospels really teach about Jesus' Birth* (New York: Haper Collins Publishers, 2009), 55-80.
28 다음을 참고하라. H. Koester, "A Political Christmas Story," *BR* 10 (1994): 23, 58.
29 이에 대해서는 다음을 참고하라. M. J. Borg and J. D. Crossan, *The First Christmas: What the Gospels really teach about Jesus' Birth*, 55-80.
30 다음을 참고하라. G. Theissen, 『복음서의 교회정치학』, 118.

어로 기독교 신앙을 설명하는 것은 세상을 향한 변증의 의미와 자기 확장의 의미 둘 모두를 지닌다.

누가교회공동체는 예수에게 '구원자'라는 칭호를 사용할 뿐만 아니라, 누가교회공동체 구성원들에게 '왕'은 로마 황제가 아니라 예수이다. 누가교회공동체는 단순히 그들 스스로에게만 예수를 왕과 구원자로 여기는 단계를 뛰어넘어, 유대인들과 이방인들 앞에서, 임금들과 주권자들 앞에서, 부활한 예수가 왕이요 구원자임을 담대하게 '선포해야 하는' 그리고 '선포하는' 증인공동체로 기술되어진다(눅 24:46-47; 행 1:8; 2:14-36; 3:13-26; 4:10-12, 24-31; 5:29-32; 9:15-16; 13:14-41, 46-47; 16:31; 17:1-4, 16-31; 19:1-10; 21:37-22:21; 24:10-21, 24-27; 26:1-32; 28:30-31)[31]

따라서 누가가 본 사도들의 신정일치(神政一致) 증언은 한편에서는 구약의 신정일치 신앙이 누가교회공동체에게 여전히 계승되고 있음을 암시하는 반면, 다른 한편에서는 로마 제국의 신정일치를 받아들이고 있는 바리새적 유대교의 타협을 반박하는 수단이 된다. 바리새적 유대교는 구약의 신정일치 신앙 계승을 포기한 공동체로 비추어진다. 그들에게 있어, 왕은 로마 황제이지 하나님이 아니다.

물론 누가의 예수는 로마 제국에 대한 납세를 허락한다(눅 20:20-26). 그러나 이것을 토대로 누가의 예수가 로마 제국의 통치를 받아들이고 수용했다고 해석하기에는 무리가 있다. 또한 누가교회공동체가 로마정부를 받아들이는 친로마적 성향을 지닌다고 단정하는 것도 적절하지 못하다. 이런 측면에서, 타이센의 누가-행전에 대한 정치적 태도 분석은

---

31 누가는 특별히 사도행전에서, 베드로와 사도들 그리고 바울을 누가교회공동체의 선교적 모델로 제시한다.

인용할 만한다.

> 누가-행전의 정치적 태도를 정치적 실용주의(political pragmatics)로 평가하는 것이 더 개연성 있다. 누가행전은 주변 환경에 대한 현실적인 이미지를 제공하고, 어떻게 이에 대해 행동해야 하는지 지침을 제공해 준다.[32]

타이센은 누가-행전이 제시하는 정치 권력에 대한 행동지침을 다음과 같이 정리한다. 그에 따르면, 그리스도인들은 로마 정부를 신앙의 양심을 해치지 않는 범위에서 인정하고 로마 제국의 영역 안에서 활동할 수 있다.[33] 하지만 그들은 정치 권력의 신격화를 용납해서는 안 되고, 선교의 자유를 방해하는 것을 수용해서도 안 된다.[34] 누가는 로마 정치 당국과의 불필요한 갈등을 피하길 원하지만, 정치 권력의 신격화와 선교를 방해하는 정책을 수용할 수 없음을 분명히 한다.

이스라엘과 열방을 향한 하나님의 왕권 사상은 구약에서 고백하는 주요한 여호와에 대한 신앙이다. 이스라엘의 왕이신 하나님(출 15:18; 민 23:21; 신 33:1-6; 사 43:15; 시 5:2; 44:4; 47:6; 68:24; 74:12; 84:3; 145:1), 세상만국을 다스리는 권세를 가진 하나님 그리고 이 권세를 주시는 하나님(대하 36:23), 열방의 왕이신 하나님(왕하 19:15; 렘 46:18; 사 6:5; 시 29:10; 47:1-9; 95:3; 96:10; 97:1; 99:1-4; 145:11-13)은 구약에서 증언되고 있는 하나님 왕권 신앙이다.

---

32 G. Theissen, 『복음서의 교회정치학』, 130.
33 다음을 참고하라. Ibid., 130-145.
34 Ibid.

바리새적 유대교는 구약의 하나님 왕권 사상은 계승하지 못하고 있다. 다시 말해, 그들에게 '구원자'와 '왕'은 분리되어 있다. 그들에게 구원자가 하나님일지라도, 그들에게 있어 왕은 로마 황제이다. 그 연장선상에서 그들은 로마 정치 권력의 신격화 내지는 신성화에 침묵하고 있다. 그러나 누가교회공동체에게 있어 그들의 구원자도 예수이고, 그들의 왕도 예수이다. 또한 누가는 로마 정치 권력의 신격화에 저항한다(행 14:11).

이를 통해 누가는 바리새적 유대교를 구약의 신정일치 신앙을 계승하지 못한 공동체로 표현하며, 바리새적 유대교가 주장하는 정당성을 견제하고 반박한다. A.D. 80년대, 로마의 황제 숭배(로마 제국의 신정일치)에 타협한 바리새적 유대교와 로마의 황제 숭배를 거절하고 있는 누가교회공동체는 대립되어 있다. 따라서 하나님 왕권을 주장하지 못하는 현재의 바리새적 유대교는 진정한 유대교의 계승자일 수 없다.

이런 의미에서, 로마 황제의 권위 아래 있는 산헤드린상(像)과 로마 황제의 통치와 신격화를 묵인하고 있는 바리새인상(像)은, 바리새인으로 산헤드린에 중심적 인물로 서 있는 가말리엘과 연결되어진다. 그렇다면 다음으로 가말리엘에 대한 긍정적 묘사를 다루어 보자.

2. 바리새적 유대교의 반발과 누가의 호교론

바리새인 혹은 바리새인 가말리엘에 대한 긍정적 묘사는 호교론적 측면과 연관이 있다. 사도행전 5장 33-39절은 외부인의 입을 통해 진술되는 누가의 변증적 신학을 보여주기 위해 디자인되었다는 퍼보의 지적은 고려되어야 한다.[35] A.D. 80년, 누가는 기독교인의 지상 정착 노력을 위해, 바리새적 유대교나 로마 제국과의 불필요한 갈등을 피하고 오해의 소지를 없애길 원했다.

물론 이 책은 누가 저술의 주요 목적이 누가교회 내부의 목회적 차원과 관련되어 있음을 전제한다. 그러나 타인에게 자신을 알리려는 시도를 통해 자기 자신을 이해할 수 있고, 대외적으로 누가가 고려할 수 있는 독자들 그것이 유대인[36]이건 이방인이건 간에 그들에게 새로운 예수운동이 해를 끼치지 않으며 선한 것이라고 소개할 가능성은 충분히 있다. 그렇다면 여기서 가말리엘 연설에서 드러난 바리새적 유대교를 향한 호교론을 살펴보자. 가말리엘은 산헤드린 공의회에서 다음과 같은 의견을 개진(開陳)한다.

> 그리고 그가 그들에게 말하였다. 이스라엘 사람들아 너희 스스로 이 사람들에 대해 무엇을 급하게 하려는 것에 대해 조심하라(행 5:35).

산헤드린은 그 구성원, 그 권력의 범위, 그 영향력에 대해서 여전히 학자들 사이에서 논란이 되고 있다. 그러나 예루살렘의 산헤드린이 신약의 기록과 요세푸스의 기록과 랍비 문헌에서 보여지는 것처럼 대제사장이 주도하는 기구였고, 팔레스틴 유대 사회의 최종적 법률판결 기구였고, 할라카를 비롯한 율법의 적용과 종교적 문제를 판결하는 최고의 기

35　Richar I. Pervo, *Acts: A Commentary*, 146.
36　누가의 선교지평에서, 유대인은 여전히 선교의 대상으로 설정되어 있다. 바리새적 유대교를 향한 호교론은, 바리새적 유대교의 영향을 받고 있는 유대인들을 향한 호교론이 될 수 있다.

구였다는 데에는 학자들 간에 어느 정도 의견의 일치를 이루고 있다.[37]

그런데 본 단락에서, 누가는 산헤드린이 의장인 대제사장의 주도권 아래 있는 것이 아니라 공의원 가운데 하나인 가말리엘의 영향력 아래 있는 것처럼, 산헤드린에 대해서 묘사한다. 가야바는 거의 18년 동안 대제사장직을 수행하는데, 이것은 당시의 대제사장들의 임기가 1~4년[38]임을 감안할 때, 그가 상당한 영향력을 발휘했음을 추적할 수 있다. 그러나 누가는 산헤드린의 주도권이 대제사장 가야바가 아닌 가말리엘에 의해 행사되는 것처럼 묘사한다.

산헤드린과 관련하여, 20세 초 이래로 '두 산헤드린 가설'(The theory of two sanhedrins)이 제기되었다. 뷔흘러(A. Büchler)에 의해 제안되고, 멘틀(H. Mentel)과 자이틀린(S. Zeitlein) 등에 의해 지지되고 있는 두 산헤드린 이론은 종교적 산헤드린과 정치적 산헤드린이 존재했을 것이라는 가설에 근거한다.[39] 바리새인의 주도 아래 종교적 문제를 다루는 산헤드린이 있었고, 이와 더불어 대제사장의 권위 아래 있는 세속적 문제를 포함한

---

37 ABD, 1992 ed., s.v. "Sanhedrin," by Anthony J. Saldarini.
38 9년의 임기를 채운 안나스를 제외한 대다수의 대제사장들(예수, 요아살, 엘르아살, 시몬, 요나단 등)의 임기는 1~2년 이었다.
39 A. Büchler, *Das Synedrion in Jerusalem und das Grosse Beth-din in der Quaderkammer des Jerusalemischen Tempels* (Wien: Hölder, 1902), 특히 194-240. 20세기 초 뷔흘러의 제기는 많은 논란을 일으켰다. 이와 관련하여서는 다음을 참고하라. W. Muss-Arnolt, "Recent Contributions on Early Christian and Talmudic Literature," *AmJT* 9/1 (1, 1905): 178-184, 특히 182-183. 멘틀은 그의 박사논문을 발전시켜 출간한 그의 책 6장 "예수, 바울, 산헤드린"에서 두 산헤드린 이론을 다시 제기한다. 다음을 참고하라. Hugo Mantel, *Studies in the History of the Sanhedrin* (Cambridge: Harvard University Press, 1961), 54-101, 254-300. 자이틀린의 주장은 다음을 참고하라. S. Zeitlin, *Who Crucified Jesus* (New York: Harper and Brothers, 1947), 78, 또한 Appendix "The Synedrion and The Sanhedrin"을 보라.

정치적 사안을 판단하는 산헤드린이 있었다는 주장이다.

자이틀린은 팔레스틴 유대 사회의 최종적 권위자인 공식적-종교적 산헤드린(the official religious Sanhedrin)과 로마 총독의 영향을 받는 정치적 산헤드린(the political Sanhedrin)을 구분한다.[40] 종교적 산헤드린은 바리새인이 주도했다면, 정치적 산헤드린은 대제사장이 의장이었다.[41] 자이틀린에 따르면, 예수를 죽인 것은 유대인의 공식적 대표인 종교적 산헤드린이 아닌, 로마 총독의 꼭두각시 역할을 하는 정치적 산헤드린이다.[42]

멘틀은 자이틀린의 견해를 되풀이한다. 멘틀에 따르면, '복음서의 산헤드린'(συνέδριον)은 예루살렘 성전 북쪽에 모였던 유대 최고 법정 산헤드린과 동일시 할 수 없다. 전자가 정치적이라면, 후자는 종교적 기구이다."[43] 다시 말해, 예수 죽음의 배후로 거론되는 복음서의 산헤드린은 유대 사회를 대표하는 종교적 산헤드린이 아니라, 로마 제국의 영향 아래 있는 정치적 산헤드린이다.

더 나아가 멘틀은 바리새인이 주관하는 종교적 산헤드린이 아닌, 대제사장이 의장으로 이끄는 정치적 산헤드린이 예수뿐만 아니라 바울과 사도들에게 유죄판결을 내렸다고 확언한다.[44] 이런 해석을 따르면, 예수와 바울과 사도들의 죽음에 대한 유대인들(혹은 유대 사회)의 책임이 상당 부분 경감되고, 그와 관련된 로마 제국의 책임은 가중된다.

그러나 제2성전기(B.C. 515년 - A.D. 70년) 팔레스틴 유대 사회가 정

---

40 *Ibid.*
41 *Ibid.*
42 *Ibid.*
43 Hugo Mantel, *Studies in the History of the Sanhedrin*, 254.
44 *Ibid.*, 54-101, 254-300.

치적 삶과 종교적 삶이 거의 분리되지 않은 형태로 존속되었음을 감안할 때, 두 산헤드린 가설은 설득력을 상당 부분 상실한다. 또한 B.C. 20년 가이사가 유대에 방문하였을 때, 산헤드린이 대제사장의 지휘 아래 있지 않고 가이사의 재판관의 관할 아래 있었다는 요세푸스의 기록 (Jos. *Ant*. 15. 10. 3. 358)[45]은, 대제사장이 정치적 산헤드린의 의장이었다는 자이틀린과 멘틀의 논지를 약화시킨다. 이것이 1961년 멘틀 이후, 두 산헤드린 가설이 지속적으로 제기되지 않는 이유이기도 하다. 즉, 멘틀 이후 두 산헤드린 가설을 제안하고 발전시킨 주목할 만한 학자들의 연구들이 전무하다.

키이는 그레꼬 로마 세계에 존속했던 다양한 형태의 산헤드린을 통해 바흐 코흐바 반란 이전의 유대교의 역사적 모습을 확대 해석할 수 없다고 경계한다.[46] 멘틀과 자이틀린에 대한 키이의 반박은 언급할 가치가 있다. 만일 자이틀린과 멘틀의 제안을 받아들인다면, 사도행전 5장 33-42절의 산헤드린을 대제사장 주권 아래 있는 정치적 산헤드린으로 간주할 수도 있다.

그러나 본문에서 대제사장은 아예 등장하지 않고, 바리새인 가말리엘이 직접적이고 주체적인 역할을 감당함으로, 설령 자이틀린과 멘틀의 가설을 받아들인다고 해도, 이 산헤드린을 정치적 산헤드린으로 보기에

---

45 요세푸스 영어 번역본은 the meeting으로 번역했고, 한글 번역본은 '가이사의 의회원들'로 번역하였다. 다음을 참고하라. 요세푸스 플라비우스, 『요세푸스: 유대고대사』 (서울: 성서연구원, 2000), 567. 그러나 헬라어 원문은 τοῦ συνεδρίου로 쓰여져 있다. 헬라어 *Synedrion*이 아람어 *Sanhedrin*으로 후에 랍비 문헌에서는 번역되었음을 참고하라.

46 H. C. Kee, "Central Authority in Second-Temple Judaism and Subsequentley: from Synedrion to Sanhedrion," *ARJ* 2/1 (1999): 51-63, 특히 63.

는 무리가 있다. 오히려 바리새인 가말리엘의 역할을 고려할 때, 이 산헤드린을 종교적 산헤드린으로 파악해야 할 것이다.

또한 본 단락에 등장하는 산헤드린에서 다루어지는 의제가 단순히 종교적 문제뿐만 아니라 정치적 문제(유다와 드다의 정치적 반란 문제)까지 고려되는 것을 감안할 때, 본 단락을 두 산헤드린 가설에 비추어 설명하는 것은 적절하지 못하다. 아울러 두 산헤드린 이론을 받아들인다 할지라도, 대제사장이 세속 전반의 문제를 다루는 정치적 산헤드린의 의장이 될 수 있다는 것 자체가, 두 산헤드린 가설의 정치적 산헤드린 대제사장 주도, 종교적 산헤드린 바리새인 주도라는 이분법적 구도를 허물어 뜨린다.

왜냐하면 대제사장 직위 그 자체가 종교적 직위이기 때문이다. 구체적으로 말하면, 최고 종교직인 대제사장이 의장으로 지휘하는 산헤드린은 이미 정치적 산헤드린이라기보다는 종교적 산헤드린의 형태와 색체를 띠기 때문에, 두 산헤드린 가설을 받아들이기보다는 단일 기구로서 예루살렘 산헤드린[47]을 고려하는 것이 적절한 수준의 주석이다.

브루스는 산헤드린의 구성에 있어, 사두개인들이 다수를 차지했고 바리새인들이 소수였다고 밝힌다.[48] 요세푸스(Jos. *Ant*. 18. 1. 4)에 따르면, 바리새파는 소수였지만 백성들의 존경을 받았고, 사두개파는 바리새파의 요청에 반대하는 것이 소득이 없음을 알고 있었다. 이 같은 역사적 사실로 가말리엘이 비록 소수파인 바리새파에 속했음에도, 그의 발언이 영향력이 있었음을 추정할 수 있다.

---

47   물론 제2성전기 지역마다 산헤드린의 역할을 감당하는 공회들이 있었다.
48   F. F. Bruce, *The Book of the Acts*, 114.

스웨인(J. W. Swain)은 가말리엘 연설이 투키디데스적(Thucydidean) 보고 형태를 띤다고 강조하며, 가말리엘 연설을 후대의 삽입으로 본다.[49] 그는 투키디데스적 보고형태는 실제로 말해진 것이라기보다는 무엇을 말해야 할지에 대한 묘사와 관련이 있다고 정의한 후, 가말리엘 연설의 역사성을 거절한다.[50] 가말리엘 연설을 투키디데스적 보고형태로 보는 그의 견해는 신선하나, 가말리엘 연설의 역사성 자체를 부정하는 그의 주장은 타당성이 부족하다.

왜냐하면 그는 타당한 근거 없이 가말리엘 연설을 누가의 창작으로 치부하기 때문이다.[51] 가말리엘은 이스라엘 사람들에게 경고를 하고, 가말리엘의 개입으로 사도들은 즉각적인 처형의 위기에서 벗어난다. 사도들은 바리새인 율법교사 가말리엘의 개입으로 사형대신 태형이라는 판결을 받게 된다. 예루살렘 공의회는 태형뿐만 아니라 사형의 권한을 가지고 있었다[52].

헨헨은 가말리엘의 개입이 생각만큼 관대한 조치를 이끌어 내지 못했음을 지적한다.[53] 왜냐하면 사도들은 40대에서 한 대 감한 39대의 태형을 받았고, 많은 사람들이 이 형벌을 받는 중에 죽었기 때문이다.[54] 그러나 이 같은 헨헨의 주장은 일방적이고 자의적이다. 왜냐하면 본문에서

---

49. J. W. Swain, "Gamaliel's speech and Caligula's statue," *HTR* 37/4 (1944): 341-349, 인용은 342.
50. *Ibid*.
51. 이 책은 가말리엘의 연설의 역사성을 고찰하기보다 가말리엘 연설을 통해 드러나고 있는 누가의 의도에 집중할 것이다.
52. *ABD*, 1992 ed., s.v. "Sanhedrin," by Anthony J. Saldarini.
53. E. Haenchen, *The Acts of the Apostles*, 258.
54. *Ibid*.

사도들이 39대의 태형을 받았음을 추정할 단서가 없기 때문이다. 또한 태형은 40대[55]에서 한 대 감한 39대로 고정된 것이 아니요, 죄의 질과 재판 결과에 따라 그 태형의 수가 달라질 수 있다. 1대의 태형이 집행될 수도, 40대의 태형이 집행될 수도(신 25:3) 있다.

더군다나, 헹헨이 사도들이 39대를 맞았다는 근거로 제시한 고린도후서 11장 24절, 사도행전 22장 19절, 마가복음 13장 9절은 온당하지 못하다. 고린도후서 11장 24절은 39대의 태형을 맞은 바울의 경험이 진술되어 있고, 사도행전 22장 19절에는 태형을 가한 바울의 모습이 드러나 있는 반면, 마가복음 13장 9절은 성도들이 받을 매질을 언급하고 있다. 이 세 구절의 말씀으로 사도들이 산헤드린에서 39대의 매를 맞았다고 단정할 수 없다. 고린도후서 11장 24절과 마가복음 13장 9절에는 39대라는 태형의 수조차 나오지 않는다. 그러므로 어떤 정확한 근거를 제시하지 않고 사도들이 39대의 태형을 받았다는 헹헨의 진술은 검토되어야 한다. 따라서 39대의 매질을 당했다는 헹헨의 추측성 주장보다, 사도들이 정확하게 몇 대를 맞았는지는 모르지만, 매질이라는 핍박을 당했다는 라이트의 주장이 보다 설득적이다.[56]

설령 헹헨의 무리한 주장을 받아들인다 할지라도, 가말리엘의 개입으로 사형이 철회되었다는 점에서 가말리엘 역할의 중대성은 간과될 수 없다. 가말리엘은 예루살렘 공회원들에게 결론적으로[57] 다음과 같이 말한다.

---

55 신 25:3에 따라 40대를 넘는 태형은 집행할 수가 없다. "사십까지는 때리려니와 그것을 넘기지는 못할지니 만일 그것을 넘겨 과다히 때리면 네가 네 형제로 천히 여김을 받게 할까 하노라"

56 N. T. Wright, *Acts for Everyone chapter 1–12*, 94–95.

57 피츠마이어는 가말리엘의 연설을 다음과 같이 세 부분으로 나눈다. (1) 35b 신중한 경고;

그런즉 이제 내가 너희에게 말하노니 너희는 이 사람들로부터 물러나라 (ἀπόστητε) 그리고 그들을 보내버려라(ἄφετε). 왜냐하면 만일 이들의 의지와 행동이 사람으로부터 나온 것이면 무너질 것이요(행 5:38).

그러나 만일 그것이 하나님께로부터 왔으면, 너희는 그들을 무너 뜨릴 수 없을 것이다. 너희들이 심지어 하나님을 대적하는 자들(θεομάχοι)이 되지 않도록 하라. 그러자 그들이 그에게 설득되었다(ἐπείσθησαν δὲ αὐτῷ).[58] (행 5:39).

여기서 사도행전 5장 38절의 아포스테테(ἀπόστητε - 동사, 명령, 부정과거, 능동, 2인칭 복수)는 아피스테미(ἀφίστημι)에서 파생된 단어이다.[59] 아포스테테를 "반역하다" "잘못 이끌다"라는 타동사로 번역하는 것보다, "물러나다"라는 자동사로 번역하는 것이 문맥상 자연스럽다. "너희는 사도들을 반역으로 이끌라" 혹은 "너희는 사도들을 잘못되게 이끌라"는 타동사적 독법보다는 "너희는 사도들에게서 물러나라"라는 자동사적 독법이 문맥에 더 적절하기 때문이다.

아페테(ἄφετε)의 경우, 2인칭 복수 명령형인 이 동사를 "너희는 그들

---

(2) 36-37 추종자들을 모은 역사적 예; (3) 결론. 다음을 참고하라. Joseph A. Fitzmyer, *The Acts of the Apostles*, 333.

[58] 개역성경은 에페이스데산 데 아우토(ἐπείσθησαν δὲ αὐτῷ)를 '저희가 옳게 여겨'로 번역하였고 40절a에 위치시킨다. 이 책은 70인역 성경(*LXX*)의 원문에 따라 에페이스데산 데 아우토를 39절 하반부에 위치시킨다. 또한 에페이산은 3인칭 복수 동사 직설 1과거 수동태이기 때문에 "그들이 그에게 설득되었다"로 번역하였다.

[59] 행 5:37에도 사용되었다. 행 5:37에서는 타동사로 번역하는 것이 더 적절하다. 이에 대한 논의는 이 책의 행 5:37의 주석을 참고하라.

을 버려두라"(개역성경, 개역개정)로 번역하는 것보다, "너희는 그들을 보내버리라"로 번역하는 것이 문맥상 더 적합하다. 아페테의 원형은 아피에미(ἀφίημι)인데, 이 단어는 "버리다" "방면하다" "용서하다" "가게 허락하다" 등의 의미로 신약에서 사용되고 있다.[60]

여기서 아페테를 "버려두다"라는 의미보다 "보내버리다"라는 의미로 해석하는 것이 적절하다. 왜냐하면, 산헤드린 공의회가 사도들을 놓아 보냈다라는 이 재판의 결론(행 5:40)에 비추어볼 때, 또 가말리엘이 사용한 가정법을 고려해볼 때, 가말리엘이 산헤드린 의원들에게 사도들을 "버리는 것"(폐기처분, 사형, abandon)[61]보다 "보내는 것"(방출)이나 "가게 허락하는 것"(방면)[62]을 종용하고 있음을 알 수 있기 때문이다.

불트만(R. Bultmann)은 아피에미/아페시스(ἀφίημι/ἄφεσις) 군의 단어의 용례를 세 가지 범주에서 연구했다.[63] 즉 불트만은 아피에미/아페시스 군의 단어들이 헬라 문헌에서, 70인역 성경(LXX)에서, 신약에서 어떤 의미로 사용되었는지 조사하였다. 불트만에 따르면, 헬라 문헌에서 이 단어들은 종종 법적 의미로, 공직, 결혼, 의무, 부채, 징계에서의 사면이나 해방이나 면제를 뜻했다.[64] 또한 불트만은 신약에서 아페시스는 속격인 하마르티온(ἀμαρτιῶν)과 함께 사용되어, '죄에 대한 하나님의 용서'

---

60 다음을 참고하라. *TDNT*, 1968 ed., s.v. "ἀφίημι," by R. Bultmann.
61 아피에미(ἀφίημι)가 신약에서 이런 용례로 사용된 경우는 막 14:50; 롬 1:27; 히 6:1; 계 2:4 등을 참고하라.
62 아피에미(ἀφίημι)가 "내보내는" 의미나 "가게 허락하는" 용례로 사용된 경우는 막 4:36; 5:19; 요 11:48 등을 참고하라. 요 11:48의 아포멘(ἀφῶμεν)을 "우리가 그를 이대로 가게 두면"(let him go on)의 의미로 대부분의 번역본들(*NAS*, *NRSV*, *RSV*, *NIV*, *NASB*, *BBE*)이 번역하였음을 참고하라.
63 다음을 참고하라. *TDNT*, 1968 ed., s.v. "ἀφίημι," by R. Bultmann.
64 *Ibid*.

의 의미로 광범위하게 사용되었음을 지적한다(막 1:4; 마 26:28; 눅 1:77; 24:47; 행 2:38; 5:31; 10:43; 13:38; 26:18; 골 1:14; 히 10:18 등).⁶⁵

아울러 불트만은 70인역 성경(창 4:13 이하)에서 아피에미가 '하나님의 용서'를 뜻하는 의미로 사용되었음을 밝힌다.⁶⁶ 이것은 다른 헬라어 문헌에서 사례를 찾아볼 수 없는 독특한 표현이다.⁶⁷ 불트만에 따르면, 70인역 성경에서 아피에미/아페시스 군의 단어들은 법적 의미의 사면뿐만 아니라 종교적 의미의 속죄까지 뜻한다.⁶⁸

이와 같은 아피에미의 의미를 고려해볼 때, 누가가 묘사하고 있는 가말리엘이 아피에미(ἀφίημι)의 명령형인 아페테(ἄφετε)를 사용하여 산헤드린 공의원들에게 사도들의 방면을 요청한 것은 주목할 필요가 있다. 다시 말해 사도행전의 가말리엘은 산헤드린 공의원들에게 사도들의 법적 의미의 사면뿐만 아니라 종교적 의미의 속죄까지 요구하고 있다.

사도행전 5장 38절의 아피에미처럼 누가의 의견이 반영된 또 다른 단어가 사도행전 5장 39절에 등장한다. 그것이 바로 데오마코이(θεομάχοι)다. '하나님을 대적하는'이라는 의미를 지닌 데오마코이는 신약에서 오직 이곳에서 유일하게 사용된 단어이다. 사도행전 5장 29절에서, 데오마코스(θεομάχος)를 어원으로 가지는 데오마코이는 형용사 주격 남성 복수로 사용되었다. 신약성경 기자 중 누가만이 데오마코이라는 용어를 사용한다는 점에서, 데오마코이는 누가적 표현임을 알 수 있다. 그럼에도 고전 헬라

---

65 *Ibid*.
66 *Ibid*. 창 4:13에서 사용된 아페에미(ἀφίημι)를 참고하라. καὶ εἶπεν Καιν πρὸς τὸν κύριον μείζων ἡ αἰτία μου τοῦ ἀφεθῆναί με
67 *TDNT*, 1968 ed., s.v. "ἀφίημι," by R. Bultmann.
68 *Ibid*.

문학(Euripides, Bacch.)에서 데오마코이가 사용되었다는 점은 흥미롭다.

바우어파인트(O. Bauernfeind)의 연구에 따르면, 데오마코이(θεομάχοι – striving against God 혹은 fighting against God)라는 용어는 고대 그리스의 극작가 유리피데스의 비극(Euripides, Bacch, 45. 325. 635. 1255.)에서 사용되었다.[69] 그리스의 3대 비극 작가인 유리피데스의 작품 『바카이』(Bacchae)는 주신(酒神) 디오니소스의 계략 때문에, 테베의 왕 펜테우스가 자신의 어머니 손에 죽는다는 내용이다. 바우어파인트에 따르면, 『바카이』에서 데오마코이는 주신 디오니소스의 승리 행진에 운명적으로 맞서는 개념을 나타낸다.[70] 바우어파인트는 누가가 이 단어를 사용한 것이 70인역 성경의 영향 때문이 아니라 유리피데스의 비극의 영향 때문이라고 간주한다.[71] 바우어파인트와 같은 입장을 표명하는 뵈젤리(A. Vögeli)에 따르면, 누가는 동기상의 일치를 가지고 이 격언화된 헬라적 어법을 사용했다.[72]

바우어파인트와 뵈젤리와 달리, 뭉크(J. munck)는 이 용어가 유리피데스의 자료 없이도, 누가에 의해 쉽게 창작될 수 있음을 밝힌다.[73] 베츠(H. D. Betz)도 뭉크와 같은 입장을 견지한다.[74] 유리피데스의 비극에서 사용된 데오마코이의 개념이 계략을 꾸미는 주신 디오니소스에 맞선다는 의미를 내포하고 있기에, 유일신 하나님에게 맞서지 말라고 충고하는 사도행전의 데오마코이의 개념과 일치하지 않는다. 이러한 사실이 바우어파

---

69 *TDNT*, 1974 ed., s.v. "θεομάχος," by O. Bauernfeind.
70 *Ibid*.
71 *Ibid*.
72 A. Vögeli, "Lukas und Euripides," *TZ* 9 (1953): 415-438.
73 Johannes Munck, *The Acts of the Apostles*, 48-49.
74 *EDNT*, 2004 ed., s.v. "θεομάχος," by H. D. Betz. "누가가 유리피데스의 자료에 의존할 가능성은 거의 없다"고 베츠는 밝힌다. *Ibid*.

인트와 뵈췰리의 논지를 약화시킨다. 따라서 누가가 고전 헬라어 문학을 읽고 데오마코이라는 헬라적 격언을 사용했다기보다는 누가 자신이 가진 관점이 데오마코이라는 단어에 반영되었다는 가정이 더 온당하다.

그렇다면 누가가 가진 관점이 '하나님을 대적하는 것'에 어떻게 반영되었을까?

티드(D. L. Tiede)는 하나님을 대적하는 것은 다름 아닌 메시아 예수에 대한 거절로 파악한다.[75] 티드의 견해처럼, 누가는 가말리엘 연설에서 데오마코이라는 용어를 사용하여 메시아 예수에 대한 유다 민족의 거절을 반박한다고 볼 수 있다. 그러나 티드의 주석은 누가-행전이 기록될 당시 신적 존재로 추앙받으면서 군림하고 있던 로마 황제[76]까지 다루지 못했다는 아쉬움을 남긴다.

가말리엘 연설에서 특별히 38절과 39절의 두 조건부 문장은 주목할 만 한다. 에안(ἐὰν)과 에이(εἰ)는 둘 다 조건을 나타내는 불변사이다. 존슨에 따르면, 누가는 38절에서는 미래조건부 문장을, 39절에서는 단순조건부 문장을 사용한다.[77] 38절 미래조건부 문장은 에안 가정법으로 시작된다면, 39절 단순조건부 문장은 에이로 직설법으로 시작된다.[78]

---

75 다음을 참고하라. D. L. Tiede, "Fighting against God: Luke's interpretation of Jewish rejection of the Messiah Jesus," in *Anti-Semitism and early Christianity* (Minneapolis : Fortress Press, 1993), 102-112.
76 하나님 대적자들 개념에 암시되어 있는 로마 황제 견제는 이 책 〈제5장 1. 부정적 로마 제국 이해와 누가의 견제론〉을 참고하라.
77 L. T. Johnson, *The Acts of the Apostles*, 100. 또한 다음을 참고하라. Joseph A. Fitzmyer, *The Acts of the Apostles*, 341.
78 H. Conzelmann, *The Acts of the Apostles*, 43.

> **38절 미래조건부 문장 (ἐάν 가정법)**
> ἐὰν ᾖ ἐξ ἀνθρώπων ἡ βουλὴ αὕτη ἢ τὸ ἔργον τοῦτο + καταλυθήσεται
> 조건 불변사　　　　　　　　　　　동사 직설 미래 수동 3인칭 단수
> 　　　　　　　　　　　　　　　　"그것은 무너질 것이다"
> 　　　　　　　　　　　　　　　　(it will be overthrown)
>
> **39절 단순조건부 문장 (εἰ 직설법)**
> εἰ δὲ ἐκ θεοῦ ἐστιν + οὐ δυνήσεσθε καταλῦσαι
> 조건 불변사　　동사 직설 미래 중성 2인칭 복수
> 　　　　　　　"너희들은 할 수 없을 것이다"
> 　　　　　　　(you will not be able to)

'기독교 운동이 사람으로부터 나온 것'이라는 38절의 에안 조건부 문장과 '기독교 운동이 하나님으로부터 나온 것'이라는 39절의 에이 조건부 문장은 대립되어 있다.

헨헨에 따르면, 에안 조건부 문장은 순전한 가능성의 표현이고, 에이 조건부 문장은 실제적 현실성의 표현이다. 누가는 에안을 에이로 바꿈으로 기독교인들의 일이 실제로 하나님께로부터 나온 것임을 암시하려 한다.[79] 따라서 누가가 가말리엘의 연설을 통해 '예수운동이 사람으로부터 나왔을 가능성'은 단순한 가정으로 표현한 반면, '예수운동이 하나님으로부터 나왔을 가능성'을 실제적 현실로 부각시키고 있음을 포착할 수 있다. 헨헨의 견해대로, "너희들이 심지어 하나님을 대적하는 자들이

79　E. Haenchen, *The Acts of the Apostles*, 253.

되지 않도록 하라"(메포테 카이 데오마코이 우레세테[μήποτε καὶ θεομάχοι εὑρεθῆτε])는 말은 기독교인들이 실질적으로 하나님에게 난(ἐκ θεοῦ) 경우에만 의미가 있다.[80]

존슨에 의하면, 38절 에안 조건부 문장이 미래가정으로 먼 가능성을 암시한다면, 39절 에이 조건부 문장은 보다 실제적인 가능성을 나타낸다.[81] 따라서 누가는 가말리엘 연설을 통해 '예수운동이 사람으로부터 나왔을 가능성'은 먼 미래의 가능성으로 진술한 반면, '예수운동이 하나님으로부터 나왔을 가능성'은 보다 실제적인 가능성으로 나타내고 있음을 인지할 수 있다.

콘첼만은 에이(εἰ)가 종종 인과 관계를 나타내는 ~때문에(since)와 근사한 의미로 쓰임을 밝힌다.[82] 이 같은 콘첼만의 발견을 39절에 적용하면, "사도들의 계획과 행동이 하나님으로부터 왔기 때문에 유대교 당국이 사도들의 예수운동을 타도할 수 없다"라는 의미로 39절은 해석될 수 있다.

누가의 호교론적 의도 속에서, 가말리엘 연설은 바리새적 유대교를 향한다. 다음과 같이 정리해볼 수 있다.

첫째, 사도행전 5장 38-39절 단락에서 누가는 가말리엘의 연설을 통해 새로운 예수운동이 하나님께로부터 유래한 운동임을 밝히고 있다. 또한 이 가말리엘 연설에는 누가교회공동체에 대해서 적대적이고 불안감을 느끼고 있는 유대 종교 당국의 시각이 교정되기를 바라는 누가의 소망이 반영되어 있다. 누가의 묘사 속 가말리엘은 예수운동의 계획과

---

80 *Ibid*., 253-254.
81 L. T. Johnson, *The Acts of the Apostles*, 100.
82 H. Conzelmann, *Acts of the Apostles*, 43.

행동이 하나님께로부터 왔다고 진술한다.

둘째, 누가는 바리새적 유대교를 향해, 유대 당국의 권위자인 가말리엘이 시간을 가지고 기독교 운동을 평가했던 것처럼, 누가교회공동체의 예수운동을 면밀히 살펴볼 시간을 가지라고 설득하고 있다. 던의 주석에 의하면, 가말리엘의 주장은 사도들이 펼치는 운동에 편견을 가지지 말고 그것의 성격을 파악할 시간을 가지라는 것이다.[83] 그리고 던은 가말리엘이 베드로의 주장을 진지하게 받아들였다고 지적한다.[84] 그러나 여기서 시간을 가지고 평가하라는 의미를 부각시킨 던의 주장은 설득력이 있으나, 사도행전 5장 29절을 베드로 개인의 주장으로만 간주하는 던의 진술은 타당성이 부족하다. 왜냐하면 던이 지적한 것과 달리 사도행전 5장 29-32절은 베드로의 개인적 연설이 아닌 사도들 전체의 집단적 선포이기 때문이다.

셋째, 가말리엘 연설에는 누가교회공동체의 예수운동은 드다 혹은 갈릴리 유다가 유대 백성을 선동하여 유대 민족에게 해를 끼친 것과 다르다는 누가의 변증적 주장이 표현되어 있다. 다시 말해, 누가는 가말리엘의 입을 통해 드다와 갈릴리 유다의 계획과 행동이 인간으로부터 유래한 것이라면, 누가교회공동체의 계획과 행동은 하나님으로부터 시작된 운동이라는 변증적 주장을 펼친다. 그렇다면 여기서 바리새적 유대교를 능가하려는 누가교회공동체의 시도들을 검토해 보자.

---

83   James D. G. Dunn, *The Acts of the Apostles*, 72.
84   *Ibid*.

3. 누가교회공동체의 정체성 규정: 증인들과 하나님 순종자들

바리새인들은 예수를 모함하고 곤경에 빠뜨리기 위해, 때때로 자신들 스스로 예수에게 논쟁을 걸기도 하고, 때때로 율법사와 서기관들과 연합하여 예수를 공격하기도 한다. 누가복음에서 예수는 당시의 유대 종교 지도자들과 논쟁을 벌이는데, 이 모든 논쟁에 바리새인들이 참여한다는 점은 예사롭지 않다. 누가가 노출시키는 예수가 유대 종교 지도자들(바리새인, 율법사, 서기관)과 벌인 논쟁[85] 모두에 바리새인이 모두 참여한다는 점에서, 누가교회공동체가 바리새적 유대교를 능가하길 원했음을 추정할 수 있다.

사도행전에 등장하는 가말리엘은 긍정적 얼굴과 부정적 얼굴을 모두 지닌다. 가말리엘의 부정성은 바리새적 유대교를 향한 견제론과 연결되고, 가말리엘의 긍정성은 바리새적 유대교에 대한 호교론과 관련된다. 가말리엘 연설에서 유추할 수 있는 호교론과 견제론은, 누가교회공동체의 구약 전통의 계승을 강조하며 바리새적 유대교의 정통성을 견제하는 방향으로 진행된다.

그러나 누가교회공동체가 바리새적 유대교를 견제하건 바리새적 유대교를 향해 호교론을 펼치건 간에, 누가교회공동체는 어떤 경우라도 바리새적 유대교를 극복하길 원했음을 지적할 수 있다.

---

[85] 중풍병자 치유(눅 5:17-26): 바리새인들과 율법사와 서기관들과의 논쟁; 세리 레위의 부르심(눅 5:27-32): 바리새인들과 서기관들과의 논쟁; 금식(눅 5:33-39): 바리새인들과 서기관들과의 논쟁; 안식일의 주인(눅 6:1-5): 바리새인들과의 단독 논쟁; 안식일의 치유(눅 6:6-11): 서기관들과 바리새인들과의 논쟁; 여러 가지 논쟁(눅 11:53-54): 바리새인들과 서기관들과의 논쟁; 안식일의 치유(눅 14:1-5): 바리새인들과 율법사들과의 논쟁.

그렇다면 누가교회공동체는 바리새적 유대교를 어떻게 극복할 수 있는가?

여기서의 '극복'은 단순히 바리새적 유대교의 박해를 견뎌내는 고난 감내만을 의미하지 않는다. 여기서의 극복은 바리새적 유대교를 능가한다는 의미이다. 바리새적 유대교를 능가할 수 있는 것은, 바로 이 질문과 직결된다.

"누가교회공동체에게만 있고, 바리새적 유대교에는 없는 것은 무엇인가?"

그것은 바로 다름 아닌 '부활 체험'과 '성령의 실존'이다. 산헤드린과의 2차 충돌에서 사도들은 그들의 선포를 이렇게 최종적으로 결론짓는다.

> 우리가 이 일들의 증인들이다. 그리고 하나님이 순종한 자들에게 주신 분 성령도 이 일들의 증인이다(행 5:32).

사도행전의 사도들은 그들의 정체성을 두 가지로 규명한다. 하나는 '증인들'이고 다른 하나는 '순종한 자들'이다. 할러데이는 누가가 '증인들'과 '하나님 순종자들'(who obey God)을 분리하여, '증인들'을 사도들로, '하나님 순종자들'을 사도들과 구별되는 신자들로 이원화시킨다고 주석한다.[86] 그러나 사도들이 사도행전 5장 29절에서 "사람들보다 하나님께 순종하는 것이 마땅하다"고 외치는 선포를 고려할 때, 할러데이의 가설은 설득력 있는 주석이 아니다. 사도행전 5장 29절은 사도들이 하나님

---

86 Carl R. Holladay, *Acts: A Commentary*, 144.

순종자임을 전제로 한 선포이기 때문이다.

키너는 사도행전 5장 29절에서 사도들이 사람들에게 순종하지 않고 하나님에게 순종해야 한다고 진술할 때, '이 사람들'은 산헤드린을 지칭한다고 간주한다.[87] 물론 키너가 제안한대로 사도행전 5장 29절의 사람들을 산헤드린으로 해석할 수도 있으나, 산헤드린을 포함하여 예수운동을 핍박하는 적대자들을 포함하는 보다 포괄적 개념으로도 고려 할 수도 있을 것이다.

사도행전 5장 32절에서 특이한 점은, 누가가 죽임 당한 예수 부활의 독립적 증인으로 '사도들'과 더불어 '성령'을 언급한다는 것이다. 이를 통해, 이 구절에서 성령의 인격성이 강조되고 있음을 발견할 수 있다. 할러데이의 진술대로, 사도행전 5장 32절에서는 메시아 사역과 관련하여 암호화되어(encoded) 숨어 있던 성령(시 2편; 16편; 110편)이 명백한 방식으로 드러나고 있다.[88] 누가는 성령의 '가시적 구체화'와 '청각적 실제화'를 강조하는데(행 2:1-4; 4:31), 이 구절에서도 이런 누가 서술의 독특성이 발견된다. 다시 말해 성령은 사도들과 함께 예수 부활을 증언하고 있는 하나의 인격체로 등장하고 있다.

그렇다면 논의를 진전시켜, 사도들이 규정한 정체성과 관련하여 제기되는 문제, 즉 그들은 무엇의 증인들인가의 문제를 고찰해보자. 누가가 본 사도들은 '이 일들의 증인들'로 스스로를 규정하고 있다.

그렇다면 여기서 '이 일들'은 무엇을 의미하는가?

이 일들은 사도들이 사도행전 5장 29-31절에서 선포한 메시지와 연

---

87 Craig. S. Keener, *Acts: An Exegetical Commentary*: 3:1-14:28, vol. II, 1220.
88 Carl R. Holladay, *Acts: A Commentary*, 144.

관이 있다. '이 일들의 증인들'(마르튀레스 톤 레마톤 투톤[μάρτυρες τῶν ῥημάτων τούτων])을 직역하면 '이 말씀들의 증인들'이기 때문에, 그들이 증언하는 것은 그들이 선포한 말들과 관련된다. 사도행전 5장 29-31절에서 사도들은 십자가에 죽은 예수를 하나님이 살리셨음을 선포한다. 사도들뿐만 아니라 성령도 이를 증언한다. 따라서 사도들이 그들의 정체성을 '성령과 함께 증언하는 부활의 증인들'로 밝히고 있음을 감지할 수 있다.

누가교회공동체와 산헤드린 공의회와의 2차 충돌에서, 사도들은 '부활한 예수'가 '왕과 구원자'임을 선포한다(행 5:29-32). 이런 누가교회공동체와 달리, 바리새적 유대교는 예수의 부활을 인정하지 못함으로 부활에 대한 자신들의 신념과 신앙을 따르지 못할 뿐만 아니라, 구약의 부활 신앙을 계승하지도 못한다. 또한 로마 제국의 신정일치를 받아들임으로 구약의 '왕-하나님 신앙'도 계승하지 못한다. 이런 측면에서, 누가교회공동체는 '부활한 예수'를 체험하고, 부활한 예수를 '왕과 구원자'로 믿고 선포함으로 구약(유대교 전통)의 부활 신앙을 계승할 뿐만 아니라, 구약(유대교 전통)의 신정일치 사상을 계승한다. 따라서 누가교회공동체의 구성원들은 부활의 증인들이고, 그들 곁에 있는 성령도 그러하다.

이를 통해, 누가교회공동체는 로마 황제를 왕으로 여기지 않는 자신들을 유대 전통(구약의 신정일치)을 온전히 계승한 자들로 내세우면서, 로마 황제를 왕으로 인정하는 바리새적 유대교의 신정분리를 견제한다. 이것은 바리새적 유대교의 정통성에 대한 반박으로 이해될 수도 있지만, '성령과 함께 증언하는 부활의 증인들'로 자신들의 정체성을 규명함으로 바리새적 유대교를 뛰어넘으려는 누가교회공동체의 시도로도 파악될 수 있다.

그렇다면 누가가 본 사도들이 자신들의 정체성을 규정하는 두 번째 표현 '하나님 순종자들'을 살펴보자.

사도행전 5장 32절의 '하나님 순종자들'은 사도행전 5장 39절의 '하나님 대적자들'과 대조되어서 이 단락에서 진술되고 있다. 대다수의 주석가들은 하나님 순종자들의 특징을 성령을 받은 자들, 성령에 사로잡힌 자들, 성령이 내주하고 있는 자들로 제시한다.[89]

그런데 이 단락에서 특이한 점은 누가가 성령을 '하나님이 주신 분'(호 에도켄 호 데우스[ὃ ἔδωκεν ὁ θεός])으로, 하나님이 주신 인격체로 묘사하고 있다는 점이다. 단순히 '하나님이 주신 성령'(토 프뉴마 토 하기온 에도켄 호 데우스[τὸ πνεῦμα τὸ ἅγιον ἔδωκεν ὁ θεός])으로 표현해도 무리가 없지만, 누가는 정관사 호(ὁ)를 에도켄(ἔδωκεν) 앞에 붙여서 '하나님이 주신 분'(토 프뉴마 토 하기온 호 에도켄 호 데우스[τὸ πνεῦμα τὸ ἅγιον ὃ ἔδωκεν ὁ θεός])으로 표현하고 있다. '성령의 인격성(人格性)'이 강조되고 있는 대목이다. 누가교회공동체가 바리새적 유대교를 극복하고 능가할 수 있는 이유는, 성령이 있기 때문이다. 그러므로 누가교회공동체 구성원들은 성령을 받은 하나님 순종자들로 재차 규정된다.

누가복음에서 이 성령은 마리아에게 임하시고(눅 1:35), 시므온에게 지시하고 그를 성전으로 이끄신다(눅 2:26-27). 또한 성령을 모독하는 자(토 하기온 프뉴마 블라스페메산티[τὸ ἅγιον πνεῦμα βλασφημήσαντι])는 결단코 용서함을 받지 못한다(눅 12:10[90]). 더 나아가, 성령은 유대 종교 당국의

---

89 다음을 참고하라. F. F. Bruce, *The Book of the Acts*, 113; Joseph A. Fitzmyer, *The Acts of the Apostles*, 338; L. T. Johnson, *The Acts of the Apostles*, 98; Carl R. Holladay, *Acts: A Commentary*, 144.

90 누가는 성령을 거스르는 것을 '신성 모독'(블라스페메오[βλασφημέω])으로 표현하지만,

지도자들과 로마 정치 당국의 권세자들 앞에서 성도들이 무슨 말을 해야 할지까지 가르치신다.

> 그리고 너희가 회당들 앞과 주권자들과 권세자들 앞에 끌려 갈 때에, 무엇으로 대답하며 어떻게 말한 것인가를 염려하지 말라(눅 12:11).

여기서 누가교회공동체의 선교사들을 박해하는 주된 주체로 세 가지 대상을 언급하는데, 회당들(타스 쉬나고가스[τὰς συναγωγὰς])과 주권자들(타스 아르카스[τὰς ἀρχὰς])과 권세자들(타스 엑수시아스[τὰς ἐξουσίας])이 그들이다. 누가는 회당이라는 단수를 사용하지 않고 회당들 앞에서 당하는 고난을 언급한다. 또한 누가는 누가교회공동체의 주된 박해자들로 주권자들과 권세자들을 복수로 지목한다.

임성욱(Sung Uk Lim)의 연구에 따르면, 엑수시아(ἐξουσία)는 '자유,' '능력,' '권세' 등 폭넓은 의미가 있지만, 복수형태인 엑수시아스(ἐξουσίας)로 쓰이면 그것은 인간들의 권세를 의미한다.[91]

델링(G. Delling)에 따르면, 신약에서 아르케(ἀρχή)는 유다서 1장 6절을 제외하고는 주권자들을 의미하고 엑수시아와 함께 사용되는 한 쌍의 병

평행본문인 마 12:30에서 마태는 '말로 대적하는 것'(에이페 로곤 카타[εἴπῃ λογον κατὰ])으로 기술한다. 신성을 모욕하는 것을 뜻하는 블라스페메오와 단순히 대항한다(against)는 의미의 카타(κατα)는 의미와 강도상 차이가 있다. 누가가 마태보다 성령을 거스리는 것을 표현하기 위해 κατα보다 심각한 단어인 βλασφημέω를 사용함을 알 수 있다.

91 Sung Uk Lim, "A double-voiced reading of Romans 13:1–7 in light of the imperial cult," *HTS* 71.1 (2015): 1–10.

행구이다(눅 12:11; 20:20; 딛 3:1).[92] 이런 판단의 연장선상에서, 델링은 아르카스 카이 엑수시아스(ἀρχὰς καὶ ἐξουσίας)가 누가복음 12장 11절과 디도서 3장 1절에서 세속권력과 종교권력을 의미하고, 누가복음 20장 20절에서는 로마 총독의 행정권력을 나타낸다고 제안한다.[93] 아르케와 엑수시아가 디도서 3장 1절에서 그리스도인들이 순복할 수 있는 권위를 의미할 수도 있고 또한 에베소서 6장 12절[94]에서 그리스도인들이 반드시 대적해야만 하는 권위를 의미할 수도 있기 때문에, 아르케와 엑수시아는 다중의미를 가지고 있다고 판별할 수 있다.

그러나 누가복음 12장 11절에서 핍박의 분위기가 역력히 드러나는 것으로 보아서, 이 구절에서 아르케와 엑수시아는 누가교회공동체가 대항해야 하는 권력들로 고려하는 것이 자연스럽다. 아울러 위에서 언급한 델링의 주장과는 달리, 누가복음 12장 11절에서 종교권력의 대변적 기구로 회당들이 등장하기 때문에, 누가복음 12장 11절에서 타스 아르카스 카이 타스 엑수시아스(τὰς ἀρχὰς καὶ τὰς ἐξουσίας)를 로마정치 권력의 대변자들로 한정하는 것이 적절하다.

누가복음 12장 11절의 박해의 세 주체(회당들, 주권자들, 권세자들) 가운데는 누가교회공동체의 선교사들을 사형시킬 권한을 가진 존재가 있었다. 누가복음 12장 4-5절에서 누가는 "몸을 죽이는 자들을 두려워 말라"(메 포베데테 아포 톤 아폭테이논톤 토 소마[μὴ φοβηθῆτε ἀπὸ τῶν

---

[92] TDNT, 1974 ed., s.v. "ἀρχή," by G. Delling.
[93] Ibid.
[94] 아르카스 카이 엑수시아스(ἀρχὰς καὶ ἐξουσίας) 병행구 형태가 아니라, 프로스 타스 아르카스, 프로스 타스 엑수시아스(πρὸς τὰς ἀρχάς, πρὸς τὰς ἐξουσίας)로 열거되는 형태이다. 그럼에도 그 본질적 의미는 유사하다

ἀποκτεινόντων τὸ σῶμα])라고 누가교회공동체의 선교사들에게 권면한다.

누가복음 12장 4-12절에서 '회당들'(타스 쉬나고가스[τὰς συναγωγὰς])과 '주권자들과 권세자들'(타스 아르카스 카이 타스 엑수시아스[τὰς ἀρχὰς καὶ τὰς ἐξουσίας])은 박해의 주된 주체로 등장한다. 따라서 델링의 제안을 받아들이면, '주권자들과 권세자들'은 세속권력과 종교권력 모두를 의미할 수 있기 때문에 (즉 유대 종교 당국의 권력자들 혹은 로마 정치 당국의 권력자들 둘 모두로 생각할 수 있기 때문에), 유대 종교 당국의 상층부에 있는 종교권력자들로 볼 수도 있다. 그러나 이런 가정은 회당이 로마 제국으로부터 사형의 권한을 부여받지 못했다는 역사적 사실을 무시할 때에만 성립된다.

따라서 누가복음 12장 11절의 박해자들을 '태형을 가할 권한을 가진 회당들'과 '사형을 가할 권한을 가진 주권자들과 권세자들'로 이원화하여 구분하는 것이 적절하다. 이런 관점에서, 전자를 종교권력으로 후자를 정치 권력으로 이해할 수 있을 것이다.

여기서 다음과 같은 질문들이 제기될 수 있다.

"박해를 주는 강도로 보자면 '회당들'보다 사형의 권한을 가진 '주권자들과 권세자들'이 위협적인데, 왜 누가는 교회를 핍박할 첫 번째 박해의 주체로 '회당들'을 지목하고 있는가?"

"박해의 주체가 되는 대상들의 순서는 어떤 의미를 가지는가?"

"누가교회공동체가 저항해야 하고, 성령이 가르치시는 말로 저항해야 하는 이 권력들의 서열 첫 번째로, 누가가 회당들을 상정하는 이유는 무엇인가?"

이 의문들에 답하기 위해, 먼저 지적되어야 할 점은 우리는 구약의 해석, 율법의 해석 등을 놓고, 즉 같은 전통을 놓고 다르게 해석하는 바리새적 유대교와 누가교회공동체의 충돌이다. 다시 말해, 같은 구약 전통을 놓고 누가교회공동체와 논쟁을 벌이는 1차적 대상은 로마 정치 당국이라기보다는 유대 종교 당국으로 간주할 수 있다. 이런 측면에서 누가교회공동체가 맞이하고 있는 상황, 즉 구약의 전승해석, 율법의 해석, 구약 예언의 해석 등을 놓고 바리새적 유대교에게 우위를 점해야 하는 누가교회공동체의 논쟁적 상황을 감지할 수 있다.

A.D. 80년대 누가교회공동체의 선교사들이 처한 현실은 권력의 진공상태 내지는 영점(零點)지역이 아니다. 선교라는 누가교회공동체의 과업이 확장되고 성취되는 공간의 자리에는 반드시 현존하는 정치 권력 로마 제국[95]이 있고, 바리새적 유대교로 단일화된 종교 당국이 엄존한다. 이런 이중박해의 상황 가운데, 누가교회공동체의 선교사들이 담대할 수 있는 근거가 있다. 성령이 그들 앞에 서서 선교의 과업을 이끌어 가신다

> 왜냐하면 바로 그 시간에 성령이 너희에게 마땅히 해야 할 말을 가르치실 것이기 때문이다(눅 12:12).

유대 종교 당국과 로마 정치 당국의 이중박해의 상황 가운데, 누가교회공동체의 전도자들이 두려워하지 말아야 할 이유는 성령이 필요한 말과 적절한 말을 가르쳐 주시기 때문이다. 특별히 구약의 해석을 놓고 치열하게 바리새적 유대교와 논쟁을 벌여야 하는 누가교회공동체의 선교사들에게는 성령의 가르치심이 무엇보다 필요하다.

---

95   그러나 로마 제국은 자신들의 정치 권력을 종교화하여, 통치력을 공고히 하려고 시도한다. 그 선봉에 로마 황제 숭배가 있다.

누가복음 12장 12절의 평행본문인 마태복음 10장 20절에서 할 말을 주시는 이는 '너희 아버지의 성령'(토 프뉴마 투 파르토스[τὸ πνεῦμα τοῦ πατρὸς])으로 표현된다. 마태의 소유격적 표현 '너희 아버지의 성령'과 누가의 독립적 표현 '성령'(토 가르 하기온 프뉴마[τὸ γὰρ ἅγιον πνεῦμα])을 비교해보면, 누가가 마태보다 성령의 독립성을 강조하고 부각시킴을 알 수 있다. 이러한 성령의 인격성은 사도행전에서는 더욱 더 강화된다.

성령은 사도들과 누가교회공동체 구성원들에게 직접 말씀하시고(행 8:29; 10:19; 13:2; 20:23; 21:11), 혹은 누군가를 통해서 말하게 하시고(행 1:16; 4:25; 28:25), 여러 나라 말로 말하게 하신다(행 2:4). 성령을 속이고 거스리는 자들이 존재한다(행 5:3; 7:51)는 것도 성령의 인격성을 다룰 때, 놓칠 수 없는 요소이다. 더 나아가 성령은 위로하시고(행 9:31), 직접 명령하신다(행 11:12). 사도행전에서 성령은 바울, 바나바, 유다, 실라처럼 하나의 인물로 명백하게 등장한다. 이를 경이롭게 보여주는 것이 사도행전 15장 28절이다.

> **성령과 우리는**(τῷ πνεύματι τῷ ἁγίῳ καὶ ἡμῖν) **이 필요한 것들 외에 너희에게 아무것도 짐 지우지 않는 것이 좋다고 여긴다**(행 15:28).

사도행전 15장 28절은 '성령과 우리는'(토 프튜마티 토 하기온 카이 헤민 [τῷ πνεύματι τῷ ἁγίῳ καὶ ἡμῖν])으로 시작된다. 여기서 '우리는'은 22절의 사도와 장로와 온 교회를 포함하는 단어임을 추론할 수 있다. 28절은 문맥상 "우리는 이 필요한 것들 외에 너희에게 아무것도 짐 지우지 않는 것이 좋다고 여긴다"라고 해야 자연스럽다.

하지만 저자 누가는 성령을 끌어들여 '성령과 우리'로 주어를 확장시킨다. 누가의 서술에서 표출되는 성령의 근본적 이미지는, 맹렬하고 왕성한 활동을 감당하고 있는 하나의 등장인물로서의 인격체적 면모(面貌)이다. 이런 측면에서 다음과 같은 마르그라의 지적은 검토되어야 한다.

> 비록 누가가 성령을 그의 등장인물의 위계 중에서 가장 높은 위치에 설정한다 할지라도, 누가는 성령을 그의 이야기 속의 한 등장인물로 삼는다.[96]

이렇게 누가–행전에서 하나의 인물로 등장하는 성령은 아시아로 가고자 하는 바울을 막으시고(행 16:6), 성령은 비두니아 선교까지도 허락하지 않으시고(행 16:7), 유럽(마게도냐)으로 선교의 방향을 바꾸신다(행 16:9-10). 심지어 성령은 사도 '바울을 꽁꽁 묶어' 예루살렘으로 가게 하신다. 성령의 인격성이 여과 없이 드러나고 있는 사도행전 20장 22-23절을 살펴보면 다음과 같다.

> 그러나 지금 보라! 내가 성령에 꽁꽁 묶여(δεδεμένος) 예루살렘으로 간다, 나는 예루살렘 안에서 나에게 일어날 것들을 알지 못한다! 하지만 성령이 각 성에서 내게 증거하며, 결박들과 환란들이 나를 기다린다고 말씀하신다(행 20:22-23).

성령은 사도 바울을 예루살렘으로 이끌며, 바울이 당할 결박들과 환란들을 이야기 한다.

---

96 D. Marguerat, *The First Christian Historian*, 110.

성령이 사도 바울을 어떻게 이끄시는가?

'꽁꽁 묶어'(데데메노스[δεδεμένος]) 이끄신다. 22절에서 완료 수동태인 데데메노스(δεδεμένος)가[97] 사용되었다. 바울의 입장에서는 수동적으로 묶이는 것이지만, 성령의 입장에서는 주체적으로 바울을 묶는 것이다. 여기서 저자 누가가 데데메노스라는 표현을 통해 성령의 주도성과 인격성을 암시하고 있음을 간파할 수 있다. 거기에 그치지 않고, 성령은 사도 바울이 당할 결박과 환란을 말씀하시며(레곤[λέγον]) 증거하신다(뒤아마르튀에타이[διαμαρτύρεταί]). 23절은 현재 능동 분사 레곤(λέγον)이 직설 현재 동사 뒤아마르튀에타이(διαμαρτύρεται)를 수식하는 구조로 짜여져 있다.

헬라어 문법에서 현재형이 반복을 의미하기 때문에, 성령이 지속적으로 사도 바울에게 그가 당할 결박과 환란을 이야기하고 있음을 추론할 수 있다. 성령은 한 번 이야기 하신 것이 아니라 지속적으로 반복해서 사도 바울이 당할 환란과 결박을 증거하신다. 여기서 결박과 환란이 복수형인, '결박들'(데스마[δεσμα])과 '환란들'(들맆세이스[θλίψεις])로 표현되고 있다. 이를 통해 성령은 바울이 당할 고난의 정도가 심할 것임을 예고하신다. 성령이 바울이 당할 고난과 핍박에도 불구하고, 그를 꽁꽁 묶어 예루살렘으로 강권적으로 이끄는 이유는 '선교'에 있다. 성령에 감동 받은 선교사 바울은 자신의 선교적 정체성을 분명히 한다.

---

[97] 개역한글은 "데데메노스 에고 토 프뉴마티 포류오마이 에이스 이예루살렘"(δεδεμένος ἐγὼ τῷ πνεύματι πορεύομαι εἰς Ἰερουσαλὴμ)를 "내가 심령에 매임을 받아 예루살렘으로 간다"라고 번역한다. 그러나 이 책은 성령의 주도성을 강조하는 원어적 표현을 살려, "내가 성령에 꽁꽁 묶여 예루살렘으로 간다"로 번역했다.

> 그러나 내가 나의 달려갈 길과 주 예수로부터 받은 사명 곧 은혜의 복음을 증거하는 일을 마치기 위하여, 나의 생명을 귀중한 것으로 조금도 여기지 아니한다(행 20:24).

위의 논의들을 통해 사도들을 포함해서 누가교회공동체의 모든 구성원들이, 철저하게 성령의 통제와 이끄심 가운데 있음을 파악할 수 있다. 사도행전의 성령이 누가의 붓끝에서 어떤 모습으로 제시되어 있든 분명한 것은, 그 모든 성령의 일하심과 감동하심과 이끄심과 간섭하심이 그려내는 광활한 그림이 '선교를 주도하는 성령'으로 수렴될 수 있다는 점이다. 이런 측면에서, 성령을 '선교행전의 주인공'이라고 칭해도 지나침이 없을 정도이다.

누가교회공동체 구성원들은, '성령의 인격성(人格性)'과 '성령의 실제성(實際性)' 또한 '성령의 능력과 위로'(행 2:1-11; 4:23-31; 9:31; 19:1-7)를 어떤 사고 체계나 상징의 관념 속에서가 아니라, 현실의 삶에서 실존적으로 체험한다. 따라서 '성령의 인격성'과 '성령의 실제성,' '성령의 능력과 치유와 위로'를 체험하고 있는 누가교회공동체는 바리새적 유대교를 극복하고 능가한다. 이와 더불어, 누가는 '성령과 함께 증언하는 부활의 증인들'로 '성령을 받은 하나님 순종자들'로 누가교회공동체 구성원들의 정체성을 규명함으로 바리새적 유대교 구성원과의 차이를 분명히 하며, 바리새적 유대교를 능가하고자 한다.

제5장

로마 제국과 누가의 가말리엘

가말리엘 연설을 통한 누가의 호교론적 호소와 견제는 이제 유대 종교 당국을 넘어 로마 정치 당국으로 향한다. 이는 곧 선교라는 활동자체가, 비정치적 활동임에도 불구하고 그 움직임과 동선이 정치 체제 안에서 이루어지고, 제국의 영토를 무대로 하는 속성을 가지기 때문이다. 저자 누가는 어떤 정치세력의 역학과 무관한 권력의 영점(零點) 지역에서 선교의 움직임이 진행되지 않음을 간파하고 있다.

A.D. 80년 누가가 사도행전을 기록할 당시의 로마 제국과 누가교회공동체와의 관계는 어떠했을까?

저자 누가는 로마의 권력 헤롯 왕의 핍박을 감추지 않고, 그 박해의 발단과 누가교회공동체의 대응을 비교적 긴 지면을 할애하여 설명한다(행 12:1-23). 그럼 이제 누가교회공동체를 향한 로마 제국의 핍박을 읽을 수 있는 단락을 주석해보자.

그때에 헤롯 왕이 손을 대어 교회 안에 있는 어떤 이들을 해치려고 하였다. 그리고 그가 요한의 형제 야고보를 칼로 죽였다(행 12:1-2).

본문에 등장하는 헤롯 왕은 헤롯 대왕의 손자 헤롯 아그립바 1세이다. 여기서 아기 예수를 죽이려고 시도한 헤롯 대왕과 예수의 열두 사도 중 하나인 야고보를 처음으로 순교시키게 한 헤롯 아그립바 1세가 연결된다. 누가의 독자들은 로마 제국의 통치자들의 잔혹함을 연상할 것이다.

헤롯 아그립바 1세는 초대 교회를 핍박하는데, 그가 택한 방식은 지도자들을 죽이는 것이다. 누가는 로마 권력 헤롯 아그립바 1세가 사도 야고보를 죽이고, 베드로를 옥에 가두었다고 고발한다(행 12:1-5). 그런데 여기서 헤롯 아그립바 1세가 베드로를 감옥에 가두고 죽이려고 한 동기가 흥미롭다. 헤롯 아그립바 1세가 왜 베드로를 투옥시키고 처형시키려하는지, 누가는 분명하게 그 의도를 기술한다.

> 그런데 그가 그 유대인들이 기뻐하는 것을 보고, 베드로까지 체포하려고 하였다(행 12:3).

헤롯 아그립바 1세는 유대인들이 야고보의 처형에 기뻐하는 것 때문에, 다시 유대인들에게 칭송을 얻으려고 베드로를 체포하려고 시도한다. 누가는 로마 권력으로 대변되는 헤롯 아그립바 1세와 유대인들 사이의 협력을 가감 없이 드러낸다. 이러한 누가의 묘사를 통해 로마 정치 당국과 일부 유대인들로 표현되는 유대 종교 당국의 일종의 협력, 즉 예수운동을 핍박하려는 두 주체의 시도를 관찰할 수 있다. 누가의 기록에 따르면, 헤롯 아그립바 1세는 유대인들을 기쁘게 하고자 야고보를 참수한다.

헹헨은 유대인들이 야고보의 참수형을 기뻐한 이유에 대하여 산헤드린 재판 기록을 토대로 추적한다. 그에 따르면 "유대인들에게는 살인자와 타락한 도시의 사람들은 참수에 의해 처형되어야 한다는 사상이 있었다."[1] 이를 통해 적어도 유대인들이 사도 야고보를 살인자나 타락한 도시의 죄인으로 여겼음을 감지할 수 있다. 야고보에게 사형권을 행사하고, 베드로마저 처형하려는 헤롯 아그립바 1세는 로마 권력을 나타낸다. 그런데 누가는 헤롯 아그립바 1세의 마지막을 다음과 같이 보도한다.

> 그리고 헤롯이 정한 날에 왕복을 입고 앉아 백성들에게 그들에게 연설을

---

[1] E. Haenchen, *The Acts of the Apostles*, 382.

하였다. 그때 사람들은 "이것은 신의 소리이다. 사람의 소리가 아니다!"라고 외쳤다. 그러자 즉시로 주의 사자가 그를 내리쳤다. 이는 그가 하나님께 영광(δόξαν)을 돌리지 않았기 때문이다. 그는 벌레에게 먹혀서 죽었다 (행 12:21-23).

누가는 헤롯 왕이 죽은 이유를 하나님께 영광(독사[δόξα])을 돌리지 않았기 때문이라고 분명히 밝힌다. 여기서 사용된 독사는 신께 돌려야 할 영광을 표현하는 용어이다.[2] 영광과 영예를 나타내는 티메(τιμή)[3]라는 용어가 있음에도, 누가는 독사를 사용한다. 헤롯 왕의 신성 모독을 강조하는 대목으로 이해할 수 있다. 헤롯 왕은 하나님께 돌려야 할 영광을 자신에게 돌렸다. 그 결과 주의 천사가 '즉시로'(파라크레마[παραχρῆμα]) 그를 치자, 그는 벌레에게 먹혀 죽고 말았다.

여기서 누가는 사람들이 그를 신으로 숭상할 때에, 그가 침묵한 것을 하나님께 영광을 돌리지 않은 것으로 고발하고 있다. 신적 영광을 자기에게 돌리는 것을 받아들인 헤롯 왕은, 다시 말해 스스로 신으로 추앙받는 것을 수용한 헤롯 왕은 벌레들에 의해 죽임을 당한다. 이 같은 묘사를 통해 누가는 스스로를 신격화하고 있는 로마의 지배자들의 파멸적 미래를 예고한다.

---

2   *EDNT*, 2004 ed., s.v. "δόξα," by H. Hegermann. 특별히 요한복음에서 신적인 영광을 의미하는 표현으로 독사(δόξα)와 독사조(δοξάζω)가 43회 쓰였다. 신약에서 독사조의 지배적인 의미는 하나님의 영광을 나타낸다. *Ibid*.

3   휘브너(H. Hübner)는 티메(τιμή)는 독사(δόξα)의 한 부분적 의미를 지닌다고 진술한다. 성서 외의 문헌에서 티메를 사용한 저자는 호머인데, 그는 티메를 '가치'와 '영예'로 사용할 뿐만 아니라, '보상,' '형벌,' '징계'로도 사용했다. 신약에서는 대체로 전자의 의미로 선택되어졌다. *EDNT*, 2004 ed., s.v. "τιμή," by H. Hübner.

누가의 독자들은 신으로 추앙받으려는 헤롯 아그립바 1세를 읽으면서, 스스로 '신들의 아버지'라고까지 자처하고 있는, 인간이면서 신으로 숭배 받고 있는 도미티안 황제를 연상할 것이다. 누가교회공동체와 로마 제국의 충돌의 본질은 '정치의 종교화'에 있음을 본문의 단락은 은연 중 암시한다. 신앙의 차원에서 행한 누가교회공동체의 황제 숭배 거부는 로마 제국에게는 정치적 문제로 받아들여졌을 것이다.

A.D. 80년 누가교회공동체의 삶의 자리에, 편만한 권력으로 로마 제국이 자리잡고 있는 상황에서 누가교회공동체는 로마 제국에게 대처해야 했고, 이를 위해 저자 누가는 로마 제국을 향한 호교론과 견제론을 동시에 취한다. 이런 누가의 태도는 1차 산헤드린 재판 이후, 사도들이 선포한 외침과 기도에도 반영되어 있다.

> 주께서는 주의 종 우리 조상 다윗의 입을 통하여 성령으로 말씀하셨다, 어찌하여 이방인들이 분노하며 백성들이 헛된 일을 꾸미는가?
> 세상의 왕들이 나서며 지도자들이 함께 모여 주와 그의 그리스도를 대적하는구나! 참으로 헤롯[4]과 본디오 빌라도는 이방인과 이스라엘 백성과 합세하여 하나님께서 기름 부으신 거룩한 종 예수를 거슬러 하나님의 권능과 뜻대로 이루려고 예정하신 그것을 행하려고 이 성에 모였다(행 4:25-28).

누가는 예수 죽임에 대한 책임을 로마의 권력자들과 유대인들에게 있

---

[4] 브루스는 4복음서 저자 중 오직 누가만이 예수 죽임의 책임자로 헤롯을 고발함을 지적한다. 다음을 참고하라. F. F. Bruce, *The Book of the Acts*, 99. 브루스의 지적을 통해서, 누가가 다른 복음서 저자들보다 로마 정치 권력을 직시하고 있음을 짐작할 수 있다.

음을 분명히 하지만, 누가는 이 모든 것이 하나님의 권능과 뜻대로 이루어진 것임을 밝힌다. 누가가 예수의 처형의 주체로 로마 제국을 지목하는 것은, 누가 자신의 부정적 로마 제국 인식과 이로부터 진술되는 누가의 견제론으로 파악할 수 있다. 반면 누가가 예수의 죽임이 다윗의 입을 통해 성령으로 말씀하신 것의 성취이며 하나님의 권능과 뜻대로 진행된 것임을 밝히는 것은, 누가의 호교론으로 추정할 수 있다.

말리나와 플리치는 이 단락을 누가가 가지고 있는 '조상에 대한 존숭'(Ancestor Revernce), 즉 다윗에 대한 존경이 드러난다고 주석한다.[5] 그러나 이 단락에서 누가가 조상에 대한 존경을 표출시킨다기보다, 히브리 성경(시편 2편)의 성취로 예수의 십자가 사건을 해석한다고 주석하는 것이 설득력이 있다. 왜냐하면 시편 2편을 말씀하게 하신 것은 성령님이고, 그 통로가 된 것이 다윗임을 사도행전 4장 25절이 분명히 하기 때문이다.

저벨(Jacob Jervell)은 사도행전이 유대인들이나 로마 관리들에게 쓰여진 것이 아니라 그리스도인들에게 쓰여진 것임을 강조하며, 이 단락을 로마 제국을 향한 호교론으로 해석하지 않는다.[6]

그러나 누가-행전에 로마 제국을 향한 호교론으로 읽을 수 있는 구절[7]이 등장하고, 로마 제국에 대한 견제로 해석할 수 있는 본문들[8]이 등장하기에, 저벨의 주장은 납득하기 어렵다. 예를 들어 호교론적으로 검토할

---

5 B. J. Malina & J. J. Plich, *Book of Acts*, 45.
6 다음을 참고하라. Jacob Jervel, *The Theology of the Acts of the Apostles* (Cambridge: Cambridge University Press, 1994), 100-106.
7 호교론적으로 읽을 수 있는 성경 본문은 〈제5장 2. 긍정적 로마 제국 이해와 누가의 호교론〉을 참고하라.
8 견제론적으로 읽을 수 있는 성경 본문은 〈제5장 1. 부정적 로마 제국 이해와 누가의 견제론〉을 참고하라.

수 있는 여러 본문 중, 바울을 향한 사도행전의 천부장의 질문을 꼽을 수 있다(행 21:37b-38).[9]

바울이 헬라어를 사용하자, 천부장은 부정적 답변이 전제된 질문을 던진다.

"네가 헬라어를 아느냐? 그렇다면 너는 얼마 전에 반란을 일으키고 나서 폭도 4천 명을 이끌고 광야로 나갔던 그 애굽인은 아니지 않느냐?"

천부장의 질문에는 바울이 반역의 지도자가 아니라는 것이 전제되어 있다. 다시 말해, 천부장은 "네가 그 애굽인이냐?"(아라 쉬 에이 호 아이귑티오스[ἆρα σὺ εἶ ὁ Αἰγύπτιος])로 묻지 않고, "네가 그 애굽인은 아니지 않느냐?"(우크 아라 쉬 에이 호 아이귑티오스[οὐκ ἆρα σὺ εἶ ὁ Αἰγύπτιος])로 묻는다. 천부장의 질문을 통해(행 21:37-38b), 저자 누가는 기독교 운동이 로마 제국에 반역하는 정치적 반란과 연결되고 오해될 가능성을 차단한다. '천부장이 과연 역사적으로 이렇게 질문했는가'는 정확히 판단할 수는 없지만, 적어도 누가가 묘사하고 있는 천부장 루시아는 기독교 운동을 정치적 반란과 연결시키지 않음은 분명하다. 이런 연장선상에서, 사도행전의 천부장 루시아는 벨릭스에게 바울에게 죄가 없음(행 23:29)을 편지를 통해 보고한다.

슈미트(D. Schmidt)의 경우, 누가가 예수의 죽음과 의인들의 박해를 히

---

9   유상현은 이 질문을 '누가의 정치적 암시'로 읽는 것이 가능하다고 본다. 유상현에 따르면, "루시아가 이집트 사람을 들먹이며 바울이 정치적 혐의자일 수도 있다고 짐작했다가, 즉시 이 의심을 버리게 만드는 누가의 서술상 전략일 것이다. 저자는 그렇게 바울이 죄가 없다는 인상을 심어줌으로써 바울 사건 자체에 대해, 나아가 이제 태동하여 발전하려는 기독교에 대한 로마인들의 정치적 의구심을 없애고자 한 것이다." 다음을 참고하라. 유상현, 『바울의 마지막 여행』, 35.

브리 성경의 성취로 설명한다고 주장한다.[10] 슈미트에 따르면, 누가는 '성서적 호교론'을 통해 예수의 죽음과 의인들의 순교에 대해서 로마 제국이 연루되는 것을 차단하고, 이것은 기독교 운동이 비정치적이고 로마 제국에 위협적이지 않음을 보여주려는 누가의 의도와 관련이 있다.[11] 그러나 슈미트가 주장하는 '성서적 호교론'으로만 이 본문을 바라보는 것은 무리가 있다.

비록 로마 제국의 권력자들이 유대인들과 연대하여 하나님이 뜻하시고 예정하신 것을 행했지만, 헤롯과 빌라도 모두 예수의 죽음에 책임이 있고, 예수에 대한 적의로 그들은 연합하였기 때문이다. 누가는 기독교 운동을 비정치적으로 설명하지만, 예수의 죽음과 선교사들의 박해에 있어 로마 제국의 연루를 완전히 차단하지는 않는다. 따라서 누가-행전에서 로마 제국을 향한 호교론과 견제론을 모두 발견할 수 있다고 보는 것이 적절할 것이다.

위에서 언급한 로마 제국을 향한 누가교회공동체의 변증과 반박을 동시에 살필 수 있는 또 다른 주요한 본문으로 가말리엘 연설 단락을 꼽을 수 있다. 가말리엘 연설 단락(행 5:33-39)에서 사도행전의 사도들은 예루살렘에 위치하고 있다. A.D. 80년대 누가교회공동체의 정황은 예루살렘과 밀접한 관련이 있다. 유대-로마 전쟁 이후, 로마의 제10군단은 예루살렘에 진영을 두고 상주하고 있었다.[12]

---

10 다음을 참고하라. D. Schmidt, "Luke's Innocent Jesus," in *Political Issues in Luke-Acts*, eds. Richard. J. Cassidy and Philip. J. Scharper (Eugene, Oregon: Wipf & Stock Pub, 2015), 111-119.
11 *Ibid*.
12 E. Lohse, *Umwelt des Neuen Testaments*, 34.

물론 가말리엘 연설에 로마 제국이나 로마 군대는 언급되지 않는다. 그러나 사도행전 사건전개의 배경이 되고 있는 또한 선교지를 통치하고 있는 역사적 실체인 로마 제국[13]을 직시하는 것은 보다 설득력 있는 주석을 위해 필요한 작업일 것이다. 본 연구는 저자 누가가 로마 제국을 향해서 호교론적 동기로 접근할 뿐만 아니라, 견제론적 동기에서도 접근한다고 상정한다. 그렇다면 여기서 먼저 누가의 견제론적 동기를 점검해보자.

1. 부정적 로마 제국 이해와 누가의 견제론

가말리엘 연설을 포함한 누가 문서 전반에 로마 제국에 대한 누가의 견제가 담겨져 있다. 논의의 진전을 위해, 가말리엘 연설 외에 누가 문서에서 발견할 수 있는 로마 제국에 대한 누가의 견제들을 먼저 고찰해보자.

첫째, 누가는 복음을 로마 황제와 연결시키지 않고 예수와 연결시킨다. 복음이라는 헬라어 유앙겔리온(εὐαγγέλιον)은 기독교가 시작되기 전에 헬라 세계에서 널리 통용되던 용어였다.[14] 스트레커(G. Strecker)는

---

[13] 사도행전의 정황을 로마 제국과 다룬 연구로는 다음을 참고하라. T. Penner & C. V. Stichele, ed., *Contextualizing Acts: Lukan Narrative and Greco-Roman Discourse* (Leiden; Boston: Brill Academic Publishers, 2003); G. Gilbert, "Roman Propaganda and Christian Identity," in *Contextualizing Acts: Lukan Narrative and Greco-Roman Discourse*, T. Penner & C. V. Stichele, ed. (Leiden; Boston: Brill Academic Publishers, 2003).

[14] 다음을 참고하라. G. Strecker, *Theology of the New Testament*, 337.

헬라 통치자들과 로마 황제들이 이 단어를 자신들의 정치 이데올로기에 어떻게 사용했는지를 설명한다.

> 헬라어 유앙겔리온(εὐαγγέλιον)의 세속적 의미는 '승리 메시지'이다. 즉 εὐαγγέλιον은 전장으로부터 온 승리의 소식을 의미한다. 또한 그 메시지를 가지고 온 자는 보상을 받았기 때문에, εὐαγγέλιον에는 '메시지를 가지고 온 자에 대한 보상'이라는 의미가 담기게 되었다. 헬라통치자들은 영예를 얻기위해서, 그 뒤의 로마 황제들 또한 영예를 확보하기 위해서, εὐαγγέλιον에 추가적으로 '종교적 의미'를 첨가시켰다. 다시 말해 신인(divine-man)으로서 로마 황제가 말하고 행동하는 모든 것은 εὐαγγέλιον의 내용이 된다. 따라서 로마 황제의 생일, 그의 등극, 특별히 그의 계승자의 탄생은 εὐαγγέλιον으로 선전되었다.[15]

누가가 복음(εὐαγγέλιον)을 예수와 연결시킬 때, 그것은 단순히 종교적 행위가 아니라 정치적 행위가 된다. 로마 제국의 정치이데올로기와 로마 황제의 야망을 저지하기 위해, 누가는 예수가 말하고 행동하는 모든 것을 복음으로 소개하고 선포한다.

둘째, 누가의 예수는 데가볼리 지역에서 귀신들린 자를 치유하는데(눅 8:26-39), 그때 귀신은 자기 이름을 '군단'(레기온[λεγιών])이라고 밝힌다. 이때 사용된 단어 레기온은 로마 제국의 군단을 지칭할 때 사용된 단어이다. 누가가 본 예수는 '군단'이라고 자기 정체를 규명한 귀신들을 돼지

---

15 *Ibid*.

에게 쫓아내고, 이 돼지들은 절벽에서 뛰어내려 갈릴리 호수에서 몰살된다.

특별히 돼지는 시리아 안디옥에 주둔했고, 유대-로마 전쟁 시 참전했던 로마 제10군단의 마스코트[16]였다. 누가의 청중들은 세스티우스 갈루스 휘하(麾下)에 있던 로마 제10군단이 예루살렘 멸망에 주도적으로 참여했고, 예루살렘 멸망 이후에도 예루살렘에 주둔[17]하고 있음을 인지했을 것이다. 이 같은 누가의 보도 속에서 은밀하게 표출되는 것은 로마 군단을 몰살시키는 예수상(像)[18]이다.

셋째, 누가는 복음서 기자 중 유일하게 빌라도가 갈릴리 사람들의 피를 흘렸다고 기술한다(눅 13:1-3). 이는 신약 어느 곳에서도 대응 단락이 발견되지 않는 본문이다.

넷째, 누가의 예수는 로마지배 체제를 상징하는 헤롯을 '그 여우'라고 공개적으로 비판한다(눅 13:31-33).

누가의 필치 속에서 드러나는 '로마의 부정적 성격'은 누가가 로마 제국을 견제하고 있음을 보여준다.

그렇다면 누가는 왜 로마 제국을 견제하려 하는가?

이는 로마 제국이 선전하던 통치 이데올로기에 대한 대응으로 파악할 수 있다. 홀슬리(R. A. Horsly)는 로마 제국의 결합력과 안정성을 설명하

---

16 다음을 참고하라. W. Carter, *Matthew and Empire: Initial Explorations* (Harrisburg: Trinity Press International, 2001), 71; E. Lohse, *Umwelt des Neuen Testaments*, 34.
17 총독은 가이사랴에 있었지만, 10군단은 예루살렘에 진영을 두고 상주했다.
18 평행본문인 마가복음에서도 귀신들린 자가 자신의 이름을 '군대'($\lambda \epsilon \gamma \iota \omega \nu$)로 칭하고, 마가의 예수가 이 귀신의 많은 무리를 돼지에게 쫓아내고, 이 돼지 떼들이 바다로 뛰어들어 몰살당한다. 마가복음에서도, 로마 제국의 군단과 대결하는 예수의 모습을 읽을 수 있다.

려면, '황제 숭배'와 '후원자 체계'(patron-client)를 고려해야 한다고 지적한다.[19] 로마 제국의 통치선전의 중심에는 신적 존재로 추앙되던 로마 황제가 있다. 황제는 그의 신적능력 혹은 신성(numen)의 발산으로 이적을 일으키고, 아픈 자를 치료하고, 자연을 다스리는 권위를 행사할 수 있다고 선전되었다.[20]

누가는 귀신을 제어하고 영육의 질병을 치유하는 예수를 부각시킨다(눅 4:33-37, 38-39, 40-41; 5:12-13, 17-20; 6:6-10, 17-19; 7:1-10; 8:26-39, 40-56; 14:1-6; 17:11-19; 22:49-51). 심지어 예수는 죽은 자도 살리는 권능을 가진다(눅 7:11-17; 8:49-56). 또한 누가는 기적을 행하고 자연을 다스리는 예수를 강조한다. 누가의 예수는 베드로가 수많은 물고기를 잡는 것을 가능케 하고(눅 5:1-11), 광풍이 몰아치는 바다를 잠잠케 하며(눅 8:22-25), 그의 신적인 능력으로 식량을 증식시켜 무리들에게 공급하며(눅 9:12-17), 영광 가운데 변화하여 모세와 엘리야와 대화하고(눅 9:28-36), 죽음 가운데 부활한다(눅 24장).

누가복음 곳곳에서 흔적을 남긴 치유하고 자연을 다스리고 기적을 행하는 예수 묘사의 정치적 함의는 예수가 로마 황제보다 우월하다는 것이다. 그럼으로 '예수의 이적'은 로마의 통치 선전인 '로마 황제의 업적선전'과 긴장관계를 가진다. 물론 누가의 기록을 로마 황제와의 대립구

---

19 다음을 참고하라. R. A. Horsely, 『예수와 제국』 김준우 옮김 (서울: 한국기독교연구소, 2004[Jesus and Empire: The Kingdom of God and New World Disorder, Augsburg: Fortress, 2003]), 48. 후원자 체계는 로마의 주요한 통치 체제였다. 다음을 참고하라. 전병희, "마태의 백부장상과 이중대결전략," 「신약논단」 18/1 (3, 2011): 95-130, 특히 104-105.

20 다음을 참고하라. D. M. Cox, "The Gospel of Matthew and Resisting Imperial Theology," PRS (2009): 25-48, 주로 29.

도로만 파악하는 것은 무리가 있지만, 누가의 기록 속에 드러나는 로마 황제와의 긴장을 찾을 수 있다.

간세이(P. Garnsey)와 셀러(R. Saller)는 로마 황제 아우구스투스가 『아우구스투스 행전』(Res Gestae)을 통해 로마 백성들을 위한 그 자신의 업적을 널리 전파했음을 지적한다.[21] 로마 황제들은 후원인, 은인, 구세주, 신의 아들, 신으로 호칭되었다. 비록 아우구스투스가 대중들에게 음식, 물, 집을 제공하고, 볼거리를 제공하고, 현금을 지불할지라도, 자연을 다스리고, 병든 자를 치유하며, 죽은 자를 살리며, 귀신을 쫓아내며, 죽음 가운데 부활한 예수의 권능에 미칠 수 없다. 이 예수의 사역은 사도행전의 사도들에게 계승되어진다.

누가 문서가 기록될 당시, 로마 제국의 모든 영토에서 '후원자 체계'(Patronage)가 작동하고 있었다. 크르와는 위대한 사람들의 후견 활동은 정치, 사회 생활에 있어 매우 중요한 역할을 감당했고, 후견인 체제 없이는 로마가 사회 통합을 이룰 수 없기에, 후견인 관계를 하나의 제도로 보아야 한다고 제안한다.[22] 로마 제국이 선전하던 통치이데올로의 핵심부에는 신적 존재로 추앙받았던 로마 황제의 후견이 위치하고 있다.

바꾸어 말하면, 로마 제국의 황제 숭배는 후견인 체제와 연동(聯動)되어서 작동하였는데, 로마 황제는 로마시민들의 제일의 최고의 후원자로

---

21 P. Garnsey and R. Saller, "후견인과 수혜관계의 권력관계," 『바울과 로마 제국』 홍성철 옮김 (서울: CLC, 2007(R. A. Horsley, *Paul and empire : religion and power in Roman imperial society*, Harrisburg, Pa.: Trinity Press International, 1997)): 155-164, 특별히 157.

22 G. E. M. de Ste Croix, *The Class Struggle in the Ancient Greek World* (Itaca; New York: Cornell University Press, 2007), 364.

간주되어졌다. 이에 대응하여, 누가는 당대 사람들의 사고방식과 관습으로 받아들여지고 이해되었던 후견과는 전혀 다른 형태로 후견을 베푸는 예수를 등장시킨다.

이런 예수를 통해서, 누가는 누가교회공동체 구성원들의 사고 속에서 로마 황제의 후견으로 대변되는 로마 제국의 후견자 체제를 견제하고 무력화시킨다. 여기서 무력화시킨다는 것은, 누가가 그의 교회 구성원들의 사고에 영향을 미친다는 의미이다. 현실적으로 누가나 그의 교회가 로마 제국을 상대로 그 체제를 무력화시킬 가능성은 낮다.

후견의 대상과 후견의 목적에 있어, 누가의 예수는 로마 황제와 뚜렷이 비교된다. 다르게 말하면 누가의 예수는 로마적 관점에서 '후원자 같지 않은 후원자'이다. 로마 황제의 후견대상이 차별적이었다면, 예수의 후견대상에는 차별이 없다. 비차별적 후견을 베푸는 예수상을 누가–행전의 독자들은 쉽게 감지할 수 있다. 로마 황제의 후견은 그 대상이 로마 황제에게 복종하는 신민(臣民) 혹은 수도 로마의 시민으로 제한된다. 일례로 아우구스투스는 로마에 거주하는 약 25만 명의 남자시민들에게 곡식을 나누어 주고 67만 명에게 먹거리를 제공했지만, 노예들과 외국인 거주자들을 이 식량제공에서 제외시켰다.[23]

반면 예수의 후견은 유대인은 물론 이방인과 약한 자까지 모두 포괄하는 비차별적인 후견이다(눅 4:33–41; 5:12–20; 6:6–10; 7:1–17; 8:26–56; 9:12–17; 9:37–42; 14:1–6; 17:11–19; 22:49–51). 목적에 있어 로마 황제의 후견은 충성을 이끌어내려는 정치적 목적을 갖는다. 그러나 예수의 후

---

23 다음을 참고하라. R. A. Horsely, 『예수와 제국』, 52.

견은 그 어떤 정치적 목적을 갖지 않는다. 다만 예수는 수혜 받을 대상을 불쌍히 여긴다(눅 7:13).

가말리엘 연설 속에서도, 제국의 통치 이데올로기(황제 숭배와 후원자 체제)를 저지하려는 누가의 견제를 발견하게 된다. 이데올로기는 사전적으로 "사회집단에 있어서의 사상, 행동, 생활방식을 근본적으로 제약하고 있는 관념이나 체계"를 의미한다.[24] 따라서 이데올로기는 어떤 사건이나 현상의 의미를 해석하는 독점적 틀로 작용하기 때문에, 로마 제국의 통치 이데올로기를 받아들일 때 모든 사건과 현상은 예수의 복음과 상치되어 해석될 수 있다.

로마 황제 숭배와 후원자 체계라는 로마의 통치 이데올로기(로마 황제의 신정일치)를 견제하는 누가의 필체를 가말리엘 연설 속에서 확인할 수 있다. 사도행전의 가말리엘은 그의 연설 속에서 '하나님 대적자들'(데오마코이[θεομάχοι], fighting against God) 개념을 진술한다.

> 그런즉 이제 내가 너희에게 말하노니 너희는 이 사람들로부터 물러나라 그리고 그들을 보내버려라. 왜냐하면 만일 이들의 의지와 행동이 사람으로부터 나온 것이면 무너질 것이요(행 5:38).

> 그러나 만일 그것이 하나님께로부터 왔으면, 그들을 타도할 수 없을 것이다. 너희들이 심지어 하나님을 대적하는 자들(θεομάχοι)이 되지 않도록 하라. 그러자 그들이 그에게 설득되었다(행 5:39).

---

24 민중서림 편집국 편, 『민중엣센스 국어사전』 이희승 감수 (서울: 민중서림, 1996).

데오마코이는 신약성경에서 오직 이곳에서만 사용되어지는 특별한 누가의 표현이다. 38절과 39절을 분석해 보면, 하나님을 대적하는 자들을 이렇게 정리할 수 있다.

첫째, 하나님으로부터 나온 의지와 행동이 아니라 '사람으로부터 나온 의지와 행동을 따르는 자들'이다.

둘째, 사람으로부터 나온 의지와 행동을 따르는 자들이기 때문에 '끝내 무너질 자들'이다.

소위 '이중 목소리 담론'(double-voiced discourse)[25]으로 이 본문을 살펴보면, 표면적으로 '하나님 대적자들'은 36절의 드다와 37절의 유다와 같은 혁명 운동가를 가리키지만, 이면적으로 로마 황제와 황제 제의 숭배자들까지도 고려할 수 있다. '이중 목소리 담론'은 한 본문에 두 가지 주장이 담겨 있음을 의미한다. '이중 목소리 담론'으로 제국과 교회의 관계를 살핀 최근의 연구로는 임성욱의 주장을 살필 수 있다.

임성욱은 로마서 13:1-7에서 표면에 드러난 진술이 아닌 내면에 감추어진 바울의 주장을 추적한다. 즉 임성욱은 로마서 13:1-7에서, 바울이 이중 목소리 담론(double-voiced discourse)을 통해 제국의 황제 숭배 제

---

25 다음을 참고하라. Sung Uk Lim, "A double-voiced reading of Romans 13:1-7 in light of the imperial cult," *HTS* 71.1 (2015): 1-10. 바울은 로마 엘리트들이 사용한 공공 문서(public transcript)를 패러디하여, 그들의 우상 숭배를 거절하고 반박하는 피지배 계층의 숨겨진 문서(hidden transcript)를 롬 13:1-7 단락에 공존시킨다. 롬 13:1-7 단락에서 공공의 목소리와 숨겨진 목소리가 공존하면서 서로 대립하고 바울이 엘리트들의 공공 문서적 사상을 견고화 시키는 것 같지만, 결국 바울은 그것을 약화시킨다. *Ibid.* 임성욱은 바울의 체제전복적 주장을 바울의 용어 사용, 즉 영예(티메[τιμή], 두려움(포로스[φόρος]), 권세(엑수시아[ἐξουσία])를 통해 추적한다. 바울은 로마교회 청중들에게 황제에게 돌릴만한 영예만 돌릴 것을, 하나님을 두려워 할 것을, 하나님의 권세가 최고의 궁극적 권세임을 강조한다. *Ibid.*

의에 저항하며 체제 전복적 주장을 펼친다고 간주한다.[26] 바울은 로마 황제에게 신적 영광을 돌리는 것을 거절하고(롬 1:18-32), 이러한 목소리를 로마서 13:1-7 단락에서 제국의 검열을 피하고자, 제국의 공공 문서 형식 속에 숨겨 놓았다.[27] 바울과 유사하게, 누가도 로마 황제 숭배와 그 제의를 거절하는 그의 목소리를 데오마코라는 용어 안에 숨겨 놓았다고 이해할 수 있다.

누가는 가말리엘 연설에서 데오마코스(θεομάχος)라는 용어를 채택하여 구원자 예수가 아닌 구원자 가이사를 자랑하는 로마 제국을 견제한다. 그들이 예수를 거절하고 로마 황제를 신으로 숭상하는 것은 하나님을 대적하여 싸우는 것이다. 누가의 독자들은 데오마코이라는 표현을 읽을 때 혹은 들을 때, 스스로를 하나님으로 칭하고 높이는 로마 황제를 떠올릴 것이다.

누가교회공동체의 삶의 자리에는 하나님-인간(데이오스-안드로포스[θειος-ἄνθρωπος])으로 추앙받으며 신적 존재로 군림하고 있던 로마 황제가 있었다. 로마 황제의 공식 칭호 가운데 하나가 데이오스-안드로포스였다. 클라인크네트(H. Kleinknecht)의 연구에 따르면, 고전적 헬라어 데이오스(θειος)는 '신성'(神性)을 의미하거나 '신적인 자질을 가지는'을 의미한다.[28] 여기서 신적 자질은 하나님이 하나님인 것을 보여주는 자질이고, 예배 받을 수 있는 권리를 뜻한다.[29]

---

26 Ibid.
27 Ibid.
28 다음을 참고하라. *TDNT*, 1974 ed., s.v. "θειοτης," by H. Kleinknecht.
29 다음을 참고하라. Ibid.

모웨리(R. L. Mowery)에 따르면, 아우구스투스, 티베리우스, 네로, 디도 도미티안 황제에 대한 제국의 공식적인 두 단어 칭호는 '하나님의 아들'(데우 휘오스[θεοῦ υἱός])이었다.[30] 또한 황제에게 붙여지는 세 단어 공식 칭호도 있었는데, 그것은 'θεοῦ-선황제의 이름-υἱός'이었다.[31] 로마 황제에 대한 공식 칭호를 두 가지 형식 (두 단어 칭호와 세 단어 칭호)으로 제한한 모웨리의 주장은 근거가 빈약한 것이라 하겠다. 왜냐하면 로마 황제에게는 신, 구속자, 구원자, 해방자 등 다양한 칭호가 공식적이든 비공식적이든 붙여졌기 때문이다. 그러나 제국의 동쪽에서 주조된 80여 개의 동전에 '하나님의 아들'(데우 휘오스[θεοῦ υἱός]) 도미티안이라는 두 단어 칭호 형식이 사용되고 있음을 제시한 모웨리의 연구는 고려할 가치가 있다.

누가 문서가 기록된 A.D. 80년대는 로마의 황제 숭배가 편만하게 행해지던 시대였다.[32] 도미티안(재위 A.D. 81-96년)은 자기 자신을 신(θεος) 현현자로 인정하도록 강요하고, 향을 올리고 기도하고 맹세하는 것을 포함한 황제 숭배를 의무적으로 행하게 했다.[33] 도미티안 시대 주조된 동전에는 도미티안을 '하나님의 아들'로 묘사할 뿐만 아니라, 심지어 '신들

---

30 R. L. Mowery, "Son of God in Roman Imperial Titles and Matthew," *Bib* 83/1 (2002): 100-110, 특히 101-103.
31 *Ibid.*, 특히 105.
32 다음을 참고하라. R. B. Vinson, "The Social World of the Book of Revelation," *RE* 98/1 (2001): 11-31; P. Borgen, "Moses, Jesus, and Roman Emperor," *NT* 38/2 (1996): 145-159; D. L. Jones, "Roman Emperor Cult," in *ABD*, vol. V, ed. D. N. Freedman (New York; London; Toronto; Auckland: Doubleday, 1992), 806-808, 특별히 806.
33 D. L. Jones, "Roman Emperor Cult," in *ABD*, vol. V, ed. D. N. Freedman (New York．London．Toronto．Auckland: Doubleday, 1992), 인용은 807.

의 아버지'(father of gods)로 나타내고 있다.³⁴ 이 같은 연구를 통해, 그 이전보다 도미티안 황제 시대에 황제 숭배가 심각했음을 추정할 수 있다.

　A.D. 1세기 말 로마 제국의 황제 숭배가 극심하게 일어났던 시대의 독자들은, 데오마코스(θεομάχος, 하나님 대적자들)를 읽는 순간, 로마 황제의 공식칭호 데이오스 안드로포스(θεῖος ἄνθρωπος, 신성을 가진 인간)를 쉽게 떠올릴 것이고, 자신들이 사용하고 있는 동전에 쓰여 있는 문구 도미티안 카이사르 데우 휘오스(Δομιτιαν Καῖσαρ θεοῦ υἱὸς, 도미티안 가이사 하나님의 아들)³⁵를 연상 할 것이다. 본문에 등장하는 데오마코이(θεομάχοι)는 복수 즉 '하나님을 대적하는 자들'로 표현되고 있다. 누가의 전망에서 볼 때, 일개 인간임에도 불구하고 스스로의 신성(神性)을 주장하는 로마 황제뿐만 아니라, 로마 황제를 모든 인생들의 제1의 후원자로 여기며 로마 황제를 신으로 숭배하는 자들까지도 하나님에 대항하여 싸우는 자들로 분류될 것이다.

　요약하자면, 제국의 통치 선전이 만연한 A.D. 1세기말 정황 속에서, 누가는 그의 비우호적 내지는 부정적 필치를 통하여 로마 통치의 억압성과 폭력성을 폭로한다. 더 나아가 누가는 로마 제국의 통치 이데올로기, 즉 황제 숭배와 후원자 체계를 견제하고 반대한다. 이런 누가의 시도는 가말리엘 연설에도 은연 중 담겨져 있다. 이런 증거들은 로마 제국을 향

34　다음을 참고하라. R. L. Mowery, "Son of God in Roman Imperial Titles and Matthew," Bib 83/1 (2002): 100-110, 특히 101-103; D. L. Jones, "Roman Emperor Cult," in ABD, vol. V, ed. D. N. Freedman (New York·London·Toronto·Auckland: Doubleday, 1992), 806-808, 특히 807.

35　도미티안 시대 주조된 동전(앗사리온, 노동자 하루 일당인 데나리온의 1/16의 가치)을 참고하라. 헬라어 대문자로 '도미티안 가이사 하나님의 아들'이라고 쓰여져 있다.

한 누가의 견제적 대응을 보여준다. 그러나 가말리엘 연설 단락을 포함한 누가의 글에서 호교론적 대응 또한 발견된다.

2. 긍정적 로마 제국 이해와 누가의 호교론

에드워즈(James R. Edwards)에 따르면, 누가-행전에 언급되어지는 다양한 권력들과 권세들의 명칭들 절반 이상은 신약성경 어느 곳에서도 발견되지 않는다.[36] 물론 에드워즈가 초자연적 세력인 사탄, 이방신들까지도 권력들과 권세들 범위에 포함시킨 것은 무리가 있다. 그럼에도 불구하고, 누가가 헤롯 안티파스, 아그립바 1세, 아그립바 2세, 베스도 등 권력자의 이름을 비교적 상세히 밝히고 있다는 점과 다른 신약성경 저자들이 언급하지 않았던 '성전의 군관들'(스트라테고스 투 히에루[στρατηγοὺς τοῦ ἱεροῦ])[37], '지방총독'(안뒤파토스[ἀνθύπατος])[38], '각하'(크라티스토스[κράτιστος])[39] 등 권력이나 권세들의 명칭을 상세히 진술한다는 점에서, 저자 누가가 교회 구성원들이 선교의 현장에서 맞딱뜨릴 권력들에 지속적으로 관심을 가지고 있음은 분명하다.

다시 말해 누가는 다른 신약성경 기자보다 세세하게 세속 권력과 종교 권력들을 묘사하고 있고, 이는 누가가 외부에 존재하는 로마 정치 당국

---

36 이에 대해서는 다음을 참고하라. James R. Edwards, "Public Theology in Luke-Acts: The Witness of the Gospel to Powers and Authorities," *NTS* 62 (2016): 227-252.
37 눅 22:52; 행 4:1; 5:24 등.
38 행 13:7; 18:12 등.
39 눅 1:3; 행 23:26; 24:3; 26:25 등.

과 유대 종교 당국 등 권력의 실체에 대한 뚜렷한 인식을 가지고 있음을 입증한다.

권력과 권세들을 정면에서 바라보고 있는 누가는 로마 제국에 대한 부정적 진술과 더불어, 로마 제국이 예수운동을 보호하는 기록 내지는 예수운동의 비정치적 성향을 강조하는 진술을 감추지 않는다. 특별히 누가는 기독교 복음과 제국 사이에 갈등이 없음을 지속적으로 부각시킨다.[40] 이 같은 로마 제국을 향한 누가의 호교론에 대해서 에슬러는 다음과 같이 진술한다.

> 호교론의 일반적 의미는 외부를 향해 자신들의 입장을 변증하는 것이다. 여기서 외부인은 특별히 권력과 영향력을 지닌 로마인으로 보여진다[41]

---

[40] 로마 제국을 향한 누가의 정치적 호교론에 대한 학자들의 견해에 대해서는 다음을 참고하라. B. S. Easton, *Early Christianity: The Purpose of Acts and Other Papers* (London: SPCK, 1955), 41-57. 캐드베리와 피츠마이어는 기독교 운동의 합법적 종교 지위 획득 노력이 누가 문서의 주요한 저술 목적으로 본다. H. J. Cadbury, *The making of Luke-Acts* (Peabody: Hendrickson Publishers, 1999), 308-316; Joseph A. Fitzmyer, *The Acts of the Apostles*, 10. 피츠마이어는 물론 사도행전의 저작 목적이 데오빌로와 그와 같은 사람들이 배운 진리와 교훈을 더욱 확신케 하기 위한 교화의 목적이 있음을 이야기한다(눅 1:1; 행 1:1). 그러나 피츠마이어는 누가가 "이 일은 한 구석에서 일어난 일이 아닙니다"(행 26:26)를 진술하며 기독교를 적합하게 성장한 유대교 특별히 바리새적 유대교로 강조함을 밝힌다. 다음을 참고하라. Joseph A. Fitzmyer, *The Gospel Acoording to Luke*(『앵커바이블 누가복음 I Ⅱ』[CLC 刊]), 8-9. 이 같은 누가 변증의 외부 방향성을 강조한 피츠마이어와 캐드베리 이전의 학자, 헨헨은, 사도 바울의 연설(행 22:1-21)에 '바울의 과거'와 '누가의 현재'가 엮어져 있다고 본다. 즉 헨헨에 따르면, 누가는 기독교인과 바리새인 사이의 강한 유대를 보여주려 의도하고 있고, 이런 의도는 로마 제국을 향해 기독교가 유대교의 한 분파라는 것을 강조하여, 합법종교의 특권을 획득하는 것과 연결된다. E. Haenchen, *The Acts of the Apostles*, 630-631. 그러나 누가가 유대교를 뛰어넘는 기독교를 로마 제국을 향해 변증할 가능성도 고려하는 것이 적절하다.

[41] Philip F. Esler, *Community and Gospel in Luke-Acts: the social and political motivations of Lucan theology* (Cambridge ; New York : Cambridge University Press, 1987), 205. 누가의 로마 제국을 향한 호교론은 요세푸스의 호교론과 비교되기도 한다. 요세푸스의 로

누가 변증의 외부적 방향성을 강조한 에슬러는 누가 변증의 내부적 방향성은 고려하지 않는다. 그러나 누가 문서의 일차적 독자가 믿는 기독교인임을 감안할 때, 기독교 복음에 대한 누가 변증의 내부적 방향성도 고려하는 것은 누가 문서 해석에 유용할 것이다. 즉 외부에 있는 사람들에게 기독교를 소개하면서 자신의 정체성을 오히려 분명히 할 수 있는 호교론의 내부적 작용을 생각할 수 있다.

또한 목회적 차원과 신학적 차원에서 내부적 설득의 필요도 고려할 수 있다. 예를 들어 사도행전의 사도들은 그리스도가 십자가에서 고난 받을 것을 하나님이 이미 선지자들을 통해 증언하셨다고 외치고(행 3:18; 5:29-32), 사도행전의 바울도 그리스도의 십자가와 부활이 하나님이 미리 작정하시고 실행한 것임을 분명히 한다(행 13:29-37; 26:23). 이런 측면에서, 누가교회공동체의 구성원들은 '저주받은 십자가(신 21:23)에서 죽은 예수'를 '영광의 주 그리스도'로 외부에 설명하고 증언함으로, 그들 스스로 이를 내적으로 확신할 수 있는 계기를 가지게 된다.

그러하기에 저자 누가는 유대인들에게 '상호배척명제'(相互排斥命題)인 이 두 개념을, 끊임없이 '상호수렴명제'(相互收斂命題)로 진술한다. 누가가 자신의 글에서, 선교사들이 고난 받은 그리스도 개념을 복음의 핵심으로 선포한 것을 반복해서 강조하는 것은, 영광의 주 메시아가 고난 받는 개념이 '사도행전 내용이 전개되는 시대' 뿐만 아니라 '누가의 저술 시대를 살고 있는' 유대인들에게 여전히 논란이 되는 개념으로 남아 있었

마 제국을 향한 호교론에 대해서는 다음을 참고하라. Daniel R. Schwartz, "Josephus and Nicolaus on the Pharisees," *JSJ* 14.2 (1983): 157-171. 바리새인이었던 요세푸스는 최소한 『유대전쟁사』와 『유대고대사』를 통해 반역과 차이가 있는, 반란과 거리가 있는 좋은 유대교를 로마 제국에게 소개하려고 시도한다. *Ibid*., 170.

음을 시사한다. 이런 논의들을 고려해볼 때, 누가의 변증은 내부와 외부 모두를 향한다고 간주하는 것이 설득력이 있다. 그럼에도 누가가 권력과 영향력을 지닌 로마인들을 인식하고 그의 글을 전개시킨다는 에슬러의 지적은 인용할 만하다.

그렇다면 여기서 누가-행전에서 드러나는 정치적 호교론적 색체를 정리해보자.

첫째, 무엇보다 고려할 수 있는 것은 고발당한 예수에 대한 빌라도의 세 번에 걸친 무죄선언이다(눅 23:4, 13-14, 22).

둘째, 누가 저자는 예수운동에 대한 고소를 기각하는 권력 당국의 공식적 선언이나, 예수운동의 비정치성 내지는 로마 제국의 위해가 되지 않는다는 권력자들의 평가를 지속적으로 기술한다(행 18:12-16; 19:35-41; 21:30-36).

셋째, 예수에 대한 로마 제국의 3번의 무죄선언과 비견될 만한, 사도 바울에 대한 3번의 무죄선언(행 23:29; 25:25; 26:31)도 누가 문서에서 발견된다. 누가 문서가 지니고 있는 이 같은 호교론의 동기에 대해서 저벨(Jacob Jervell)은 다음과 같이 의견을 개진한다.

> 누가는 기독교 역시 유대교가 제국에서 합법종교(*religio licita*)로서 누렸던 동일한 특권을 가져야만 하고, 그래서 교회는 유대교의 한 부분으로 이스라엘의 진정한 계승자로 제시되어야 한다는 것을 보여주려고 애쓰고 있다. 누가는 기독교가 정치적으로 무해하다는 것을 로마의 외부인들에

게 설득하려고 노력한다.⁴²

같은 맥락에서, 에드워즈는 기독교를 보호하는 권력들에 대한 지속적인 언급에는 정치적 폭동과 소요에 대한 책임으로부터 기독교를 보호하길 원하는 누가의 의도가 담겨져 있다고 판단한다.⁴³ 즉 기독교를 보호하는 권력들과 권세들을 끊임없이 부각시키고, 그들의 존재를 분명히 하는 이유는, 누가가 그것이 의미 있다고 생각했기 때문이다.

한편 길버트(G. Gilbert)의 경우, 누가-행전이 로마의 정치선전을 차용하고 재평가 했음은 누가 문서 연구에 있어 중요한 매개변수라고 진술한다.⁴⁴ 매개변수는 어떤 응용적 원리들을 실행하거나 어떤 연구 체계를 설정할 때 기본적으로 지정해 주어야 할 사항들이다. 따라서 누가 문서 해석에 있어서 로마와의 관계를 고려하는 것이 적절하다고 길버트는 간주한다.

위에서 언급된 모든 주장들은, 누가가 로마 제국을 현실적으로 바라보며 로마 제국에 대응하고 있음을 전제한다. 가말리엘 연설 단락에도 로마를 향한 누가의 호교론적 요소들을 지적해 낼 수 있다. 지금 누가의 가말리엘은 예루살렘 공의회 회원들에게 드다와 갈릴리 유다라는 역사적 실례를 통해, 그의 의견을 개진한다.

---

42 Jacob Jervel, *The Theology of the Acts of the Apostles*, 102.
43 James R. Edwards, "Public Theology in Luke-Acts: The Witness of the Gospel to Powers and Authorities," *NTS* 62 (2016): 227-252, 인용은 227.
44 G. Gilbert, "Roman Propaganda and Christian Identity," in *Contextualizing Acts: Lukan Narrative and Greco-Roman Discourse*, T. Penner & C. V. Stichele, ed. (Leiden; Boston: Brill Academic Publishers, 2003), 255.

왜냐하면 이전에 드다가 스스로 어떤 사람이라고 말하며 일어났고, 약 400명의 사람들이 그와 함께했다. 그가 죽임을 당하자 그를 따르던 모든 사람들이 흩어졌다(행 5:36).

이 일 후에 인구 조사 때에 갈릴리 유다가 일어나 반역을 일으켜[45] 백성들이 그의 뒤를 쫓게 하였다. 그 또한 죽임을 당하자 그를 따르던 모든 이들이 흩어졌다(행 5:37).

사도행전의 사도들은 지금 예루살렘 산헤드린에 기소되어 있다. 로제는 산헤드린에 대한 역사적 조사를 기반으로 산헤드린을 다음과 같이 설명한다.

> A.D. 6년 유대의 지배자로서 로마인 총독이 유대에 부임해 왔을 때, 이때부터 산헤드린이 최고의 유대 관청으로서 직분을 다할 수 있었다. 최고의 권력은 로마 총독에게 있었지만, 성전 의식이나 유대인들의 생활에 대한 영향력은 예루살렘의 지도층에게 남아있었다. 대제사장(Hohepriester)과 고위급 제사장들(Oberpriester)은 이전처럼 성전에서 예배 행위를 규정하였으며, 옛날부터 있어왔던 가문들은 여전히 정치적 사안(Geschehen)들에

---

[45] 아피스테미(ἀφίστημι)는 신약에서 14번 사용되었다. 특별히 누가 문서에서 10번(누가복음 4번, 사도행전 6번) 사용된다. 타동사 적용법(반역을 이끌다)과 자동사 적용법(분리되다, 물러나다)으로 해석될 수 있다. 다음을 참고하라. *EDNT*, 2004 ed., s.v. "ἀφίστημι," by U. Kellermann. 슐리어(Schlier)에 따르면, 70인역 성경에서 ἀφίστημι는 정치적 배반(창 14:4; 대하 21:8; 토비트 1:4)과 종교적 배반(신 32:15; 수 22:18, 23; 단 9:9; 집회서 10:12)의 의미로 사용되었다. *TDNT*, 1968 ed., s.v. ἀφίστημι," by H. Schiler

협력할 수 있었으며 안정된 경제적 생활을 할 수 있었다.[46]

로제의 진술은 산헤드린의 역사적 사실을 밝히고 있지만, 그는 바리새인들과 율법학자들도 이 산헤드린에서 주요한 역할을 감당했음을 간과했다.[47] 또한 캐시디의 지적대로, 산헤드린이 비록 사법권과 권력을 소유하였으나, 완전하게 독립적인 기구는 아니었고, 로마 지배 하에서 그 권력과 영향력이 현저하게 감소되었다.[48] 산헤드린의 권력은 로마 제국의 통제 하에 있었다. 이런 측면에서 이 책이 다루는 사도들과 산헤드린과의 2차 충돌 단락(행 5:17-42)을 주석함에 있어 로마 제국을 고려하는 것은 자연스럽다. A.D. 80년 누가교회공동체 삶의 자리에 로마 제국은 편만한 정치 권력으로 현존하고 있다.

사도행전 5장 36-37절 단락 주석에 있어 주요한 주제는 드다와 갈릴리 유다의 정체를 규명하고 그들의 반란을 설명하는 것이다. 바레트, 헨헨, 뤼데만 등의 학자들은 요세푸스의 기록(Jos. *Ant*. 20. 97-99)을 근거로, 36절에 등장하는 드다를 A.D. 44년 활동했던 사기꾼 드다로 파악한다.[49] 이때 발생하는 문제는 A.D. 44년 정도에 발생한 드다의 사건이 A.D. 6년에 발생한 갈릴리 유다의 반란보다 먼저 일어난 사건으로 기록되는 시대착오적 문제이다.

---

[46] E. Lohse, *Umwelt des Neuen Testaments*, 106.
[47] 다음을 참고하라. Malina and Plich, *Book of Acts*, 53; F. F. Bruce, *The Book of the Acts*, 114-115.
[48] Richard J. Cassidy, *Society and Politics in the Acts of the Apostles*, 40.
[49] 다음을 참고하라. E. Haenchen, *The Acts of the Apostles*, 252; C. K. Barrett, *The Acts of the Apostles*, 79-80; Gerd Lüdemann, *Early Christianity According to The Traditions in Acts*, 70.

과연 이 두 가지 큰 실수를 역사적 사실을 중시하는 누가[50]가 범했을까?

바레트와 헹헨과 달리, 브루스는 사도행전의 드다와 요세푸스의 드다를 동명이인으로 해석한다.[51] 브루스에 따르면, 드다라는 이름은 흔한 이름이었다.[52] 브루스는 누가의 기록 속에 등장하는 드다를 헤롯 대제가 죽었던 B.C. 4년경 팔레스틴에 일어난 많은 반란 주동자 중에 한 사람으로 추정한다.[53]

바레트와 헹헨의 견해보다 동명이인이라는 브루스의 견해가 더 설득력이 있다. 왜냐하면 브루스의 지적대로 드다라는 이름은 흔한 이름이었고, 드다에 대한 누가의 기록(행 5:36-37)과 요세푸스의 기록(Jos. *Ant.* 20. 97-99)은 그 기술 내용에 있어 차이가 있기 때문이다. 기술 내용의 차이를 확인하기 위해 요세푸스의 기록을 살펴보자.

> 파두스가 유대의 총독이었을 때 드다라고 불리는 어떤 마법사가 있었는데 그는 많은 무리를 설득하고 사로잡아 그를 따라 요단강으로 오도록 명령했다. 드다는 무리들에게 자신은 예언자이며 자신의 명령에 따라 강이 갈라질 것이고, 사람들은 쉽게 건널 수 있다고 말했다. 이렇게 말함으로 드다는 많은 사람을 현혹시켰다. 그러나 파두스는 유대인들이 그들의 어

---

[50] 누가 기록의 역사성은 인정되어야 한다는 유상현의 주장은 다음과 같다. "왜냐하면 누가와 동시대를 살던 역사편찬론 저자인 소모사테(Somosate)의 루시엔(Lucien)의 기록을 고려한다면, 적어도 사실과 허구의 구분이 확실히 인정되던 시기를 살던 저자, 특히 누가와 같이 지적 개방성을 가진 저자가 사도행전 속의 일화들 전부 아니면 일부를 순전히 창작해냈다거나, 실제의 역사적 사실들과 다르게 변조 또는 날조했을 것이라고 믿기는 어려울 듯하다." 유상현, 『사도행전 연구』, 63.

[51] F. F. Bruce, *The Book of the Acts*, 116.

[52] *Ibid.*

[53] *Ibid.*

리섞음의 열매를 수확하는 것을 허락하지 않았고, 그는 그들을 공격할 기병대대를 보냈다. 많은 사람들이 살해되고, 많은 사람들이 감옥에 가는 뜻하지 않은 일이 발생했다. 기병들은 또한 드다를 생포하여 참수하였고 그의 머리를 예루살렘으로 가져왔다. 이것은 쿠스피우스 파두스(Cuspius Fadus)가 총독으로 있을 때, 유대인들에게 일어났던 사건이다.[54]

드다에 대한 요세푸스의 기록과 사도행전의 기록의 차이를 살펴보자.

첫째, 사도행전은 드다의 추종자를 400명쯤으로 언급하나 요세푸스는 드다의 추종자가 많았다고만 서술한다. 400명은 많은 수가 될 수도 있지만 적은 수로 간주될 수도 있다. 그러나 히브리적 관점이나 구약에서, 보통 많은 것을 표현할 때 사용되는 숫적 단위는 백(百)이 아니요, 천(千)이나 만(萬)이다(대상 12:14; 사 60:20; 시 68:17; 144:13).

둘째, 누가의 필치 속의 가말리엘은 드다의 정체를 구체적으로 밝히지 않는 반면, 요세푸스는 드다가 마법사이자 자칭 예언자였다고 상세하게 진술한다.

셋째, 추종자들의 운명이 다르다. 사도행전에서 드다의 추종자들은 흩어졌으나, 요세푸스의 기록에서 드다의 추종자들은 살해당하거나 생포되었다. 따라서 사도행전의 드다와 요세푸스의 드다를 동명이인으로 보는 견해가 두 인물을 동일인으로 간주하는 의견보다 설득력이 있다.

그렇다면 이제 갈릴리 유다에 대해 논구해 보자. 사도행전 5장 37절에 언급된 갈릴리 유다의 정체와 반란 시기를 놓고 학자들은 크게 양분

---

[54] F. Josephus, *Jewish antiquities 10*, trans. L. H. Feldman (Cambridge: Harvard University Press, 1965), 53-55.

되어 있다. 먼저 헨헨, 피츠마이어 등의 학자들은 37절의 유다의 반란을 A.D. 46-48년에 있었던 유다의 아들들의 반란으로 상정한다(Jos. *Ant.* 20. 100-14).[55] 이와 달리, 브루스, 말리나, 존슨 등의 학자들은 37절에 언급된 갈릴리 유다의 정체를 A.D. 6-9년경 활동했던 갈릴리 유다와 동일시한다(Jos. *War.* 2. 117-118.).[56] 논의의 진전을 위해 요세푸스의 기록을 살펴보자. 요세푸스는 코포니우스 치하(A.D. 약 6-9년)에 있었던 갈릴리 유다의 반역을 다음과 기록한다.

> 이제 아켈라오의 영토는 한 지방으로 축소되었고, 로마 기사 계급이었던 코포니우스가 아우구스투스(로마 초대 황제)의 신임을 얻어서, 사형집행권을 포함한 모든 권력을 부여 받아 총독으로 파견되었다. 그런데 그의 통치 기간 중에, 유다라고 이름하는 한 갈릴리인이 백성을 선동해 반란을 일으켰다. 그는 로마인에게 세금을 바치는 것에 동의하는 것, 주권자이신 하나님 외에 죽을 수밖에 없는 피조물을 지배자로 용인하는 것은 겁쟁이와 같이 비겁한 짓이라고 비난했다. 이 사람은 자신의 학파를 세울 만큼 뛰어난 학자였으며, 다른 학자들과는 공통점이 전혀 없을 정도였고 전혀 다른 이론을 제시했다.[57]

---

55 Joseph A. Fitzmyer, *The Acts of the Apostles*, 340; E. Haenchen, *The Acts of the Apostles*, 252

56 F. F. Bruce, *The Book of the Acts*, 116-117; Malina and Plich, *Book of Acts*, 53-54; L. T. Johnson, *The Acts of the Apostles*, 100.

57 F. Josephus, *The Jewish antiquities II*, trans. H. St. J. Thackeray (Cambridge: Harvard University Press, 1965), 367-369.

두 학자 그룹 중 전자(헨헨, 피츠마이어)보다 후자(브루스, 말리나, 존슨)의 주장이 다음과 같은 이유로 보다 타당하다.

첫째, A.D. 46-48년에 반란을 일으킨 주체는 '갈릴리 유다'가 아닌, 유다의 아들들인 '야고보'와 '시몬'이기 때문에 전자의 주장은 그 타당성을 상실한다.

둘째, 사도행전 5장 37절에 언급된 인구조사는 A.D. 6년 구레뇨(Quirinius)의 인구조사(눅 2:2)와 일치하기 때문에 누가-행전의 역사적 흐름과 연결된다. 따라서 이 책은 사도행전 5장 37절의 갈릴리 유다를 A.D. 6년 반란을 일으킨 갈릴리 유다로 상정한다.

다음으로 아페스테센(ἀπέστησεν)의 번역의 문제를 다루어보자. 아페스테센(ἀπέστησεν - 동사, 직설, 부정과거, 능동, 3인칭 단수)의 어원은 아피스테미(ἀφίστημι)이다. 아피스테미는 자동사로 쓰일 수 있고 타동사로도 쓰일 수 있다. 아피스테미는 타동사로 쓰일 때 "반역을 일으키다" 혹은 "~을 잘못 이끌다"로 해석되며, 자동사로 쓰일 때는 "분리하다" 혹은 "물러나다"로 해석된다.[58] 누가복음에서 4번, 사도행전에서 6번 나타나는 아피스테미는 사도행전 5장 37절에서만 타동사로 사용되었다.[59] 사도행전 5장 37절에서 아피스테미는 백성을 반란으로 이끈 갈릴리 유다를 지칭하며, 그 결과 백성들이 그를 따랐다(오피소 아우투[ὀπίσω αὐτου])고 표현된다.[60]

---

58 H. Balz, and G. Schneider, "ἀφίστημι," in *EDNT* Vol. I, ed. by H. Balz & G. Schneider (Michigan: W. B. Eerdmans Publishing, 1993), 183.
59 *Ibid*.
60 *Ibid*. 쉬러(Schlier)는 마소라 본문(MT)과 함께 70인역 성경에서 아피스테미(ἀφίστημι)에서 파생된 단어 아피스데타이(ἀφίστασθαι)가 정치적 배반(창 14:4; 대하 21:8; 토비트

사도행전 5장 37절에서 아페스테센은 "물러나다"나 혹은 "분리하다"라는 자동사 대신 "반란을 일으키다"라는 타동사로 번역하는 것이 더 자연스럽다.[61] 왜냐하면 "갈릴리 유다가 물러나 백성이 그의 뒤를 쫓게 했다"나 "갈릴리 유다가 분리되어 백성이 그의 뒤를 쫓게 했다"는 번역은 어색하기 때문이다. 또한 요세푸스의 기록에 갈릴리 유다의 반역이 명시되어 있음으로 "반란을 일으키다"라는 번역이 역사적 사실에 보다 부합한다.

가말리엘 연설에서 드다를 기술하는 사도행전 5장 36절과 유다를 설명하는 사도행전 5장 37절은 여러 가지 면에서 병행을 이룬다.

행 5:36, πρὸ γὰρ τούτων τῶν ἡμερῶν ἀνέστη Θευδᾶς λέγων εἶναί τινα ἑαυτόν, ᾧ προσεκλίθη ἀνδρῶν ἀριθμὸς ὡς τετρακοσίων· ὃς ἀνῃρέθη, καὶ πάντες ὅσοι ἐπείθοντο αὐτῷ διελύθησαν καὶ ἐγένοντο εἰς οὐδέν.

행 5:37, μετὰ τοῦτον ἀνέστη Ἰούδας ὁ Γαλιλαῖος ἐν ταῖς ἡμέραις τῆς ἀπογραφῆς καὶ ἀπέστησεν λαὸν ὀπίσω αὐτοῦ· κἀκεῖνος ἀπώλετο καὶ πάντες ὅσοι ἐπείθοντο αὐτῷ διεσκορπίσθησαν.

1:4)이나 종교적 배반(신 32:15; 수 22:18f, 23; 단 9:9; Gr. Sir. 10:12)으로 사용되었음을 지적한다. 다음을 참고하라. Schlier, "ἀφίστημι," in TDNT, trans., ed. by G. W. Bromiley (Michigan: W. B. Eerdmans Publishing, 1985), 512.

61 "잘못 이끌다"라는 타동사의 용법도 가능하나, "반란을 일으키다"라는 독법이 갈릴리 유다의 반란이라는 역사적 사실에 지지를 받는다.

36절이 시간을 나타내는 전치사(이전에, 프로 투톤[πρὸ ~ τούτων])로 시작되듯이, 37절 역시 시간을 나타내는 전치사(이후에, 메타 투톤[μετὰ τοῦτον])로 시작된다. 또한 드다와 갈릴리 유다 모두 일어났지만(아네스테[ἀνέστη]) 로마에 의해 처형을 당했고, 그 결과 추종자들은 흩어지게 되었다는 부분도 병행을 이룬다.

시간 + ἀνέστη + 로마에 의해 처형 + 추종자들의 흩어짐

위와 같은 병행을 통해, 드다와 유다의 반란이 가진 유사점을 파악할 수 있다. 이 같은 병행을 이룬 후, 누가는 가말리엘 연설을 통해, 사도들의 예수운동과 드다 혹은 갈릴리 유다의 운동의 차이점[62]을 부각시킨다. 예수도 로마에 의해 처형당했다는 점에서 드다/유다운동과 유사점이 있지만, 가말리엘 연설에서는 유사점보다 예수운동과 드다/유다운동의 차이점이 강조된다. 비록 예수운동과 드다/유다운동의 유사성이 있을지라도, 누가가 예수운동과 드다/유다운동의 동일시를 완강하게 거부했다는 트룸바워(J. A. Trumbower)의 지적은 고려할 가치가 있다.[63]

> 누가는 예수를 갈릴리 유다와 드다와 같은 수준에서 검토하는 것을 완강하게 거절한다… 예수를 실패한 혁명가와 선지자의 위치로 축소시킬 수

---

[62] 로마의 처형으로 끝난 드다와 갈릴리 유다와 달리, 예수는 부활하였다는 차이점도 고려할 수 있다. 하지만 로마 제국에게 예수운동이 드다/유다운동과 다르다는 것을 설득시키는 데 있어, 이것은 유효한 전략이 될 수 없다.

[63] J. A. Trumbower, "The Speech of Gamaliel," *NTS* 39 (1993): 500-517, 특히, 516.

있는 역사적 기억의 위험과 반기독교적 선전의 위험이 있기에, 누가는 예수를 소개하는 그러한 변증적 방식으로 유다와 드다를 소개하기를 원하지 않는다.[64]

트룸바워는 예수와 드다 혹은 유다의 운동이 최소한 외적 모양에 있어 종말론적이라는 공통점이 있을지라도, 누가의 의도가 예수를 이 같은 종말론적 기대로부터 구하는 것이라고 주장한다.[65] 이 같은 트룸바워의 주장은 인상 깊지만, 그가 제기한 주장의 근거에는 문제가 있다. 트룸바워에 의하면, Q 발언에서 종말론적 예수는 갈릴리 유다와 비슷하게 정치적 혁명가요, 유창한 웅변가요, 신학자로 묘사된다.[66] 트룸바워의 논증 방식, 즉 Q 발언에서 묘사되고 있는 예수를 근거로 누가의 예수상을 재구성하는 것은 무리가 있다. 그럼에도 불구하고 트룸바워가 누가가 예수의 운동과 드다/유다운동의 유사점이 아닌 차이점에 집중하고 있음을 밝힌 것은 적합하다.

그렇다면 이제 예수운동과 드다/유다운동의 차이점을 고찰해보자.

첫째, 드다와 유다의 운동이 인간이 일으킨 계획과 행동인 반면, 누가교회공동체의 예수운동은 하나님이 일으킨 계획과 행동일 가능성이 높다.

둘째, 드다와 갈릴리 유다의 추종자들은 다 흩어졌으나, 예수의 추종자들은 점점 늘어나고 있다는 점이다(행 2:37, 47; 5:14; 6:7; 9:31). 누가가

64　*Ibid*.
65　*Ibid*.
66　*Ibid*., 인용은, 516-517.

이처럼 가말리엘 발언 속에 예수운동과 드다/유다운동과의 차이점을 강조하는 것은 로마 제국을 향한 호교론과 연결되어 있다. 다시 말해, 누가는 가말리엘 연설을 통해, 예수운동이 드다/유다운동과 다르다는 것을 로마에게 밝힌다.

콘첼만은 기독교의 설교가 제국의 힘과 충돌하지 않음을 제시하는 것이 누가의 기본적 입장이라고 요약한다.[67] 포웰(M. A. Powell) 또한 누가가 기독교가 정치적 움직임과 무관한 종교적 운동임을 보여준다고 정리한다.[68] 이 같은 콘첼만과 포웰의 주장은 누가가 어찌되었건 그의 필치 속에 로마를 고려하고 있음을 확인시켜 준다. 아직 유대-로마 전쟁의 악몽이 가시지 않은 A.D. 80년대, 누가교회공동체에게 로마 제국은 두려운 힘의 근원이었다. 유상현은 편만한 권력의 주체 로마를 누가가 고려할 수밖에 없었음을 다음과 같이 진술한다.

> 누가가 뚜렷이 절감할 수밖에 없었던 것은 로마 권력이 가졌던 힘의 실체에 대한 공포스런 인식이었을 것이다. 기독교가 자기 주장을 해나가는 정체성 형성의 기간, 또는 자기 세계의 확대 기간에 벌어질 수 있는 가장 중요한 위기는 정치적 힘으로부터 겪게 마련이었다. … 기독교 자체와 기독교인들, 또는 이 모든 운동 자체를 한 순간에 괴멸시킬 수 있는 부정(否定)의 힘은 정치 권력으로부터 나왔다. … 기독교가 이방지역에서 확장의 발길을 뻗치는 순간 선교사들은, 제국 권력의 엄혹한 손길에 꽉 잡힌 현실

---

67 H. Conzelmann, *Acts of the Apostles*, 47.
68 M. A. Powell, 『사도행전 신학』(*What are they saying about Acts*) 이문연 옮김 (서울: CLC, 2000), 122.

세계 속에 스스로가 서 있다는 인식을 절절히 갖지 않을 수 없었다.[69]

로마 제국이 예수운동을 드다 혹은 갈릴리 유다의 운동으로 오해할 여지는 충분히 있었다. 이것은 누가가 피하고 싶은 최악의 정황이었을 것이다. 가말리엘의 발언 속에는 예수운동은 드다와 유다의 운동과는 다르다는 로마 제국을 향한 누가의 변호가 담겨있다. 뿐만 아니라, 로마 제국을 향한 호교론의 동기에는, 저자 누가의 선교지리학적 전략[70]이 담겨 있다. 누가가 구상하는 선교 확장의 끝에는, 제국의 수도 로마가 있다. 제국의 수도 로마는 땅끝까지 이를 수 있는 제국의 중심이다. 복음은 그러므로 반드시 로마에 도달해야 하고, 로마에서 인정[71]받아야 한다. 그때에 복음 제국의 심장을 통해서 땅끝까지 이르게 될 것이다.

그러나 '로마 제국을 향한 호교론'을 누가가 친로마주의를 선택했다거

---

69 유상현, 『바울의 제2차 선교여행』 (서울: 대한기독교서회, 2008), 377.
70 누가는 선교지리적 관점을 가지고 누가-행전을 기록하고 있다. 스코트(J. M. Scott)는 사도행전에 드러난 누가의 지리 지향성을 다음과 같이 진술한다. "누가에게 있어 지리적 전망은 필수적인 진실이다. 누가의 두 책은 강한 지리 지향성을 지닌다. 사도행전은 성령 충만(spirit-impelled)한 사도들이 증인이 되어 예루살렘에서 땅끝까지 이를 것을 차례대로 이야기한다(행 1:8)." J. M. Scott, "Luke's Geographical Horizpn," in *The Book of Acts in Its Graeco-Roman Setting*, ed. by D. W. J. Gill & C. Gempf (Grand Rapids: Wm. B. Eerdmans Publishing Co., 1994), 483. 스트레커의 경우, 시간과 공간적 지리라는 개념을 활용하여 사도행전을 분석한다. "교회 역사의 발전은 빈틈 없이 진행 된다; 한 국면은 즉각적으로 다른 국면 뒤에 따라온다. … 이것은 예수의 승천(행 1:4-14)으로부터 바울의 로마 도착(행 28:14)이라는 사도행선의 연대기적 윤곽에서 찾아 볼 수 있다. 이 같은 연대기적 윤곽은 누가 이야기의 지리적 구조와 정확하게 일치한다. 즉 사도행전에서의 역사 흐름의 틀은 예루살렘과 로마에 의해 운명지어진다(marked out)." G. Strecker, *Theology of the New Testament*, trans. M. E. Boring. (Louisville: Westminster John Knok Press, 2000[*Theologie das Neues Testaments*, Berlin: Walter de Gruyter & Co., 1996]), 399.
71 아마도 누가는 로마 당국 예수운동이 합법종교의 권한을 인정받길 소망했을 것이다.

나 누가가 교회와 국가 간의 조화를 강조(포웰)[72]하는 것이라고 단정할 수는 없다. 왜냐하면 누가에게 있어 로마 제국은 때론 긍정적으로 때론 부정적으로 다가오기 때문이다. 따라서 누가의 호교론에는 로마와 기독교 간의 발생할 수 있는 불필요한 오해와 시비, 갈등의 대립을 피하려는 누가의 간절한 소망이 반영되어있다.

로마 제국을 인식하고 가말리엘 연설을 분석해보면 흥미로운 점을 발견할 수 있다. 누가가 본 가말리엘은 반로마적 성격을 띠는 드다와 유다의 운동을 '인간으로부터의 운동'으로 판단한다. 가말리엘은 민족주의적 입장에서 드다와 유다의 운동을 우호적으로 볼 수도 있다. 특별히 로마에게 세금 바치는 것을 거부하고, 유대교의 핵심적 신조인 "주 하나님은 한 분이시다"라는 신조로 무장하여 로마의 황제 숭배를 거절한 갈릴리 유다의 운동은 긍정적으로 여길 수 있다.

그러나 누가의 가말리엘은 반로마적 성격의 드다와 유다의 운동을 인간으로부터 출발한 계획과 행동으로 간주하여 부정적으로 인식할 뿐만 아니라, 드다와 유다의 운동이 무너진 것(카탈뤼데세타이[καταλυθήσεται])을 당연시 한다. 로마에 동조하는 듯한 혹은 로마와 같은 시각으로 보는 듯한 가말리엘의 발언은, 유대-로마 전쟁 이후, 바리새적 유대교와 로마 제국 간에 이루어진 일시적인 평화[73]를 반영한다.

72　Powell, 『사도행전 신학』, 122.
73　이 책은 누가-행전이 유대-로마 전쟁 이후 일시적인 평화가 이루어졌던 A.D. 1세기 말에 기록되었다고 상정한다. 이와 관련하여 〈제2장 2. 바리새적 유대교와 로마 제국의 상대적 우호관계〉 논의를 참고하라. 또한 다음을 참고하라. 레이니 · 나틀리, 『성경 역사, 지리학, 고고학 아틀라스』, 510-514.

3. 로마 제국에 대한 누가교회공동체의 대응

누가교회공동체에게 로마 제국은 긍정과 부정 두 가지 가능성으로 다가온다. 로마 제국의 모든 영토는 앞으로 펼쳐질 누가교회공동체의 선교의 장(場)이 될 것이다. 또한 선교지리적으로 제국의 수도 로마는 세상 어디라도 통할 수 있는 열린 땅끝이다. 이것은 로마 제국의 긍정적 가능성이다. 그럼에도 불구하고, 로마 제국은 자신의 통치 이데올로기(황제숭배와 후원자 체제)를 강요하고 있고, 언제든지 예수운동을 파괴할 수 있는 현존하는 최고 권력이다. 이것은 로마 제국의 부정적 가능성이다.

선교의 사명을 감당하기 위해, 누가교회공동체는 로마 제국의 양가성(兩可性)에 대응해야 한다. 즉 누가교회공동체는 세계선교를 위해 로마 제국의 긍정적 가능성을 적극적으로 사용해야 하고, 로마 제국의 부정적 가능성을 극복해야 한다.

로마 제국의 긍정성을 선교라는 과업에 사용하기 위해, 누가교회공동체는 로마 제국과의 불필요한 갈등이나 충돌은 최소화해야 한다. 아울러 누가교회공동체는 예수운동의 합법성, 적절성, 탁월성을 끊임없이 로마 제국 권력 당국이 이해할 수 있게 설명해야 한다. 누가는 이 같은 누가교회공동체의 호교론적 호소를 가말리엘 연설에 담아낸다.

그러나 누가교회공동체는 로마 제국의 부정성을 견제하고 반박해야 한다. 로마 제국은 제국의 통일성과 지배의 정당성을 확보하고자 황제숭배와 후원자 체제라는 통치 이데올로기를 내세우고 강요한다. 이데올로기는 어떤 사건과 실제의 의미와 해석을 강제하는 독점적 틀로 작용될 수 있다.

만약 누가교회공동체의 구성원들이 제일의 후원자로 여겨지고 선전되는 로마 황제를 신으로 숭배하는 이데올로기를 받아들이게 되면, 사건과 현실에 대한 복음적 해석과 의미부여는 불가능해지고 선교라는 교회의 사명도 감당할 수 없게 될 것이다. 저자 누가는 로마 제국의 통치이데올로기를 견제하고자 가말리엘을 동원한다. 로마 황제를 신으로 그리고 모든 인생들의 제일의 후원자로 간주하는 것은 하나님을 대적하는 것이다. 그러나 이와 같은 누가의 외침은 먼저 내부구성원들을 향한다.

누가-행전 연구에 있어, 소위 '제국옹호론'(apologia pro-imperio)으로 혁혁한 전기를 마련한 학자는 왈라스키(Paul W. Walaskay)이다.[74] 왈라스키는 그의 짧은 책, 『우리는 지금 로마로 간다』(And so We came to Rome)에서 누가-행전의 보편지향성을 지적한다. 그는 다음과 같이 말한다.

> 누가복음의 전기적 특성 강조는 사도행전의 역사적 특성 강조로 전환되며, 누가교회는 지역의 소종파에서 세계선교를 감당하는 주체로 성장하고, 예루살렘 중심의 유대 기독교인들을 향한 예수의 특수한 메시지는 이방인을 포함하는 바울의 세계적이고 보편적인 구원의 메시지로 확장된다.[75]

또한 왈라스키는 예수의 재판과 바울의 재판 과정 모두에서 예수와 바울이 제국 군대의 보호 아래 있음을 진술한다.[76] 바울은 제국 군대의 보호 아래 무사히 로마에 도달할 수 있었고, 거대한 제국의 수도 로마에서

74　Paul W. Walaskay, *And so We came to Rome* (Cambridge: Cambridge University Press, 1983).
75　*Ibid.*, 59.
76　*Ibid.*, 38-63.

복음을 자유롭게 공개적으로 전파할 수 있었다. 이어서 왈라스키는 이전의 연구와는 전혀 다른 자신만의 굵직한 견해를 개진하는데, 그에 따르면 지금 누가가 고려하고 있는 것은 단순히 (기독교가 로마 제국으로부터) 합법종교의 권위를 획득하는 것만이 아니라 더 나아간다.[77]

> 누가는 로마 사법 당국을 향한 '교회의 변증'에서 더 나아간다. 여러 증거들이 우리들을 다른 방향으로 이끈다. 누가 문서 전체를 통해서, 누가는 조심스럽게, 지속적으로, 그리고 의식적으로 그의 교회를 향해 '제국에 대한 변증'을 펼치고 있다.[78]

이러한 왈라스키의 도발적인 해석을 마르그라 역시 이어가는데, 그의 진술은 고려할 가치가 있다.

> 누가는 왜 자신의 독자들과 함께 로마 제국을 바라보고 있는가? 로마에 대한 누가의 긍정적인 평가는 교회를 옹호하기 위한 것이 아니다. 그것은 오히려 제국을 옹호하기 위한 것이었다... 누가는 장차 기독교가 전개될 무대인 로마 제국에 대한 독자들의 시각에 긍정적인 상을 제시하려고 노력하고 있다.[79]

이 같은 왈라스키와 마르그라의 주장, 즉 '로마 권력을 향한 호교론'

---

77 Ibid., 58.
78 Ibid., 64.
79 D. Marguerat, *The First Christian Historian*, 77. 존슨은 바울의 로마 도착을 사도행전의 절정으로 여긴다. L. T. Johnson, *The Writings of the New Testament*, 217

(외적 호교론)[80]을 넘어서는 '교회를 향한 제국 옹호론'(내적 호교론)은 기존의 해석에서 진일보한 견해라 하겠다. 그럼에도 왈라스키와 마르그라의 주장의 단정적인 측면, 즉 누가 문서의 저작 목적을 호교론만으로 바라보는 것은 무리가 있고 누가-행전 본문에 부합하지도 않는다. 또한 왈라스키는 하나님이 예수에게 부여하신 영적인 권위에 비견될 만한 정치적 권위를 로마 황제에게 부여하셨다고 단정한다. 그는 다음과 같이 결론적 진술을 한다

> 하나님은 제국의 황제에게 모든 사람을 다스릴 정치적 권위를 부여하셨고, 그 권위는 심지어 낮은 직급의 백부장에게까지 위임된다. 이것은 마치 하나님이 예수에게 영적인 권위를 부여하신 것에 비견될 만한데, 예수의 영적 권위는 사도 중 지극히 작은 자에게까지 위임된다.[81]

이 같은 왈라스키의 주장은 로마 제국에 대하여 어떤 때는 가감 없이 부정적으로 혹은 비판적으로 진술하고[82], 어떤 때는 옹호하는 누가 기록[83]의 성격 때문에 적절하지 못하다. 따라서 누가-행전에서 친로마적 성격

---

80 대표적으로 헨헨을 들 수 있다. 헨헨은 사도행전의 특성을 외적 호교론으로 진술한다. 즉 누가는 지속적으로 교회 편에서 로마 제국을 향해 변증을 펼치고 있다. 다음을 참고하라. E. Haenchen, "Judentum und Christentum in der Apostelgeschichte," *ZNW* 54 (1963): 155-187. 그러나 왈라스키의 실수를 헨헨 또한 반복한다. 그는 사도행전의 내적 호교론과 외적 호교론 둘 모두를 균형 있게 바라보지 못한다.

81 Paul W. Walaskay, *And so We came to Rome*, 66.

82 눅 13:1-3, 31-33; 행 4:27; 12:1-23 등을 참고하라. 자세한 논의는 〈제5장 1. 부정적 로마 제국 이해와 누가의 견제론〉을 보라.

83 로마 제국이 예수운동에 대한 고발을 기각하거나 무죄로 평가하는 기록으로는 눅 23:4, 13-14, 22; 행 18:12-16; 19:35-41; 21:30-36; 23:29; 25:25; 26:31 등을 참고하라. 자세한 논의는 〈제5장 2. 긍정적 로마 제국 이해와 누가의 호교론〉을 보라.

의 진술(호교론적 진술)과 반로마적 성격의 진술(견제론적 진술)이 모두 공존한다. 이것을 달리 표현하면, 로마 제국을 향한 누가교회공동체의 태도는 열려져 있다.

누가교회공동체 입장에서 로마 제국을 향해 긍정적으로 대응할 수도 있고, 부정적으로 대응할 수도 있다. 만일 로마 제국이 누가교회공동체의 선교에 긍정적으로 기여하면 로마 제국을 향한 누가교회공동체의 태도는 우호적일 것이다. 반면 로마 제국이 선교를 가로막고 핍박하고 부정하는 주체가 되면, 로마 제국을 향한 누가교회공동체의 태도는 견제와 거절과 반박으로 점철될 것이다. 따라서 로마 제국을 향한 누가교회공동체의 반응과 태도는 친로마(호교론)나 반로마(견제론)로 고착화될 수 없다.

이 모든 결론은 누가교회공동체에게 달려 있는 것이 아니라 로마 제국에게 달려 있다. 즉 로마 제국을 향한 누가교회공동체의 반응과 태도는 '열린 결론'으로 남겨져 있다. 그러므로 제국은 부정적으로 혹은 긍정적으로 누가교회공동체에게 다가올 수 있다. 로마 제국은 '열린 가능성'으로 누가교회공동체 앞에 서 있다. 로마 제국을 열린 가능성으로 간주하는 것은, 로마 제국의 양가성에 대한 누가교회공동체의 초월이다. 이런 전망을 가질 때, 누가교회공동체의 전도자들은 로마의 박해를 이상하게 여기지 않을 것이고, 로마의 환대에 취하지도 않을 것이다. 오직 그들은 부활한 예수를 왕과 구원자로 담대하게 선포할 것이며, 부활한 예수가 왕이며 구원자임을 지속적으로 선교할 것이다.

열린 결론과 더불어 누가는 묵시문학적 전망을 통해 로마 제국의 실체[84]에 대응하고, 제국의 현실을 극복하려 한다. 다시 말해 누가는 묵시문학적 수사학을 통해 누가의 청중들이 '제국이라는 현실'이 아닌 '최후 승리라는 미래'에 영향 받게 만든다. 가말리엘은 그의 결론을 이렇게 맺는다.

왜냐하면 만일 이들의 의지와 행동이 사람으로부터 나온 것이면 무너질 것이요(καταλυθήσεται) (행 5:38b).

그러나 만일 그것이 하나님께로부터 왔으면, 너희는 그들을 무너뜨릴 수 없을 것이다(οὐ δυνήσεσθε καταλῦσαι αὐτούς) (행 5:39a).

누가는 "무너질 것이다"(카탈뤼데세타이[καταλυθήσεται])와 "너희는 무너뜨릴 수 없을 것이다"(우 뒤네세스데[οὐ δυνήσεσθε])라는 직설법 미래형 동사를 사용하여, 그의 독자들의 시선을 현재에서 미래로 옮긴다. 누가는 가말리엘 연설 속에 내포된 '묵시문학적 수사학'을 통해 그의 청중들에게 미래를 확신시킨다. 그 어떤 것도 그 누구도 하나님께로부터 나온 예수운동을 무너뜨릴 수 없을 것이고[85] 오히려 그들은 하나님 대적자가

---

84 로마 제국의 황제 숭배 제의와 이데올로기로 고착화된 계급제도를 고려할 수 있다. 엘리오트(N. Elliot)에 따르면, 바울은 롬 12-15장에 기술되는 '연대의 윤리'(ethic of solidarity)를 사용하여, 제국의 이데올로기로 고착화된 계급제도(hierarchy)를 무너뜨리려고 시도한다. N. Elliot, *The Arrogance of Nations: Reading Romans in the shadow of Empire* (Minneapolis: Fortress Press, 2008), 150. 엘리오트의 관점과 달리, 바울이 로마의 계급제도 가장 꼭대기에 위치하는 로마 황제의 자리에 예수를 위치시키고, 로마 황제를 대체시키는 새로운 세계관을 제시한다고 볼 수도 있다.

85 행 5:38b는 미래조건부 문장(ἐὰν 가정법)을 사용하고, 행 5:39a는 단순조건부 문장(εἰ 직설법)을 사용한다. 38b절의 ἐὰν 조건부 문장은 순전한 가능성 내지는 먼 가능성을 의미

되어 심판을 받게 될 것이다.

묵시문학적 수사학은 누가의 독자들에게 대적자들의 패배와 미래의 승리를 확신시킬 뿐만 아니라, 현재를 새롭게 인식시킨다. 즉 묵시문학적 수사학은 현실의 세상과 하나님을 이해하는 새로운 관점을 제공한다. 캐리(Greg Carey)가 진술한대로, 부활, 메시아 대망, 최후 심판 같은 묵시문학적 개념들은 초기 기독교 선포의 핵심으로 열정적으로 전해졌고 하나님과 세상을 이해하는 새로운 방식을 제시한다.[86]

묵시문학적 수사학의 이 같은 특징을 엘리오트의 경우 '봉쇄의 전략'(strategy of containment)으로 지칭한다. 엘리오트는 묵시문학적 수사학이 '봉쇄의 전략'을 사용하여 개인뿐 아니라 공동체가 현재의 상황을 새롭게 인식하게 만든다고 주장한다.[87] 엘리오트에 따르면, 현재의 상황이 미래를 결정하는 것이 아니고, 현재의 상황은 하나님의 궁극적 섭리로부터 유래하는 것이다.[88]

정리하자면, 누가는 묵시문학적 수사학을 통해 미래의 승리를 확신시키면서 현재의 상황을 새롭게 이해시킨다. 하나님 대적자들은 패배할 것이고, 자신들은 미래의 어느 날 굳건하게 설 것이다. 로마 제국의 통치라는 현재의 상황은 하나님이 결정한 미래를 바꾸지 못한다. 따라서

하는 반면 39a절의 εἰ 조건부 문장은 실제적 현실성과 실제적 가능성을 의미한다. 따라서 행 5:39은 누가교회공동체의 예수운동이 하나님께로부터 유래하였고, 이를 그 누구도 무너뜨릴 수 없음이 강조되고 있다. 이에 대해서는 앞선 논의 〈제4장 2. 바리새적 유대교의 반발과 누가의 호교론〉을 참고하라.

[86] Greg Carey, "Apocalyptic Discourse as Constructive Theology," *PRS* 40.1 (2013): 19–34.

[87] 다음을 참고하라. N. Elliot, *The Arrogance of Nations: Reading Romans in the shadow of Empire*, 146.

[88] Ibid.

묵시문학적 세계관 속에서 누가교회공동체 구성원들은 '현재의 패배자'가 아닌 '미래의 승리자'[89]로 인식될 것이다. 그리고 그 승리는 왕과 구원자로 이미 오신 예수[90](행 5:31)로부터 수여된다.

누가는 여기서 그치지 않고 그 승리의 미래 혹은 미래적 확신을 현재로 끌고 와, 그의 독자들에게 현실 속에서 일어날 소망을 주고 현실 속에서 도전할 비전을 제공한다. 이 때의 비전은 모든 민족을 포괄하려는 제국의 포부를 뛰어넘는[91] 온 열방을 선교하며 온 만민을 제자로 삼으려는 도전적인 비전일 것이다. 누가교회공동체 구성원들에게 현실적 고난은 분명히 있을 것이다. 그러나 그들은 묵시문학적 전망 속에서 그 모든 과정을 복음을 증거 하는 선교의 기회로 삼아야 한다. '작은 묵시'[92]라 불리

---

[89] 캐롤(R. P. Carroll)에 따르면 "묵시문학적 사상은 현실에 대한 상상력의 승리라고 간주할 수 있다. 이 상상력의 승리는 비전의 현실화를 막는 현실의 암울한 제약들을 극복할 필요로부터 유발된다." R. P. Carroll, *When Prophecy Failed: Cognitive Dissonance in the Prophetic Traditions of the Old Testament* (New York: Seabury Press, 1979), 213. 보봉의 경우, 누가교회공동체 구성원들의 정체성과 묵시문학적 수사학을 연결시킨다. 보봉은 눅 18:1-7 단락을 묵시문학적 수사학으로 분석한다. 그에 따르면, 누가교회공동체는 자신들의 정체성을 강렬한 묵시문학적 기대와 결합시키고, 그들을 '밤낮 부르짖는 선택된 자들'로 규정한다. 임박한 미래에 발생할 종말론적 역전과 승리는, 우주적 사건으로 그들에게 예비되어져 있다. François Bovon, "Apocalyptic Traditions in the Lukan Special Material: Reading Luke 18:1-8," *HTR* 90.4 (1997): 383-391.

[90] 콜린스(John J. Collins)는 기독교 묵시문학과 유대 묵시문학의 주된 차이점을 메시아의 오심 여부로 판단한다. 종말론적 시간표에서 기독교 묵시문학가는 유대 묵시문학가와 다른 지점에서 책을 쓴다. 메시아는 이미 왔다. John J. Collins, *The Apocalyptic Imagination: An Introduction to Jewish Apocalyptic Literature* (Grand Rapids: W. B. Eerdmans Publishing Company, 1998), 278.

[91] 제국의 포부를 뛰어넘는 누가의 기독교 문명 프로젝트에 대한 마르그라의 주장은 흥미롭다. "예수의 주되심(the κυριότης of Jesus)은 로마 제국의 권위를 대체하고, 누가의 평화(Lukan εἰρήνη)는 실패한 로마의 평화(Pax romana)를 성취하고, 오순절 사건은 민족들 간의 일치를 이루어 내는 힘을 가이사로부터 빼앗아온다." D. Marguerat, *The First Christian Historian*, 78.

[92] 공관복음서(마 24장, 막 13장, 눅 21장)는 종말에 때에 대한 예수의 증언을 공유하는

는 누가복음 21장에서 누가의 예수는 세상 끝날의 징조를 예언하면서, 고난 가운데 복음을 증거 하는 제자들의 미래 또한 언급한다.

> 이 모든 것들에 앞서 나의 이름 때문에, 그들이 너희에게 손을 대고 회당들과 감옥들에 넘겨주며 핍박할 것이고, 너희는 왕들과 총독들 앞에 끌려 갈 것이다. 이 일이 도리어 너희에게 증거의 기회가 될 것이다($ἀποβήσεται ὑμῖν εἰς μαρτύριον$)[93] (눅 21:12-13).

데, 이 본문들을 '작은 묵시'(little apocalypse)라고 칭한다. 다음을 참조하라. Stephen L. Cook, *The Apocalyptic Literature* (Nashville: Abingdon Press, 2003), 183. 쿡에 따르면, 이 본문들에는 정교한 환상, 천상의 원형들, 익명의 사용 등이 결여되어 있지만, 생기 넘치는 묵시적 상상력이 나타난다. Ibid.

[93] 대다수의 번역본들(NRSV, NLT, NIV, ASV, NKJV, NASB, RSV, YLT, 표준새번역, 현대인의 성경, 공동번역 등)은 "아포베세타이 휘민 에이스 마르튀리온"($ἀποβήσεται ὑμῖν εἰς μαρτύριον$)을 "복음을 증거 하는 기회가 될 것이다"라는 의미로 번역한다.

제6장

결론: 선교를 위한 이중견제론과 이중호교론

누가는 사도행전에서 두 명의 가말리엘을 등장시킨다. 사도행전 5장 33-39절에 나타나는 산헤드린의 가말리엘과 사도행전 22장 3절의 바울의 스승으로 언급되는 가말리엘이다. 두 인물은 동명이인일 뿐 동일 인물은 아니다. 산헤드린의 가말리엘이 힐렐 학파에 속한 바리새인이라면, 바울의 스승 가말리엘은 샴마이 학파의 바리새인이다.

누가가 기술하는 표현을 고려할 때, 둘 사이에는 현격한 차이점이 있다. 산헤드린의 가말리엘은 온건하고 포용적인 힐렐 학파의 분위기를 물씬 풍기지만, 바울의 스승 가말리엘은 그야말로 엄격한 훈련을 받고, 율법에 대한 열심(젤롯테스/젤롯[ζηλωτὴς/ζῆλος])이 가득하고, 대적자들을 가차 없이 처단하는 배타적인 제자를 길러낸 샴마이적 스승으로 묘사되기 때문이다.

누가는 가말리엘의 정체를 모든 백성의 존경을 받는 자로, 바리새인으로, 율법의 스승(노모디다칼로스[νομοδιδάσκαλος])으로 밝힌다. 가말리엘은 사도행전의 묘사 속에서 대립되는 두 쌍을 모두 가진 양면적(兩面的) 존재로 등장하는데, 그는 산헤드린을 이끄는 것처럼 그려지면서 동시에 다른 산헤드린 의원들과 어느 정도 구별이 되는 존재로 제시된다. 또한 그는 긍정적으로도 혹은 부정적으로도 해석될 수 있는 모습으로 기술되고, 한편에서는 산헤드린을 대표하는 듯하면서도 다른 한편에서는 누가교회공동체의 입장을 대변하는 듯한 인물로 보도된다.

그러나 누가교회공동체가 선교를 지향하고 있고, 바리새적 유대교와 로마 제국의 이중박해에 직면하고 있는 점을 인식한다면, 이런 가말리엘의 모습이 그토록 모순되거나 괴이한 것은 아니다. 그리고 무엇보다도, 만일 저자가 그의 교회가 처한 바리새적 유대교와 로마 제국의 역학 관계 속에서, 호교론과 견제론을 펼치려 노력한다는 점을 인정한다면,

사도행전의 가말리엘상(像)에 있는 중의성은 지극히 정상적인 것으로 판정할 수 있을 것이다.

　바리새적 유대교라는 종교 현실과 로마 제국이라는 정치 현실은 누가 교회공동체의 삶과 신앙과 사고 체제를 위협하고 있었다. 이런 위협을 견제하고 자신들의 견해를 변증하려는 흔적을 가말리엘 단락의 행간 속에서 읽을 수 있다. 중요한 것은 역사적 가말리엘에 대한 일반 서술이나 의미가 아닌, '가말리엘을 도구삼아 예수운동의 정당성을 확보하려는' 저자 누가의 기술방식과 그 양상이다. 누가가 제시하는 가말리엘의 부정적 상은 바리새적 유대교와의 단절과 관련이 있는데, 이 단절은 전면적 단절이라기보다는 '계승적 성격을 지닌 부분적 단절'로 볼 수 있다. 반면 누가의 필치 속 가말리엘의 긍정적 상은 변증적 성격을 표현한다. 특별히 가말리엘의 연설 속에서 바리새적 유대교와 로마 제국을 향한 호교론과 견제론이 각각 암시되어 있다.

　앞에서 살펴보았듯이 누가는 가말리엘을 자기의 원칙을 드러내기 위한 등장인물로 삼는다. 인간으로부터 유래한 운동은 멸망할 것이며, 하나님으로부터 유래한 운동은 그 누구도, 심지어 로마 제국마저도 무너뜨릴 수 없다는 가말리엘의 원칙에는 누가의 원칙이 투영되어 있다. 누가교회공동체는 바리새적 유대교의 핍박과 로마 제국의 비우호라는 '이중갈등'의 정황 가운데 위치하고 있다. 이에 저자 누가는 바리새적 유대교와 로마 제국을 향해서 '이중견제론'과 '이중호교론'을 전개한다.

　누가 자신의 변증적 주장과 설득이 가말리엘 연설에 투영된 흔적을 찾을 수 있다. 다시 말해, 바리새적 유대교에 대한 호교론과 로마 제국을 향한 변호라는 누가의 두 의도는 가말리엘 연설 단락 속에 은연중에 복합적으로 드러난다. 그러나 누가의 이중호교론은 친유대주의나 친로마

주의를 의미하는 것이 아니다. 누가는 명확하게 예수 죽음의 책임이 로마 제국과 유대인에게 있음을 선포한다(행 4:27). 이런 측면에서, 누가의 이중호교론은 지상선교의 과업을 위해 바리새적 유대교 혹은 로마 제국과의 불필요한 갈등, 오해, 대립, 시비를 피하기 위한 방책일 뿐이다.

본 연구는 누가가 로마 제국에 대해서 때론 호교론으로 때론 견제론으로 반응한다고 상정한다. 새로운 예수운동은 로마 제국을 통해서 어느 곳이라도 도달할 수 있다. 특별히 제국의 수도 로마는 그 독특한 지리적 위상 때문에, 세상 어느 땅끝으로 나아갈 수 있는 곳이다. 따라서 선교-지리적 측면에서 로마는 긍정적 가능성을 지닌다. 그럼에도 로마는 권력의 핵심부이며 황제 숭배의 근원지일 뿐만 아니라, 로마 제국은 기독교를 일순간에 파멸시킬 수 있는 현존하는 최고의 권력이다. 이것은 로마 제국의 부정적 가능성이다. 이에 누가는 로마 제국에 대해 호교론으로 혹은 견제론으로 대응하는데, 가말리엘 연설 단락은 누가의 호교론과 견제론 둘 모두를 감지할 수 있는 부분이다.

사실 로마를 긍정적으로 받아들이느냐? 적대적으로 배척하느냐?는 누가교회공동체에게 달려 있지 않고, 그것은 로마 제국에게 달려 있다. 로마 제국이 누가교회공동체의 선교에 긍정적 기여를 한다면, 로마 제국은 누가교회공동체에 의해 적극적으로 수용되고 인정될 것이다. 그러나 만일 로마 제국이 누가교회공동체의 선교를 가로막고 누가교회공동체를 궤멸시키려고 한다면, 로마 제국은 누가교회공동체의 묵시적 저항과 거절에 직면하게 될 것이다.

이 모든 결론은 로마 제국의 선택과 직결된다는 측면에서, 로마 제국은 누가교회공동체에게 '열린 가능성'으로 남아있다. 이런 전망을 통해 누가교회공동체 구성원들은 로마 제국의 박해나 환대에 영향을 받지 않고, 선교라는 과업을 수행해 나갈 수 있다. 이런 맥락에서, 누가는 로마 제국이라는 엄연한 현실을 부차적(副次的) 현실로 치환시키면서 누가교회공동체 구성원에게 새로운 차원의 세계관을 제공하는데, 그것은 바로 '선교의 여정에 함께하시는 성령의 동행'이다.

성령은 '지금 여기 그들의 현실 가운데' 실제적으로 그들을 이끌고 권면하고 위로하고 책임진다. 따라서 중요한 것은 인간의 활동이나 행적이 아닌, '역사 속에서 활동하시고 움직이시고 간섭하시는 성령의 존재' 그 자체이다. 그러므로 누가교회공동체 구성원들은 성령을 받은 증인들로 하나님께 순종하는 자들로 그 정체성(행 5:32)이 표현된다.

누가는 자신의 교회의 정체성을 규정함에 있어, 친로마주의나 친유대주의로 규명하지 않는다. 또한 반로마주의나 반유대주의로 정형화시키지도 않는다. 구체적으로 말하면, 누가가 자신의 교회의 정체성을 찾는 주요한 방식은 '선교'와 연관이 있다. 선교를 위해 친로마주의와 반로마주의를 초월하고, 누가교회공동체의 예수운동 그 선교의 정당성과 확장을 위해서 친유대주의와 반유대주의를 극복한다.

바리새적 유대교는 누가교회공동체에게 긍정의 얼굴과 부정의 얼굴, 두 가지 얼굴로 다가온다. 예수운동이 구약 예언의 성취와 완성으로 인정받기 위해서는 구약 전통(유대교)과 연결되어져야 한다. 또한 바리새적 유대교가 누가교회공동체를 유대교 분파로 인정하면, 누가교회공동체가 로마 제국으로부터 합법적 종교지위를 획득하는 데 도움이 된다. 이런 상황을 누가교회공동체가 맞이한다면, 바리새적 유대교의 우산 아래서 합법종교의 특권을 누릴 수 있을 것이다. 이것은 바리새적 유대교가 가진 긍정적인 가능성[1]이다. 그러나 예수를 죽인 주체요, 누가교회공동체의 선교를 방해하고 박해하는 바리새적 유대교공동체는 여전히 부정적인 가능성으로 남아있다.

누가교회공동체가 처한 A.D. 80년의 정황 속에서, 가말리엘 연설은 바리새적 유대교를 향한 누가 혹은 누가교회공동체의 호교론과 견제론을 동시에 보여준다. 누가교회공동체는 선교의 지평 속에 여전히 유대인들을 설정하고 있다. 다수의 유대인들은 바리새적 유대교의 영향을 받고 있는 정황에서, 바리새적 유대교를 향한 호교론은 곧바로 유대인들을 향한 예수운동에 대한 설명이 된다.

그러나 바리새적 유대교가 주장하고 있는 그들의 정통성과 정당성을 견제하고 반박해야 하는 누가교회공동체는 바리새적 유대교와 구별되면서 그들을 능가해야 한다. 구약의 부활 신앙과 구약의 신정일치 신앙(하나님 왕권 사상)을 고수하는 누가교회공동체는 바리새적 유대교와 구별된다.

또한 누가교회공동체에게 부활한 '예수'는 왕(아르케고스[ἀρχηγός])이고 구원자(소테르[σωτήρ])이다. 이와 반대로 바리새적 유대교에게 있어 구원자가 '하나님'이라고 할지라도, 그들의 왕은 '로마 황제'이기에, 그들은 로마의 신정일치(왕과 구원자인 로마 황제)와 타협하며 구약의 하나님 왕권 신앙을 포기했다.

또한 바리새적 유대교를 이끌고 있는 바리새인들은 부활한 예수를 믿지 않음으로, 자신들의 부활 신념을 따르지 못하는 자들로, 구약의 부활

---

[1] 이 단락에서 '긍정적 가능성'은 바리새적 유대교공동체가 누가교회공동체에게 좋은 영향을 미칠 가능성을, '부정적 가능성'은 바리새적 유대교공동체가 누가교회공동체에게 악영향을 미칠 가능성을 의미한다.

신앙을 계승하지 못한 자들로 전락한다. 누가는 누가교회공동체와 바리새적 유대교의 이 같은 차이를 부각시키면서 바리새적 유대교의 정당성을 견제하고 반박한다. 누가교회공동체 구성원들은 성령을 받은 증인들로 하나님께 순종하는 자들이며(행 5:32), 누가교회공동체는 '성령의 인격성'과 '성령의 실제성'을 체험하고 있다는 점에서 바리새적 유대교를 능가한다.

바리새적 유대교와 로마 제국을 향해서 이중견제론과 이중호교론을 펼치면서 누가는 끊임없이 자신의 교회를 '예수를 그리스도로 선포하는 교회'로 제시한다. 다시 말해 누가에게 있어 호교론과 견제론을 선택하는 주요한 판별점은 선교의 과업이다.

그러므로 누가는 로마 제국과 바리새적 유대교와의 이중갈등의 정황 속에서, 고난을 감내하며 예수를 유일한 구주로 유일한 통치자로 담대히(파르레시아[παρρησία])[2] 선포할 것을 누가교회공동체 구성원들에게 권면한다. '담대히'라는 용어 파르레시아에는 저자 누가의 호교론적 소망이 투명되어 있다. 용어 파르레시아가 '용기 있게 말하는 것'과 '연설의 자유' 둘 모두의 뜻을 가지고 있기 때문에,[3] 용어 파르레시아에는 바리새적 유대교와 로마 제국을 향해 '담대하고' '자유롭게' 복음을 증거 할 권리를 확보하길 원하는 누가의 염원이 담겨져 있다.

---

2   누가는 사도행전에서 파르레시아(παρρησία)를 5번 사용하는데(행 2:29; 4:13, 29, 31; 28:31), 모두 하나님 말씀의 선포와 연관 지어 사용한다.
3   다음을 참고하라. D. Marguerat, *The First Christian Historian: Writing the Acts of the Apostles*, 118.

참고문헌

1. 한글 자료

유상현.『사도행전 연구』. 서울: 대한기독교서회, 1996.
_____.『바울의 제1차 선교여행』. 서울: 대한기독교서회, 2002.
_____.『바울의 마지막 여행』. 서울: 동연, 2014.
유태엽. "필로(Philo)를 통해 본 누가공동체의 삶의 정황에 대한 재고."
「신학과 세계」 74 (6, 2012): 32-60.
윤철원. "21세기 독자, 루터의 가말리엘 읽기: 보름스 제국의회와 산헤
드린에서의 발언을 중심으로."「신약논단」 14/3 (9, 2007): 643-
678.
오경준. "베드로와 야고보의 갈등과 안디옥 사건". 연세대학교 박사학위
논문, 2015.
전병희.『멜기세덱과 예수』. 서울: 크리스천 헤럴드, 2010.
_____. "마태의 백부장상과 이중대결전략."「신약논단」 18/1 (3, 2011):
95-130.
_____. "부자와 나사로 비유와 누가의 통합시도."「신약연구」 15/1 (3,
2016): 33-59.

정연호. 『유대교의 역사적 과정: 바리새파의 재발견』. 서울: 한국성서학연구소, 2010.

Brown, R. E. 『신약개론』 김근순, 이은순 옮김. 서울: CLC, 2003 [*An introduction to the New Testament*. Doubleday: Random House, 1997].

Garnsey P. and Saller, R. "후견인과 수혜관계의 권력관계." 『바울과 로마 제국』 홍성철 옮김 (서울: CLC, 2007[Horsley, R. A. *Paul and empire : religion and power in Roman imperial society*. Harrisburg, Pa.: Trinity Press International, 1997]).

Horsely, R. A. 『예수와 제국』. 김준우 옮김. 서울: 한국기독교연구소, 2004[*Jesus and Empire: The Kingdom of God and New World Disorder*. Augsburg: Fortress, 2003].

Jagersma, H. 『신약 배경사』. 배용덕 옮김. 서울: 솔로몬, 2014 [*A History of Israel from Alexander the Great to Bar Kochba*. Philadelphia: Fortress Press, 1986].

Outler, Albert C. 『웨슬리 영성 안의 복음주의와 신학』 전병희 옮김. 서울: 한국신학연구소, 2008[*Evangelism and Theology in the Wesleyan Spirit*. Nashville: Discipleship Resources, 1996].

Perrin N. and Duling, D. C. 『새로운 신약성서개론 하』. 박익수 옮김. 천안: 한국신학연구소, 1991[*The New Testament: An Introduction: proclamation and parenesis, myth and history*. New York: Harcourt Brace Jovanovich, 1974].

Powell, M. A. 『사도행전 신학』. 이운연 옮김. 서울: CLC, 2000[*What are they saying about Acts*. New Jersey: Paulist Press, 1991].

Rainey, Anson F. and Notley, 『성경 역사, 지리학, 고고학 아틀라스』 강성열 옮김. 서울: 이레서원, 2010[Steven *Carta's Atlas of the Biblical World: The Sacred Bridge*. Jerusalem: Carta].

Reicke, B. I. 『신약성서 시대사』. 번역실 옮김. 병천: 한국신학연구소, 1986.

Theissen, G. 『복음서의 교회정치학』 류호성·김학철 옮김. 서울: 기독교서회, 2002 [*Gospel Writing and Church Politics: a Socio-rhetorical Approach*. Chung Chi College: The Chinese University of Hong Kong, 2001].

Trocmé, E. 『초기 기독교의 형성』 유상현 옮김. 서울: 대한기독교서회, 2010 [*L'enfance du Christianisme*, Éditions Noésis, 1998].

2. 영문 자료

Abrami, L. M. "Were All The Pharisees Hypocrites?." *Journal of Ecumeincal Studies* 47/3 (2012): 427-435.

Achtemeier, P. J; Green, J. B; and Thomson, M. M. *Introducing The New Testament: Its Literature and Theology*. Grand Rapids, Mich.: W. B. Eerdmans, 2001.

Anchor Bible Dictionary, 1992 ed. S.v. "Form Criticism." By J. Barton.

Anchor Bible Dictionary, 1992 ed. S.v. "Sanhedrin." by Antnony J. Saldarini.

Barrett, C. K. *A critical and Exegetical Commentary on The Acts of the Apostles*. Edinburgh: T & T Clark, 1994.

_____. *The Acts of the Apostles: A Shorter Commentary*. London: T & T Clark, 2002.

Barton, S. C. "Historical Criticism and Social-scientific Perspective in New Testament Study." *Hearing the New Testament: Strategies for Interpretation*. Ed. J. B. Green. Grand Rapids: Wm. B. Eerdmans Publishing Co., 2010.

Berger, P. L. *The Sacred Canopy: Element of a Sociological Theory of Religion*. New York: Doubleday & Company, 1967.

Berkouwer, G. C. *The Providence of God*. Grand Rapids: W. B. Eerdmans Publishing Co., 1952.

Bird, Michael F. "Reassessing a Rhetorical Approach to Paul's Letters." *Expository Times* 119/8 (2007): 374-379.

Blomberg, C. L. *Jesus and the Gospels*. Nashville: Broadman & Holman Publishers, 1997.

Bock, Darrell L. *Baker Exegetical Commentary on the New Testament: Luke*. Grand Rapids: Baker Academic, 1994.

_____. "Jesus as Lord in Acts and in the Gospel Message." *Bibliotheca Sacra* (1986): 146-154.

Bockmuehl, M. "The Conversation of Simon Peter." *Ex auditu* 25 (2009): 42-60.

Borgen, P. "Moses, Jesus, and Roman Emperor." *Novum Testamentum* 38/2 (1996): 145-159.

Borg, M. J. and Crossan, J. D. *The First Christmas: What the Gospels really teach about Jesus' Birth*. New York: Haper Collins Publishers, 2009.

Bornkamm, G; Barth, G; Held, H. J. *Traditional and Interpretation of Matthew*. London: SCM, 1963.

Bovon, François. "Apocalyptic Traditions in the Lukan Special Material: Reading Luke 18:1–8." *HTR* 90.4 (1997): 383–391.

_____. "The Church in the New Testament, Servant and Victorious." In *Studies in Early Christianity*. Tübingen: Mohr Siebeck, 2003.

_____. "Israel, the Church and the Gentiles in the Twofold Work of Luke." In *New Testament Traditions and Apocryphal Narratives*. Eugene: Pickwick Publications, 2008.

_____. *Hermeneia Luke 3: A Commentary on the Gospel of Luke 19:28–24:53*. Trans. James Crouch. Minneapolis: Fortress Press, 2012 [*L'Évangile selon Saint Luc 19:28–24:53*. Genève: Labor et Fides, 2009].

Brandon, S. G. F. "The Date of the Markan Gospel." *NTS* 7 (1960–1961): 126–141.

Breidenthal, Thomas E. "Exodous from Privilege: Reflection on the Diaconate in Acts." *Anglican Theological Review* 95/2 (2013): 275–292.

Brown, R. E. *The Community of the Beloved Disciple*. New York; Ramsey; Toronto: Paulist Press, 1979.

Brown R. E. and Meier, J. P. *Antioch and Rome: New Testament Cradles of Catholic Christianity*. New York: Paulist Press.

Bruce, F. F. *Paul: Apostle of the Free Spirit*. Exeter: The Paternoster Press, 1985.

_____. *The Book of the Acts*. Grand Rapids: Wm. B. Eerdmans Publishing Company, 1988.

_____. *Acts of the Apostles: Greek Text with Introduction and Commentary*. Grand Rapids: Wm. B. Eerdmans Publishing Company, 1990.

Büchler, A. *Das Synedrion in Jerusalem und das Grosse Beth-din in der Quaderkammer des Jerusalemischen Tempels*. Wien: Hölder, 1902.

Bultmann, R. *Die Geschichte der Synoptischen Tradition*. Göttingen: Vandenhoeck & Ruprecht, 2011.

Cadbury, H. J. *The making of Luke-Acts*. Peabody: Hendrickson Publishers, 1999.

Carey, Greg. "Apocalyptic Discourse as Constructive Theology." *Perspectives in Religious Studies* 40.1 (2013): 19-34.

Carroll, R. P. *When Prophecy Failed: Cognitive Dissonance in the Prophetic Traditions of the Old Testament*. New York: Seabury Press, 1979.

Carroll, John T. *Luke: A Commentary*. Louisville: Westminster John Knox Press, 2012.

Calvin, John. "Commentary on Acts Vol. I." *Christian Classics Ethereal Library*. 1999. [http://www.ccel.org/ccel/calvin/calcom36.html] (7 Nov. 2015).

※ 사이트에서 나온 출처: *Commentary Upon The Acts of the Apostles By John Calvin*. Translated by Henry Beveridge, Volume I. (Grand Rapids, MI.: Christian Classics Ethereal Library).

Cassidy, R. J. *Society and politics in the Acts of the Apostles*. Maryknoll, N.Y: Orbis Books, 1987.

Carter, W. *Matthew and Empire: Initial Explorations*. Harrisburg: Trinity Press International, 2001.

Cartwright, Mark. "Slavery in the Roman World." *Ancient History Encyclopedia*. last modified November 01, 2013. [http://www.ancient.eu /article/629/].

Chance, J. Bradley. *Smyth & Helwys Bible Commentary: Acts*. Macon: Smyth & Helwys Publishing, 2007.

Chilton, B. & Neusner, J. "Paul and Gamaliel." *Review of Rabbinic Judaism* 8 (2005): 113-162.

Clarke, Andrew D. "The Source and Scope of Paul's Apostolic." *Criswell Theological Review* n.s. 12/2 (2015): 3-22.

Clines, D. A. *Interested Parties: The Ideology of Writers and Readers of the Hebrew Bible*. Sheffield: Sheffield Academic Press, 1995.

Cohen, Shaye. J. D. *From the Maccabees to the Mishnah*. Louisville; London: Westminster John Knox Press, 2014.

Collins, John J. *The Apocalyptic Imagination: An Introduction to Jewish Apocalyptic Literature*. Grand Rapids: W. B. Eerdmans Publishing Company, 1998.

Cook, John Granger. *Roman Attitudes toward the Christians: From Claudius to Hadrian*. Tübingen: Mohr Siebeck, 2010.

Cook, Stephen L. *The Apocalyptic Literature*. Nashville: Abingdon Press, 2003.

Conzelmann, H. *Acts of the Apostles*. Trans. James Limberg, A. Thomas Krrabel, and Donald H. Juel. Philadelphia: Fortress Press, 1987.

_____. *Die Mitte der Zeit*. Tübingen: J. C. M. Mohr Paul Siececk, 1954.

_____. *The Theology of St Luke*. London: Faber & Faber, 1961.

Cox, D. M. "The Gospel of Matthew and Resisting Imperial Theology." *Perspectives In Religious Studies* (2009): 25-48.

Darr, J. A. "Irenic or Ironic? Another Look at Galmaliel before the Sanhedrin(Acts 5:33-42)." in *Literary studies in Luke-Acts*. Ed. By R. P. Thompson & T. E. Phillips. Macon: Mercer University Press, 1998.

de Ste Croix, G. E. M. *The Class Struggle in the Ancient Greek World*. Itaca; New York: Cornell University Press, 2007.

deSilva, David. A. *An Introduction to the New Testament*. Downers Grove: Inter Varsity Press, 2004.

Dibelius, M. *The Book of Acts: Form Style and Theology*. Ed. K. C. Hanson . Minneapolis: Fortress Press, 2004.

_____. "Zur Formgeschichte des Neuen Testaments (außerhalb der Evangelien)." *ThR* Band N.F. 3 (1931): 207-242.

Downey, Glanville. *A History of Antioch in Syria: from Seleucus to the Arab Conquest*. Princeton: Princeton University, 1974.

Dunn, James D. G. *The Acts of the Apostles*. Valley Forge: Trinity Press International, 1996.

_____. *In search of the historical Paul*. Washington, DC: Catholic

Biblical Association of America, 2011.

Easton, B. S. *Early Christianity: The Purpose of Acts and Other Papers*. London: SPCK, 1955.

Edwards, James R. "Public Theology in Luke-Acts: The Witness of the Gospel to Powers and Authorities." *NTS* 62 (2016): 227-252.

_____. *In search of the historical Paul*. Washington, DC: Catholic Biblical Association of America, 2011.

Ehrhardt, Arnold. "Judaism, Christianity, and the Empire." In *The Acts of the Apostle*, 75-89. Manchester: Manchester University Press, 1969.

Elliott, J. H. *What is Social-Scientific Criticism?* Minneapolis: Fortress Press, 1993.

Elliot, N. *The Arrogance of Nations: Reading Romans in the shadow of Empire*. Minneapolis: Fortress Press, 2008.

Esler, Philip. F. *Community and Gospel in Luke-Acts*. Cambridge: Cambridge University Press, 1987.

Exegetical Dictionary of the New Testament, 2004 ed. S.v. "ἀφίστημι." By U. Kellermann.

Exegetical Dictionary of the New Testament, 2004 ed. S.v. "θεομάχος." By H. D. Betz.

Exegetical Dictionary of the New Testament, 2004 ed. S.v. "δόξα." by H. Hegermann.

Exegetical Dictionary of the New Testament, 2004 ed. S.v. "τιμή." by H. Hübner.

Ferguson, Everett. *Backgrounds of Early Christianity*. Grand Rapids, Mich.: William B. Eerdmans, 2003.

Ferris, T. P. *Interpreter's Bible Commentary: Acts*. Nashiville: Abingdon Press, 1954.

Fiorenza, E. Schüssler. *Aspects of religious propaganda in Judaism and early Christianity*. Notre Dame: University of Notre Dame Press, 1976.

_____. *In Memory of Her*. New York: Crossroad, 1983.

Findlay, J. A. *The Acts of the Apostles*. London: Student Christian Movement Press, 1934.

Finkelstein, Louis. "Pharisaic Leadership after the Great Synagogue (170 BCE-CE 135)." *The Cambridge History of Judaism II*. Edited by W. D. Davies and Louis Finkelstein. Cambridge: Cambridge University, 1989.

Fitzmyer, Joseph. A. *The Acts of the Apostles*. New York: Doubleday, 1998.

_____. *The Gospel According to Luke*. New York: Doubleday, 1981.

Fowler, R. M. *Let the Reader Understand: Reader-Response Criticism and the Gospel of Mark*. Minneapolis: Fortress Press, 1991.

Freund, E. *The Return of the Reader: Reader-response criticism*. New York; London: Methuen, 1987.

Frie, H. W. *The Eclipse of Biblical Narrative: A Study in Eighteenth and Nineteenth Century Hermeneutics*. New Heaven: Yale University Press, 1974.

Garroway, Joshua D. "Apostolic Irresistibility and the Interrupted Speeches in Acts." *Catholic Biblical Quarterly* 74 (2012): 738-752.

Gaventa, B. R. *The Acts of the Apostles*. Nashville: Abingdon Press, 2003.

Gibbon, Edward. *The History of the Decline and Fall of the Roman Empire*. New York: Dell, 1963.

Gilbert, G. "Roman Propaganda and Christian Identity." In *Contextualizing Acts: Lukan Narrative and Greco-Roman Discourse*. Penner, T. & Stichele, C. V. Ed. Leiden; Boston: Brill Academic Publishers, 2004.

Goppelt, Leonhard. *Apostolic and Post-Apostolic Times*. Trans. Robert A. Guelich. London: Adam & Charles Black, 1970[*Die apostolische und nachapostolische*, Göttingen: Vandenhoeck & Ruprecht, 1970]).

Grams, Rollin G. "Gods Mercy from Generation to Generation: Luke's use of Psalms 105-108 in his Infancy Narrative Songs to Provide a Solvation Historical Understanding for his two-volume History." *Baptistic Theologies* 1/2 (2009): 93-108.

Green, Joel B. *The Gospel of Luke*. Grand Rapids: W. B. Eerdmans Publishing Co., 1997.

_____. *The Theology of the Gospel of Luke*. Cambridge: Cambridge University, 1995.

Guthrie, Donald. *The Apostles*. Grand Rapids, Michigan: Zondervan Publishing House, 1981.

Hackett, Horatio B. *Commentary on the Original Text of the Acts of the Apostles*. Boston: Could and Lincoln, 1872.

Haenchen, E. *The Acts of the Apostles*. Tans. B. Noble & G. Shinn. Oxford: Basil Blackwell, 1982[*Die Apostelgeschichte*, Göttingen: Vandenhoeck & Ruprecht, 1977].

_____. "Judentum und Christentum in der Apostelgeschichte." *Zeitxhrift für die neutectamentliche Wissenschaft* 54 (1963): 155–187.

Hagner, Donald. A. "Paul and Judaism: Testing the New Perspective." In *Revisiting Paul's Doctrine of Justification: A Challenge to the New Perspective*. Ed by Peter Stuhlmacher. Downers Grove: IVP, 2001.

Hayes John. H. and Holladay, Carl. R. *Biblical Exegesis*. Louisville; London; Westerminster John Knox Press, 2007.

Harnack, A. *The Date of the Acts and of the Synoptic Gospels*. London: Williams & Norgate, 1911.

Himes, Paul. A. "Peter and the Prophetic Word: The Theology of Prophecy Traced through Peter's Sermons and Epistles." *Bulletin for Biblical Research* 21/2 (2011): 227–244.

Holladay, Carl R. *Acts: A Commentary*. Louisville, Kentucky: Westerminster John Knox Press, 2016.

Howard, George. "The Begining of Christianity in Rome: A Note on Suetonius Life of Claudius xxv. 4." *Restoration Quarterly* 24.3 (1981): 175–177.

Jeon, Byeng Hee. "The Wesleyan Balance." *Korean Journal of Christian Studies* 84 (2012): 149–167.

Jervel, Jacob. *The Theology of the Acts of the Apostles*. Cambridge: Cambridge University Press, 1994.

Jones, D. L. "Roman Emperor Cult." In *The Anchor Bible Dictionary*, vol. V. Edited by D. N. Freedman (New York.London.Toronto.Auckland: Doubleday, 1992.

Johnson, L. T. *The Writings of the New Testament*. Philadelphia: Fortress Press, 1986.

_____. *Sacra Pagina Serise: The Gospel of Luke*. Collegeville: The Liturgical Press, 1991.

_____. *The Acts of the Apostles: Sacra Pagina Series Vol. 5*. Collegeville, MN.: The Liturgical Press, 1992.

_____. *Sharing Possessions: Mandate and Symbol of Faith*. Grand Rapid: Wm. B. Eerdmans Publishing, 2011.

Julius Scott, J. "Stephen's Speech: A Possible Model for Luke's Historical Method?." *Journal of Evangelical Theological Society* 17/2 (1974): 91–97.

Kee, Howard. C. *Community of the New Age: Studies in Mark's Gospel*. Philadelphia: The Westerminster Press, 1977.

_____. *Christian Origins in Sociological Perspective: Methods and Resources*. Philadelphia: Westminster, 1980.

_____. *Good News to the Ends of the Earth: The Theology of Acts*. London: SCM Press, 1990.

_____. "Central Authority in Second-Temple Judaism and Subsequentley: from Synedrion to Sanhedrion." *The Annual of Rabbinic Judaism* 2/1 (1999): 51-63.

Keener, Craig. S. *Acts: An Exegetical Commentary: 3:1-14:28*. vol. II. Grand Rapid, Michigan: Baker Academic, 2014.

Kelber, W. H. *The Kingdom in Mark*. Philadelphia: Fortress Press, 1971.

Kim, Eunsoo. "The Meanning of the Church in the Primitive Christianity: Focused on Luke's Use of ἐκκλησία in Acts." *Korean Journal of Christian Studies* 69 (2010): 75-106.

Kim, Ju-Won. "Explicit Quotations from Genesis within the Context of Stephen's Speech." *Neotestamenica* 41/2 (2007): 341-360.

Kimelman, R. "Birkat Ha-Minim and the Lack of Evidence for an Anti-Chritian Jewish Prayer in Late Antiquity." 226-244. In *Jewish and Christian Self-Definition Vol. 2: Aspects of Judaism in the Greco-Roman Period*, editedy by E. P. Sanders, A. I. Baumgarten, and Alan Mendelson. Philadelphia: Fortress Press, 1981.

Kistemaker, Simon J. *New Testament Commentary: Exposition of the Acts of the Apostles*. Grand Rapids: Baker Book House, 1990.

Koester, H. *Introduction to the New Testament: history, culture and religion of the Hellenistic age*. Berlin: Walter de Gruyter & Co., 1995.

_____. "A Political Christmas Story." *Bible Review* 10 (1994): 23, 58.

Kuyper, A. *Revisie der revisie-legende*. Amsterdam: J. H. Kruyt, 1879.

Lacey, D. R. "In Search of a Pharisee." *Tyndale Bulletin* 43 (1992): 353-372.

Lenski, R. C. H. *Interpretation of the Acts of the Apostles*. Minneapolis: Augsburg Fortress, 1944.

Lentz, John C. *Luke's Portraits of Paul*. Cambridge: Cambridge University Press, 1993.

Liefeld, Walter L.; Pao, David W.; and Longenecker, N. L. *The Expositor's Bible Commentary: Luke-Acts*. Grand Rapids: Zondervan Publishing Houeses, 2007.

Lim, Sung Uk. "Josephus constructs the Samari(t)ans: a strategic construction of Judaean/Jewish identity through the rhetoric of inclusion and exclusion." *The Journal of Theological Studies* 64.1 (2013): 404-431.

_____. "A double-voiced reading of Romans 13:1-7 in light of the imperial cult." *HTS Theologies Studies / Theological Studies* 71.1 (2015): 1-10.

Lohse, E. *Umwelt des Neuen Testaments*. Göttingen: Vandenhoeck & Ruprecht, 2000.

Longenecker, Richard N. *The Expositor's Bible Commentary 10: Luke-Acts*. Grand Rapids: Zondervan, 2007.

Lüdemann, Gerd. *Early Christianity According to The Traditions in Acts: A Commentary*. Trans. John Bowden. London: SCM Press, 1989[*Das frühe Christentum nach den Traditionen der Apostelgeschichte*, Göttingen: Vandenhoeck & Ruprecht, 1987].

Lyons, W. J. "The Words of Gamaliel (Acts 5:38-39) and the Irony of Indeterminacy." *Journal for the Study of the New Testament* 68(1997): 23-49.

Marclaren, A. *Expositions of Holy Scripture: The Acts of the Apostles*. London: Hodder & Stoughton, 1907.

Malina, B. J. "The Social Science and Biblical Interpretation." *Interpretation* 37 (1982): 229-242.

Malina B. J. and Rohrbaugh, R. L. *Social-Science Commentary on the Synoptic Gospels*. Minneapolis: Fortress Press, 2003.

Malina, B. J. and Plich, J. J. *Book of Acts*. Minneapolis: Fortress Press, 2008.

Marguerat, D. *The First Christian Historian: Writing the Acts of the Apostles*. Trans. Ken McKinney, Gregory J. Laughery and Richard Bauckham. Cambridge, U.K.; New York: Cambridge University Press, 2004.

Marshall, I. Howard. *The New International Greek Testament Commentary: The Gospel of Luke*. Grand Rapids: W. B. Eerdmans Publishing Co., 1978.

Marxsen, W. *Introduction to The New Testament: An Approach to its Problem*. Trans. G. Buswell. Philadelphia: Fortress Press, 1968[*Einleitung in das Neue Testament*. Gütersloh: Gütersher Verlagshaus Gerd Mohn, 1064].

_____. *Mark the Evangelist: Studies on the Redaction History of the Gospel*. Nashiville: Abingdon, 1969.

Mantel, Hugo. *Studies in the History of the Sanhedrin*. Cambridge: Harvard University Press, 1961.

Mowery, R. L. "Son of God in Roman Imperial Titles and Matthew."

Biblica 83/1 (2002): 100–110.

Munck, Johannes. *The Anchor Bible: The Acts of the Apostles*. New York: Doubleday, 1979.

Murphy-O'Connor, J. *Paul: A Critical Life*. Oxford: Clarendon Press, 1996.

Muss-Arnolt, W. "Recent Contributions on Early Christian and Talmudic Literature." *The American Journal of Theology* 9/1 (1, 1905): 178–184.

Neusner, Jacob. "The Pharisees in History." 143–154. In *From Politics to Piety: The Emergence of Pharisaic Judaism*. New York: Doubleday, 1979.

_____. "Comparing Judaism." *History of Religion* 18.2 (11, 1978): 177–191.

_____. "Pharisaic-Rabbinic Judaism." *History of Religion* 12.3 (2, 1973): 250–270.

_____. *Judaism Without Christianity: An Introduction to the System of the Mishnah*. Hoboken: KTAV Publishing House, 1991.

Newsom C. A. and Ringe, S. H. Eds., *Women's Bible Commentary: With Apocrypha*. Louisville: Westminster John Knox Press, 1998.

Nolland, John. *Word Biblical Commentary: Luke*. Dallas: Word Books Publisher, 1989.

Nolte, S. P. "One text, many stories: the (ir)relevance of reader-response criticism for apocryphal literature in the Septuagint." *HTS Theologies Studies / Theological Studies* 68/1 (2012): 1–10.

Oliver, Isaac W. "Simon Peter meets Simon the tanner: the ritual insignificance of tanning in ancient Judaism." *New Testaments Studies* 59/1 (2013): 50-60.

Ott, Daniel J. "Church, Community and Democracy." *Political Theology* 12/3 (2011): 347-362.

Penner, T. & Stichele, C. V. Ed. *Contextualizing Acts: Lukan Narrative and Greco-Roman Discourse*. Leiden; Boston: Brill Academic Publishers, 2003.

Perrin, N. "The Evangelist As Author: Reflections on Method in the Study and Interpretation of the Synoptic Gospels and Acts." *Biblical Research* 17 (1972): 5-18.

Pervo, Richard I. *Acts: A Commentary*. Minneapolis: Fortress Press, 2009.

Petersen, D. G. *The Acts of the Apostles*. Grand Rapids: W. B. Eerdmans Publishing Co., 2009.

Petersen, N. R. *Literary Criticism for New Testament Critics*. Minneapolis: Fortress Press, 1978.

Powell, M. A. *What is Narrative Criticism?* Minneapolis: Fortress Press, 1990.

Regalado, Ferdinand O. "The Jewish Background of the Parable of the Rich Man and Lazarus." *Asia Journal of Theology* 12 (2002): 341-348.

Reicke, B. I. *The Anchor Bible: The Epistles of James, Peter and Jude*. New York: Doubleday, 1964.

Reid, Barbara E. "A Godly Widow Persistently Pursuing Justice." *Biblical Research* 45 (2000): 25–33.

Roads, D.; Dewey, J.; Michie, D. *Mark as Story: An Introduction to the Narrative of a Gospel*. Minneapolis: Fortress Press, 1999.

Robbins, V. K. *Jesus the Teacher: A Socio-Rhetorical Interpretation of Mark*. Philadelphia: Frotress, 1984.

Safrai, Shmuel. *A History of the Jewish People*. Edited by H. H. Ben-Sasson. Cambridge: Harvard University Press, 1985.

Saldarini, A. J. *Pharisees, Scribes, and Sadducees in Palestine Society: A Sociological Approach*. Grand Rapids, Mich.: W. B. Eerdmans 2001.

Sampley J. Paul and Wright, N. T. *The New Interpreter's Bible: A Commentary X: Acts, Romans, 1 Corinthians*. Nashville: Abingdon Press, 2002.

Sanders, E. P. "Palestinian Judaism 200 b.c.e – 200 c.e." In *Paul and Palestine Judaism*. Grand Rapid: Wm. B. Eerdmann Publishing Co., 1977.

_____. *Judaism: Practice and Belief 66 BCE – 66 CE*. London: SCM Press, 1992.

Sandys-Wunsch, J. *What Have They Done to the Bible: A History of Modern Biblical Interpretation*. Collegeville: Liturgical Press, 2005.

Schwartz, Daniel R. "Josephus and Nicolaus on the Pharisees." *Journal for the Study of Judaism* 14.2 (1983): 157–171.

Schlier, "ἀφίστημι." In *Theological Dictionary of the New Testament*. Trans. Ed. by Bromiley, G. W. Michigan: W. B. Eerdmans Publishing, 1985.

Schürer, E. "The Essens I." In *History of the Jewish People, vol 2*. Peabody: Hendrickson Publishers, 1993.

Scott, J. M. "Luke's Geographical Horizon." In *The Book of Acts in Its Graeco-Roman Setting*. Ed. by Gill, D. W. J. & Gempf, C. Grand Rapids: Wm. B. Eerdmans Publishing Co., 1994.

Schaper, J. "Pharisees." *The Cambridge History of Judaism III*. Edited by W. D. Davies and Louis Finkelstein. Cambridge: Cambridge University, 1989.

Seccombe, David "The New People of God." In *Witness To The Gospel: The Theology of Acts*, edited by I. Howard Marshall and David Peterson, 349-372. Grand Rapids, Michigan: Wm. B. Eerdmans Publishing Company, 1988.

Sherwin-White, A. N. *Roman Society and Roman Law in the New Testament*. Oxford: Clarendon Press, 1963.

Sherwin-White, A. N; Jones, Arnold Hugh Martin; and Honoré, Tony "Decuriones," *Oxford Classical Dictionary*. 2015. [http://classics.oxfordre.com/search?q=decuriones&searchBtn=-Search&isQuickSearch=true](Dec. 2015).

Schmidt, D. "Luke's Innocent Jesus." In *Political Issues in Luke-Acts*, edited by Richard. J. Cassidy and Philip. J. Scharper, 111-119. Eugene, Oregon: Wipf & Stock Pub, 2015.

Sievers, J. "Who were the Pharisees?" In *Hillel and Jesus: Comparative Studies of Two Major Religious Leaders*. Minneapolis: Fortress Press, 1997.

Strack, H. L. and Stemberger, G. *Introduction to the Talmud and Midrash*. Edinburgh: T & T Clark, 1991.

Strecker, G. *Theology of the New Testament*. Trans. Boring, M. E. Louisville: Westerminster John Knok Press, 2000 (*Theologie das Neues Testaments*. Berlin: Walter de Gruyter & Co., 1996).

Suh, Joong S. *The Glory in the Gospel of John: Restoration of Forfeited Prestige*, Oxford: M. P. Publication, 1995.

_____. *Discipleship and Community: Mark's Gospel in Sociological Perspective*. Claremont, California: CAAM, School of Theology at Claremont, 1991.

Swain, J. W. "Gamaliel's speech and Caligula's statue." *Harvard Theological Review* 37/4 (1944): 341–349.

Tannehill, R. C. *The Narrative Unity of Luke–Acts: A Literary Interpretation*. Minneapolis; Minnesota: Augsburg Fortress, 1990.

Talbert, C. H. *Literary Patterns, Theological Themes, and The Genre of Luke–Acts*. Cambridge, Mass.: Society of Biblical Literature & Scholars Press, 1974.

Theological Dictionary of the New Testament, 1974 ed. S.v. "ἀρχη." By G. Delling.

Theological Dictionary of the New Testament, 1974 ed. S.v. "ἀφίστημι." By H. Schiler.

Theological Dictionary of the New Testament, 1974 ed. S.v. "ἀφίημι." By R. Bultmann.

Theological Dictionary of the New Testament, 1974 ed. S.v. "θειστης." By H. Kleinknecht.

Theological Dictionary of the New Testament, 1974 ed. S.v. "θεομάχος." By O. Bauernfeind.

Theological Dictionary of the New Testament, 1974 ed. S.v. "ζῆλος." By A. Stumpff.

Theological Dictionary of the New Testament, 1974 ed. S.v. " ὑβρίζω." By G. Bertram.

Tiede, D. L. "Fighting against God: Luke's interpretation of Jewish rejection of the Messiah Jesus." In *Anti—Semitism and Early Christianity*. Minneapolis: Fortress Press, 1993.

Trible, P. *Rhetorical Criticism: Context, Method, and the Book of Jonah*. Minneapolis: Fortress Press, 1994.

Trocmé, E. *The Formation of the Gospel Tradition According to Mark*. Philadelphia: The Westminster Press, 1975.

Trumbower, J. A. "The Speech of Gamaliel." *New Testament Studies* 39 (1993): 500—517.

Vinson, R. B. "The God of Luke—Acts." *Interpretation: A Journal of Bible and Theology* 68/4 (2014): 376—388.

_____. "The Social World of the Book of Revelation." *Review and Expositor* 98/1 (2001): 11—31.

von Rad, G. *Old Testament Theology*, vol. 1. Trans. D. M. G. Stalker.

Louisville: Westminster John Knox Press, 2001 [*Theologie des Alten Testaments. Munich*: Kaiser Verlag, 1957].

Walaskay, Paul W. *And so We came to Rome*. Cambridge: Cambridge University Press, 1983.

Wellhausen, J. *Prolegomena zur Geschichte Israels*. Berlin: Druck und verlag von G. Reimer, 1899.

Whitenton, Michael R. "Rewriting Abraham and Joseph: Stephen's Speech(Acts 7:2-16) and Jewish Exegetical Traditions." *Novum Testamentum* 54 (2012): 149-167.

Willimon, William H. *Interpretation: A Bible Commentary Acts*. Louisville: Westminster John Knox Press, 2010.

Witherington III, B. *The Acts of the Apostles*. Michigan: Cambridge, 1998.

Witherup, Ronald D. "Functional Redundancy in the Acts of the Apostles: A Case Study." *Journal for the Study of the New Testament* 48 (1992): 67-86.

Wright, N. T. *Acts for Everyone chapter 1-12*. London: Westminster John Knox Press, 2008.

_____. *The New Testament and The People of God*. London: Society for Promoting Christian Knowledeg, 1992.

Zeitlin, S. *Who Crucified Jesus*. New York: Harper and Brothers, 1947.

3. 각 고전의 출처

Aug. Conf.
Augustine. *Confessions*. [http://faculty.georgetown.edu/jod/augustine/conf.pdf] (19 Nov. 2015) ※ 사이트에 나온 자료출처: "Translated by Albert C. Outler. From Library of Congress Catalog Card Number: 55-5021."

Bede Acts.
Bede, the Venerable Saint. *Venerable Bede commentary on the Acts of the apostles*. Trans. Lawrence T. Martin. Kalamazoo, Mich. : Cistercian Publications, 1989.

Chrys. Hom. Acts
John Chrysostom. *Homilies on the Acts*. [http://www.newadvent.org/fathers/2101.htm] (19 Nov. 2015) ※ 사이트에 나온 자료출처: "Translated by J. Walker, J. Sheppard and H. Browne, and revised by George B. Stevens. From Nicene and Post-Nicene Fathers, First Series, Vol. 11. Edited by Philip Schaff. (Buffalo, NY: Christian Literature Publishing Co., 1889)."

Clem. Alex. Reco.
Clement of Alexandria. *The Recognitions of Clement*. [http://www.newadvent.org/fathers/0804.htm] (19 Nov. 2015) ※ 사이트에 나온 자료출처: "Translated by Thomas Smith. From Ante-Nicene Fathers, Vol.

8. Edited by Alexander Roberts, James Donaldson, and A. Cleveland Coxe. (Buffalo, NY: Christian Literature Publishing Co., 1886)."

Dio Cass.
Cassius, Dio. *Roman History*. Trans. Earnest Cary. Cambridge: Harvard University Press, 1927.

Eurip. Bacch.
Euripides. *Bacchanals*. [http://www.perseus.tufts.edu/hopper/text?doc=Perseus:text:1999.01.0091] (19 Nov. 2015) ※ 사이트에 나온 자료출처: "Euripides. Euripidis Fabulae, vol. 3. Gilbert Murray. (Oxford: Clarendon Press, 1913)."

Euseb. H.E.
Eusebius. "Church History." *New Advent*. 2014. [http://www.newadvent.org/fathers/2501.htm] (19 Nov. 2015) ※ 사이트에 나온 자료출처: "Translated by Arthur Cushman McGiffert. From Nicene and Post-Nicene Fathers, Second Series, Vol. 1. Edited by Phillip Schaff and Henry Wace. Buffalo, NY: Christian Literature Publishing Co., 1890."

Jos. Ant.
Josephus, F. *The Antiquities of the Jews*. Trans. H. St. J. Thackeray. Cambridge: Harvard University Press, 1965.

Jos. War.

Josephus, F. *The Wars of the Jews*. Trans. L. H. Feldman. Cambridge: Harvard University Press, 1965.

Jos. Life.

Josephus, F. *Life and Against Apion*. Trans. L. H. Feldman. Cambridge: Harvard University Press, 1926.

Origen Cels.

Origen. *Contra Celsus*. [http://www.newadvent.org/fathers/0416.htm] (19 Nov. 2015) ※ 사이트에 나온 자료출처: "Translated by Frederick Crombie. From Ante-Nicene Fathers, Vol. 4. Edited by Alexander Roberts, James Donaldson, and A. Cleveland Coxe. (Buffalo, NY: Christian Literature Publishing Co., 1885)."

Orosius Hist.

Paulus Orosius, *Historiarae adversus paganos*. [*The Seven Books of History against the Pagans*. Trans. Roy J. Deferrari. Washington D. C.: Catholic University of America Press, 1964].

Philo Deus.

Philo of Alexandria. *De Gigantibus Quod Deus sit Immutabilis*. Paris: Editions du Cerf, 1963.

Suet. Claud.

Suetonius, *Claudius*. Trans. J. C. Rolke. Cambridge: Harvard University Press, 1939.

예수와 교회

크레이그 A. 에반스 지음 | 김병모 옮김 | 신국판 | 288면

예수님께서 십자가에 죽으시고 부활 하신 후인 초기 기독교시기에 주의 형제 야고보가 이끌었던 예수공동체를 다루면서 바울이 형성하였던 기독교공동체인 교회와 어떤 상관관계 속에 있는지를 추적하면서 기독교 1세기의 여러 정황들을 밝혀준다.

CLC 도서안내

복음과 헬라문화

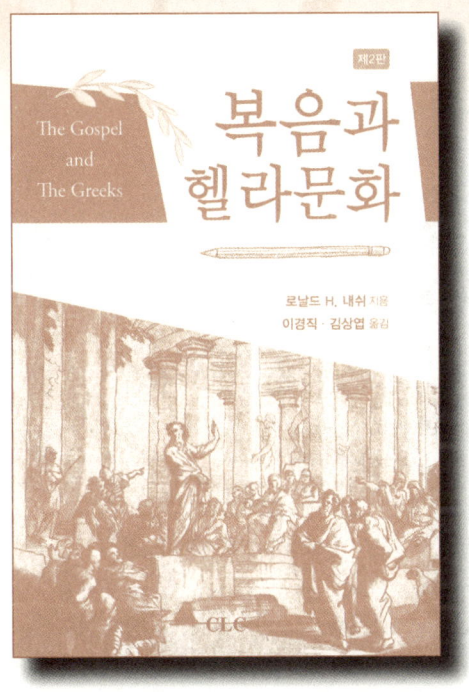

로날드 H. 내쉬 지음 | 이경직, 김상엽 옮김 | 신국판 | 400면

이 책은 헬라문화, 특히 당시의 철학과 신비종교가 초기 기독교와 복음에 어떤 영향을 미쳤는지를 복음적 입장에서 검토한다. 또한 초기 기독교와 이들과의 유사점과 차이점과 더불어 이들로부터 받은 영향과 이들에게 끼친 영향까지 광범위한 검토를 통해 복음의 유일성을 변증하고 있다.

누가와 로마 제국

Luke and the Roman Empire

2017년 11월 30일 초판 발행

지은이 | 전병희

편　　집 | 정희연, 곽진수
디 자 인 | 신봉규, 서민정
펴 낸 곳 | 사)기독교문서선교회
등　　록 | 제16-25호(1980. 1. 18)
주　　소 | 서울시 서초구 방배로 68
전　　화 | 02) 586-8761~3(본사)　031) 942-8761(영업부)
팩　　스 | 02) 523-0131(본사)　031) 942-8763(영업부)
홈페이지 | www.clcbook.com
이 메 일 | clckor@gmail.com
온 라 인 | 기업은행 073-000308-04-020, 국민은행 043-01-0379-646
　　　　　예금주: 사)기독교문서선교회

ISBN 978-89-341-1735-3 (93230)

* 낙장 · 파본은 교환해 드립니다.

이 도서의 국립중앙도서관 출판시 도서목록(CIP)은 서지정보유통지원시스템 홈페이지(http://seoji.nl.go.kr)와 국가자료공동목록시스템(http://www.nl.go.kr/kolisnet)에서 이용하실 수 있습니다. (CIP제어번호: CIP2017027409)